ずっと使える!

たっ
イラスト&
おたより文例

pot
ポット
ブックス

オール シーズン

P002_01

P002_02

P002_03

P002_04

P002_05

P002_06

P002_07

P002_08

P002_09

P002_10

P002_11

P002_12

P002_13

P002_14

P002_15

17

P002_18

このメッセージが見えるまで開くときれいにコピーすることができます。

P003_01

P003_02

P003_03

P003_04

P003_05

P003_06

P003_07

P003_08

P003_09

P003_10

P003_11

P003_12

P003_13

P003_14

P003_15

P003_16

P003_17

P003_18

P003_19

P003_20

P004_01

P004_02

P004_03

P004_04

P004_05

P004_06

P004_07

P004_08

P004_09

P004_10

P004_11

P004_12

P004_13

P004_14

P004_15

P004_16

P004_17

P004_18

P004_19

P004_20

P004_21

P004_22

P004_23

P004_24

P004_25

このメッセージが見えるまで開くときれいにコピーすることができます。

P005_01

P005_02

P005_03

P005_04

P005_05

P005_06

P005_07

P005_08

P005_09

P005_10

P005_11

P005_12

P005_13

P005_14

P005_15

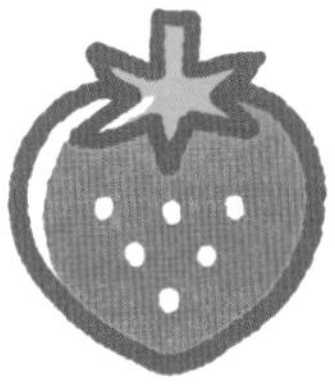
P005_16

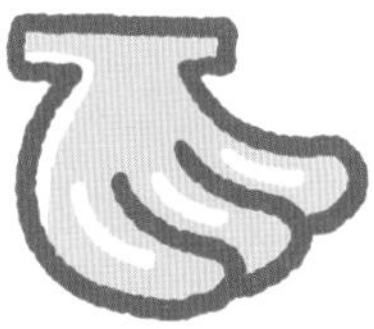
P005_17

P005_18

P005_19

P005_20

P005_21

P005_22

P005_23

P005_24

P005_25

P005_26

P005_27

P005_28

P005_29

P005_30

このメッセージが見えるまで開くときれいにコピーすることができます。

P006_01

P006_02

P006_03

P006_04

P006_05

P006_06

P006_07

P006_08

P006_09

P006_10

P006_11

P006_12

P006_13

P006_14

P006_15

P006_19

P006_16

P006_17

P006_18

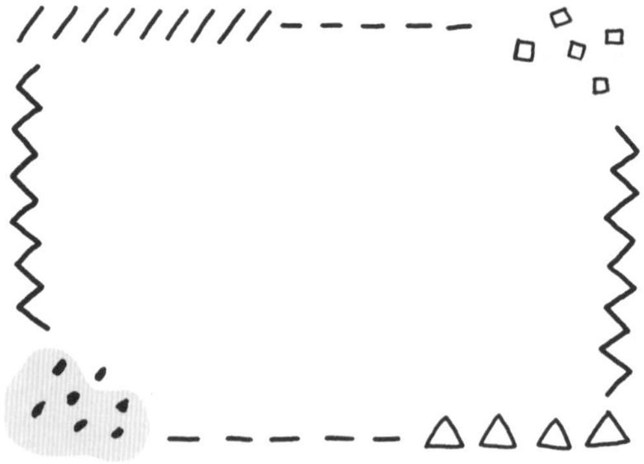
P006_20

このメッセージが見えるまで開くときれいにコピーすることができます。

このメッセージが見えるまで開くときれいにコピーすることができます。

P007_01

P007_02

P007_03

P007_04

P007_05

P007_06

P007_07

P007_08

P007_09

P007_10

P007_11

P007_12

P007_13

P007_14

P007_15

P007_16

P007_17

P007_18

P007_19

春

P008_02

P008_03

P008_04

P008_01

P008_05

P008_06

P008_07

P008_08

P008_09

P008_10

P008_11

P008_12

P008_13

P008_14

P008_15

P008_16

P008_17

このメッセージが見えるまで開くときれいにコピーすることができます。

このメッセージが見えるまで開くときれいにコピーすることができます。

P009_01

P009_02

P009_03

P009_04

P009_05

P009_06

P009_07

P009_08

P009_09

P009_10

P009_11

P009_12

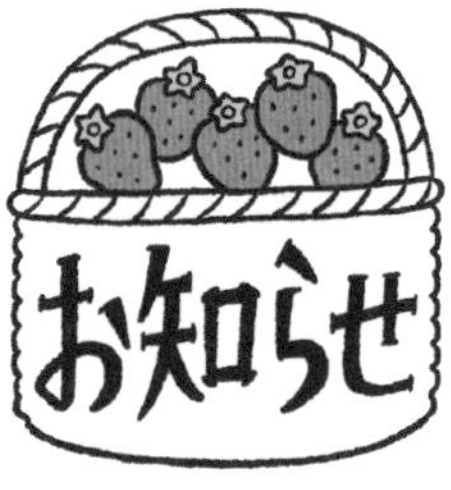

P009_13

P009_14

P009_15

P009_16

P009_17

P009_18

P009_19

P010_01

P010_02

P010_03

P010_04

P010_05

P010_06

P010_07

P010_08

P010_09

P010_10

P010_11

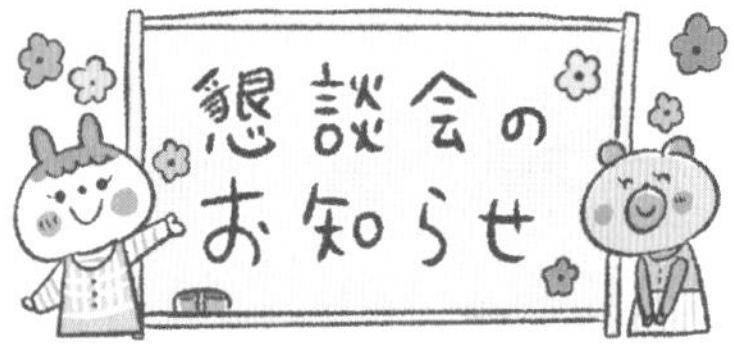

P010_12

P010_13

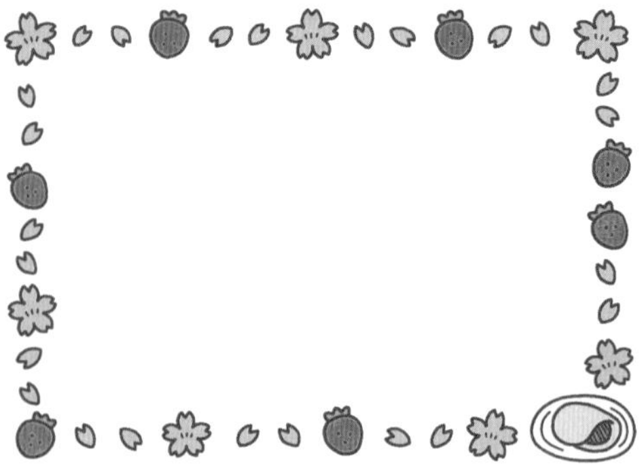
P010_14

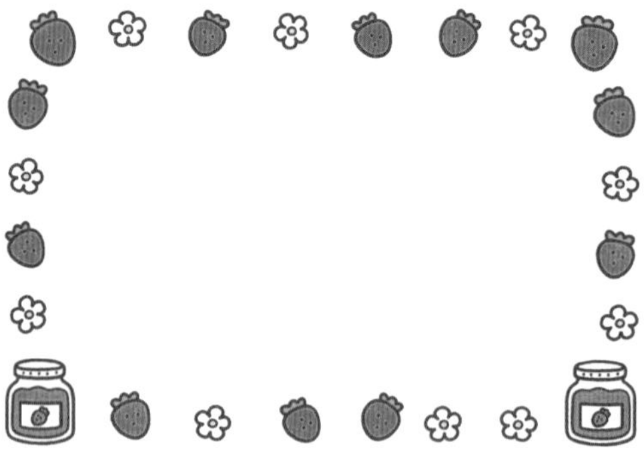
P010_15

このメッセージが見えるまで開くときれいにコピーすることができます。

春

ひな祭り

P011_01

ひな祭り

P011_02

ひな祭り

P011_03

お別れ会

P011_04

お別れ会

P011_05

卒園式の
ご案内

P011_06

卒園式

P011_07

ずっと友達

P011_08

P011_09

お世話に
なりました

P011_10

卒園式

P011_11

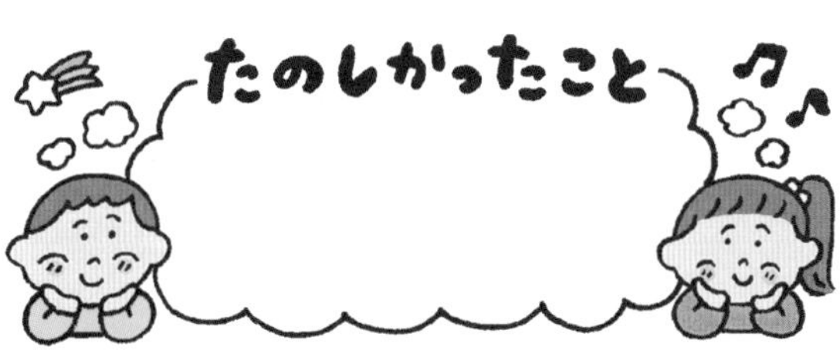
たのしかったこと

P011_12

P011_13

このメッセージが見えるまで開くときれいにコピーすることができます。

夏

P012_01

P012_02

P012_03

P012_04

P012_05

P012_06

P012_07

P012_08

P012_09

P012_10

P012_11

P012_12

P012_13

P012_14

P012_15

P012_16

P012_17

このメッセージが見えるまで開くときれいにコピーすることができます。

このメッセージが見えるまで開くときれいにコピーすることができます。

P013_01

P013_02

P013_03

P013_04

P013_05

P013_06

P013_07

P013_08

P013_09

P013_10

P013_11

P013_12

P013_13

P013_14

P013_15

P013_16

P013_17

P014_01

P014_02

P014_03

P014_04

P014_05

P014_06

P014_07

P014_08

P014_09

P014_10

P014_11

P014_12

P014_13

P014_14

P014_15

P014_16

このメッセージが見えるまで開くときれいにコピーすることができます。

このメッセージが見えるまで開くときれいにコピーすることができます。

もうすぐ
夏休み!

P015_01

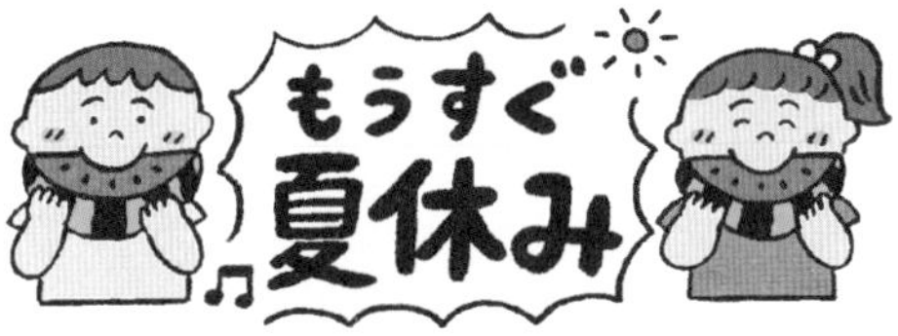
もうすぐ
夏休み

P015_02

夏
祭
り

P015_03

夏季保育

P015_04

お泊まり
保育

P015_05

夏休み

P015_06

夏祭り

P015_07

お泊まり
保育

P015_08

P015_09

P015_10

お誕生日
おめでとう

P015_11

お誕生日
おめでとう

P015_12

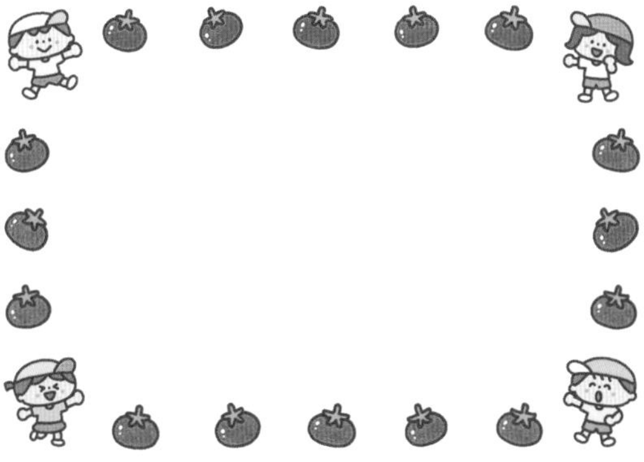

P015_13

P015_14

秋

P016_01

P016_02

P016_03

P016_04

P016_05

P016_06

P016_07

このメッセージが見えるまで開くときれいにコピーすることができます。

P016_08

P016_09

P016_10

P016_11

P016_12

P016_13

P016_14

このメッセージが見えるまで開くときれいにコピーすることができます。

秋

P017_01

P017_02

P017_03

P017_04

P017_05

P017_06

P017_07

P017_08

P017_09

P017_10

P017_11

P017_12

P017_13

P017_14

P017_15

P017_16

P017_17

P017_18

P018_01

P018_02

P018_03

P018_04

P018_05

P018_06

P018_07

P018_08

P018_09

P018_10

P018_11

P018_12

P018_13

P018_14

P018_15

P018_16

このメッセージが見えるまで開くときれいにコピーすることができます。

このメッセージが見えるまで開くときれいにコピーすることができます。

P019_01

P019_02

P019_03

P019_04

P019_05

P019_06

P019_07

P019_08

P019_09

P019_10

P019_11

P019_12

冬

P020_01

P020_02

P020_03

P020_04

P020_05

P020_06

P020_07

P020_08

P020_09

P020_10

P020_11

P020_12

P020_13

P020_14

P020_15

P020_16

このメッセージが見えるまで開くときれいにコピーすることができます。

このメッセージが見えるまで開くときれいにコピーすることができます。

冬

P021_01

P021_02

P021_03

P021_04

P021_05

P021_06

P021_07

P021_08

P021_09

P021_10

P021_11

P021_12

P021_13

P021_14

P021_15

P022_01

P022_02

P022_03

P022_04

P022_06

P022_05

P022_09

P022_07

P022_08

P022_10

P022_11

P022_12

P022_13

P022_14

このメッセージが見えるまで開くときれいにコピーすることができます。

P023_01

P023_03

P023_04

P023_02

P023_05

P023_06

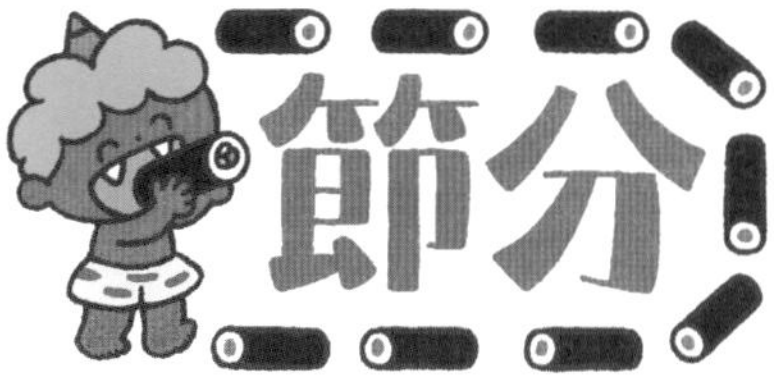

P023_07

P023_08

P023_11

P023_09

P023_10

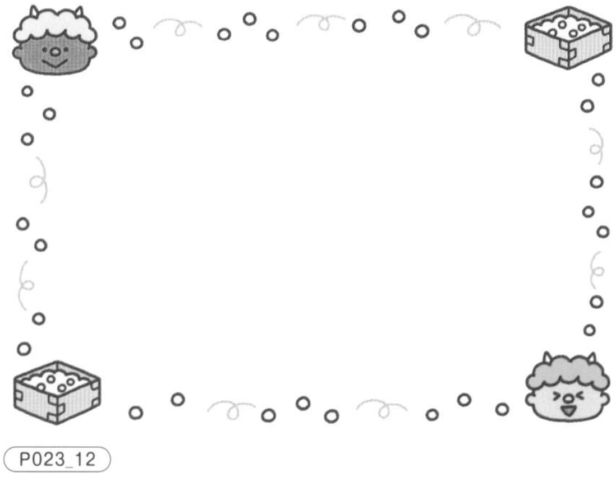

P023_12

P023_13

冬

このメッセージが見えるまで開くときれいにコピーすることができます。

テンプレート

5月のクラスだより

A4サイズ縦を想定

飾り線で囲むと、
フレームのような
華やかな雰囲気に。

5月　ぞうぐみだより

令和〇〇年　5月

園が楽しくなってきています♪

　新年度が始まって1か月。ドキドキがワクワクに変わり、気持ちに余裕ができたようで、毎日元気いっぱい、いたずらいっぱいです。園が楽しい場所になってくれている証拠ですね。

　年下の子と関わるなかでも、「手をつなぐだけじゃなくて、声もかけてあげた方がいいよね」と、言葉の大切さに気づき始めた5歳児です。

こいのぼり製作

実物のこいのぼりを大ホールで広げてみました。「大きいね！　かっこいいね！」と大興奮の子どもたち。グループごとに大きな模造紙にうろこを描いていきます。「いっぱい泳げるように、うろこは大きくしようよ！」「白いところがないように塗るときれいだよ」と、相談しながら作り上げました。世界にたった1つしかないすてきなこいのぼりは、園庭で元気に泳いでいます。

5月の行事

5月〇日　こどもの日
5月〇日　身体測定
5月〇日　母の日
5月〇日　遠足

5月生まれのお友達

5月〇日生まれ
〇〇〇ちゃん

遠足の詳細は別途お知らせします。

P024_01

このメッセージが見えるまで開くときれいにコピーすることができます。

献立表

A4サイズ横を想定

6月　今月の献立予定　〇〇保育園

月	火	水	木	金	土
1	2	3	4	5	6
タンドリーチキン ひじきの炒め煮 ごはん、わかめスープ	親子丼 野菜サラダ 味噌汁	チンジャオロースー きゅうりの酢の物 ごはん、もずくスープ	魚の味噌漬け焼き 切り干し大根煮 ごはん、味噌汁	チーズハンバーグ ポテトサラダ ごはん、味噌汁	ミートスパゲッティ ツナサラダ コーンスープ
8	9	10	11	12	13
あじフライ かぼちゃサラダ ごはん、味噌汁	ビーフシチュー わかめの酢の物 ごはん、りんご	白身魚の西京焼き ひじき炒め ごはん、味噌汁	豚の生姜焼き ほうれん草のごま和え ごはん、味噌汁	麻婆豆腐 かに玉 ごはん、肉団子スープ	焼きうどん ツナサラダ もずくスープ
15	16	17	18	19	20
鮭の味噌マヨ焼き ほうれん草のおひたし ごはん、味噌汁	ミートグラタン ひじきサラダ たまごスープ	豆腐ハンバーグ ポテトサラダ ごはん、味噌汁	オムライス トマトサラダ かぼちゃスープ	焼肉丼 キャベツの卵とじ 味噌汁	中華そば きゅうりの酢漬け 春雨スープ
22	23	24	25	26	27
チキンのケチャップ煮 コールスロー ごはん、コーンスープ	カレーライス 野菜サラダ オレンジ	白身魚の揚げびたし 切り干し大根煮 ごはん、味噌汁	豚しゃぶ きゅうりの酢の物 ごはん、味噌汁	赤身魚のごま味噌焼き ほうれん草いため ごはん、味噌汁	冷やし肉うどん トマトサラダ もずくスープ
29	30				
からあげ 大根のサラダ ごはん、味噌汁	エビフライ マカロニサラダ ごはん、味噌汁				

- 園の食事に慣れてきて、食べこぼしが目立ってきました。こぼさないように、お皿を押さえて食べる練習をしています。
- 食べ終わったあとの食器の片づけを、自分たちでやるようになりました。

食べ物を
モチーフにした
イラストを
配置すると、
季節感も
伝わります。

P024_02

本書の使い方

本書は、園だより・クラスだよりなど、園のさまざまなお知らせにご利用いただけるイラストや文例をたっぷり掲載しています。好きなサイズにコピーしてお使いいただくか、付属の CD-ROM からデータを選んでご利用ください。

この本の見方

文例＆フレーム

3～5歳児クラス向け

P030_241 monokuro ▶ 4gatsu ▶ P036

P000_00A は全て

P000_00B はイラストフレームのみ

P000_00T は文字のみ

進級おめでとうございます

1つ大きくなったことが、こんなにも子どもに自信と勇気をみなぎらせるのかと驚かされます。うれしいときには一緒に喜び、悲しいときには心に寄り添い、どんなときも子どもの心の安全地帯でいられるように。そして、保護者の皆様と協力し合いながら、子どもの健やかな成長をともに支えていきたいと思っています。

P036_01A P036_01B P036_01T

入園おめでとうございます

ようこそ、○○園へ！ ○○名の新入園児を迎え、にぎやかなうれしい春になりました。登園を楽しみにしている子がいる一方で、ちょっとドキドキしている子もいることでしょう。一人ひとりにとって、○○園が楽しく、魅力ある場所となるように、努めていきたいと思います。保護者の皆様とも、いろいろお話をさせていただき、情報共有や連携を図っていきたいと思います。どうぞよろしくお願いいたします。

P036_02A P036_02B P036_02T

担任紹介

今年度も引き続き担任を務めることになりました○○です。昨年度とはまた違う成長を近くで見守れることがうれしくて、今からドキドキワクワクしています！ 子どもたちはもちろん、保護者の皆様とも喜びや楽しさ、時には悩みも共有して、小さな幸せをたくさん集めながら、一年後、「あー！□□組さん、楽しかった！」と笑い合えるように過ごしていきたいです。

P036_03A P036_03B P036_03T

よろしくお願いします！

新しいスタートですね！ 今年も子どもたちと一緒に、さまざまな経験ができることをとても楽しみにしています。一年間、どうぞよろしくお願いいたします。子どもたちが園という集団のなかで見せる顔は、おうちとはちょっと違う面もあると思います。子どもの成長や経験をおうちの方にもお伝えし、共有していけたらと思っています。どんな表情が見られるか楽しみです。

P036_04A P036_04B P036_04T

4月の挨拶 P036_05T

- 満開の桜の花びらが春風に乗って、「おめでとう」とピンクのシャワーでお祝いしてくれているようです。
- 春の暖かさに誘われて、園庭にカエルがひょっこり現れました。本物のカエルジャンプに目を見張る子どもたちです。
- 全てが新しい4月。子どもたちの表情にドキドキとワクワクがあふれていますね。どんな成長を見せてくれるか、今からとても楽しみです。今年度もどうぞよろしくお願いいたします。

入園・進級 P036_06T

- ○○組の子どもたちに会えるのを心待ちにしていました。一瞬一瞬を大切に、楽しく元気に過ごしていきたいと思います。どうぞ、よろしくお願いいたします。
- 新しい保育室に新しいおもちゃ！ 毎日が新鮮でドキドキです。新しい環境は楽しい反面、疲れもたまりやすいので、ご家庭ではゆっくり触れ合う時間を大切にしてあげてくださいね。
- ご進級おめでとうございます。3月にくらべ、表情がぐんと頼もしくなった子どもたちとの生活を、楽しみにしています。ご質問や気になることは、いつでもお声がけください。

4月の子どもの様子 P036_07T

- 新しい友達と手をつなぎ、園内探索する姿が見られます。旧担任のクラスをのぞいて、「先生！」と笑顔で手を振る子どもたち。「新たな場所でがんばっているよ」というメッセージを感じます。
- 初めて集団生活に入る子どもにとっては、全てが「初めて」です。先生を「ママ！」と呼んだり、友達とのいざこざがあったりと、いろいろなことがあるのが園生活です。これからどんどん成長していく子どもたちの姿をお楽しみに！
- 新しい出席シール帳をもらい、期待いっぱいにページを開いては「まだお休みシールないよ」と自慢気です。この一年間、「お休みシール」を貼ることなく、元気に過ごせますように！
- 朝、保護者の方と離れるときに、涙が出る子もいます。保育者が「あんなおもちゃがあるよ」と声をかけたり、飼育物の様子を一緒に見たりすることで、気分が切り替わり、泣きやんで過ごせるようになってきています。
- 緊張気味な表情で過ごしていた新入園児も、仲よしの友達や好きな遊びが見つかって笑顔が見られるようになりました。今年も1年、子どもたちの発見、発信、発達を見逃さず、ていねいに関わっていきたいと思います。

36

このメッセージが見えるまで開くときれいにコピーすることができます。

テーマ

CD-ROM 収録データのフォルダー名

使いたいファイルが、どのフォルダーに入っているかを示しています。

ファイル名

CD-ROM

P000_00A 末尾に A

イラストフレームと文例のデータ

イラストフレームも文例も入ったデータ。

P000_00B 末尾に B

イラストフレームのみのデータ

Word に挿入後、テキストボックスを配置して、好きな文例を入れられます。

P000_00T 末尾に T

文例（テキスト）

文例の文字のみのデータ。コピー＆ペーストして使用します。

ご利用条件について

本書や付属の CD-ROM に収録されたイラスト・文例を利用する前に、必ずこの「ご利用条件について」をお読みいただき、同意のうえでご利用ください。

掲載しているイラスト・文例は、園や学校、子育て支援センターや図書館などで、おたよりに使うことを目的としています。その目的の範囲で、コピーしてお使いいただくことができます。本書掲載のイラストや文例を頒布・販売したり、園の広告や PR、パンフレット、ポスター、園バス、ウェブサイトなどに利用したりすることはできません。イラストや文例を使って作成したおたよりを、園のウェブサイトなどにアップすることはできますが、その場合はイラストのみを取り出すことができない形にし、「転載不可」の一文を入れていただきますようお願いいたします。

ずっと使える！ たっぷり イラスト＆おたより文例
〈CD-ROM付き〉

もくじ

color

mono kuro

もくじ

オール シーズン

P030_01

P030_02

P030_03

P030_04

P030_05

P030_06

P030_07

P030_08

P030_09

P030_10

P030_15

P030_16

P030_11

P030_12

P030_17

P030_18

P030_13

P030_14

このメッセージが見えるまで開くときれいにコピーすることができます。

P031_01

P031_02

P031_03

P031_04

P031_05

P031_06

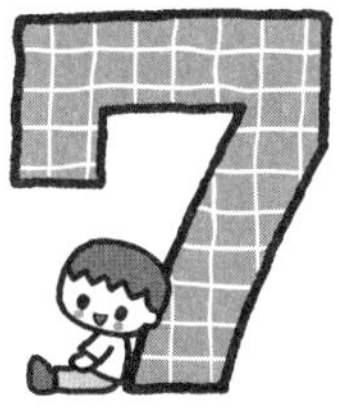

P031_07

P031_08

P031_09

P031_10

P031_11

P031_12

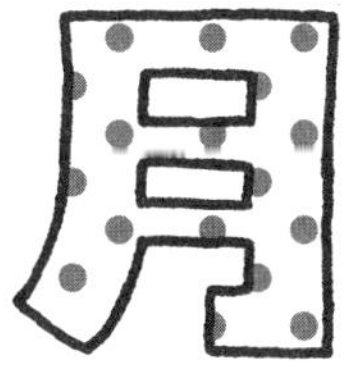

P031_13

P031_14

P031_15

P031_16

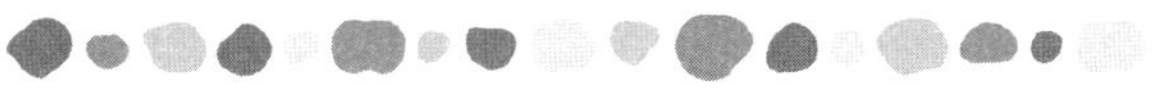

P031_17

P031_18

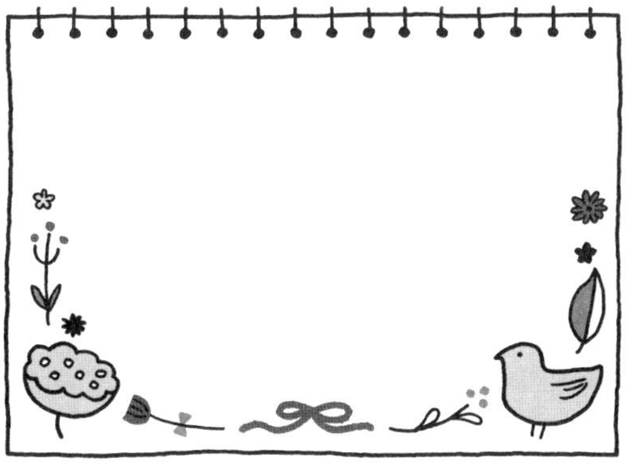

P031_19

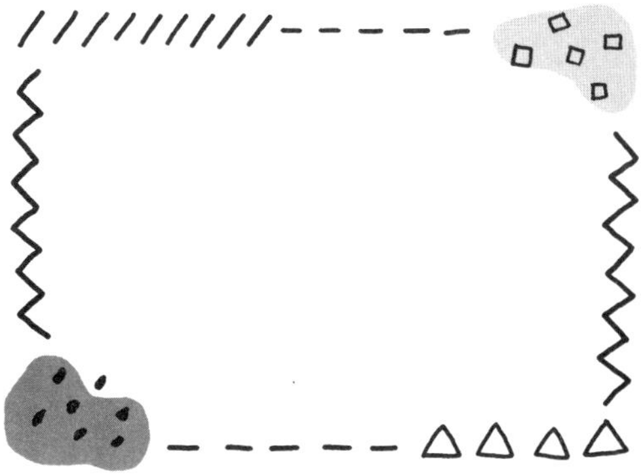

P031_20

P032_01

P032_02

P032_03

P032_04

P032_05

P032_06

P032_07

P032_08

P032_09

P032_10

P032_11

P032_12

P032_13

P032_14

P032_15

P032_16

P032_17

P032_18

P032_19

P032_20

P032_21

P032_22

P032_23

P032_24

P032_25

このメッセージが見えるまで開くときれいにコピーすることができます。

P033_01

P033_02

P033_03

P033_04

P033_05

P033_06

P033_07

P033_08

P033_09

P033_10

P033_11

P033_12

P033_13

P033_14

P033_15

P033_16

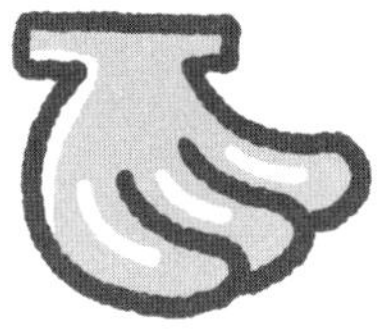
P033_17

P033_18

P033_19

P033_20

P033_21

P033_22

P033_23

P033_24

P033_25

P033_26

P033_27

P033_28

P033_29

P033_30

4月

テンプレート

文例＆フレームを
バランスよく配置します。

各月のイラストを入れると
華やかになります。

４月の園だより

B4 サイズ横を想定

４月

チャイルド保育園

園だより

ご入園おめでとうございます

初めてママやパパから離れての園生活。最初は涙を流したり、ドキドキした表情を見せたりしていた子どもたちですが、少しずつ園の環境に慣れ、笑顔で過ごす時間も増えてきました。いろいろなことに興味をもっている子どもたちの好きな遊びを見つけ、新しいことにもチャレンジしていきたいと考えています。一人ひとりの気持ちに寄り添い、受けとめながら成長を見守りたいと思いますので、どうぞよろしくお願いします。

よろしくお願いします

４月の行事

- ４月〇日　入園式
- ４月〇日　入園・進級お祝い会
- ４月〇日　健康診断
- ４月〇日　遠足（４・５歳児）
- ４月〇日　懇談会

慣れ保育

入園当初は、慣れ保育のお願いをしています。
慣れ保育の主なねらいは、
①園の生活リズムや保育環境に慣れる。
②保育者との信頼関係を築く。
③保護者と離れ、集団での生活を経験する。
です。慣れ保育の進め方やスケジュールについては、保護者の皆様とご相談しながら対応していきたいと思います。お子さんがスムーズに園生活に慣れていけるよう、ご協力をよろしくお願いいたします。

心配事は
ご相談ください

新しい環境に、期待と不安の表情が見え隠れしている子どもたち。おうちでも、少し変化があるのかもしれませんね。子どもたちの様子や、園生活の心配事がありましたら、いつでもお声がけください。

給食が始まります

スプーン・フォークなどの食具とナプキンを持たせてください。

給食はみんなで同じ物を食べることで楽しさを感じ、好き嫌いが減るということもあるんですよ！

連絡帳について

０～２歳児の「こんなことができたよエピソード」を連絡帳に記入して、お伝えします。また、排泄、睡眠、機嫌などの体調面についても、連絡帳に記録し、子どもたちが毎日、元気に過ごせるよう、健康管理に配慮していきます。ご家庭でのお子様の様子に加え、心配事や相談など、連絡帳でお知らせください。

記名のお願い

持ち物には全て記名をお願いしています。
お手数ですが、よろしくお願いします。

P034_01

行事は箇条書きにすると
読みやすくなります。

見出し文字は
本文より大きなサイズにすると
メリハリが出ます。

このメッセージが見えるまで開くときれいにコピーすることができます。

4月のクラスだより

A4サイズ縦を想定

ぞうぐみだより

令和〇〇年4月〇日
チャイルド幼稚園
担当：〇〇〇〇〇

進級おめでとう

ご進級おめでとうございます。
満開の桜の花びらが春風に乗って、「おめでとう」とピンクのシャワーでお祝いしてくれているようです。
３月にくらべ、表情がぐんと頼もしくなった子どもたちとの生活を、楽しみにしています。

４月の行事

４月〇日　入園式
４月〇日　入園・進級お祝い会
４月〇日　健康診断
４月〇日　遠足（４・５歳児）
４月〇日　懇談会

お弁当が始まります

毎年、お弁当初日には朝からお弁当箱を広げ「見て～！」という子も。最初のうちはお弁当箱が空っぽになった満足感をもてるよう、お子さんが食べきれる量にしてください。ごはんも小さなおにぎりやボール形にしてあると食べやすいです！

４月生まれのお友達

４月〇日生まれ
〇〇〇ちゃん
４月〇日生まれ
〇〇〇ちゃん

今年度も引き続き担任を務めることになりました〇〇です。昨年度とはまた違う成長を近くで見守れることがうれしくて、ドキドキワクワクしています！ 子どもたちはもちろん、保護者の皆様とも喜びや楽しさ、時には悩みも共有して、過ごしていきたいです。

よろしくお願いします

P035_01

飾り線を挟むと、
ちょうどいい区切りに
なります。

箇条書きの行事は、
フレームを使用して
コンパクトにまとめると Good ！

今月の誕生児を紹介する
コーナーを作っておきます。

懇談会のお知らせ

B5・A4サイズ縦を想定

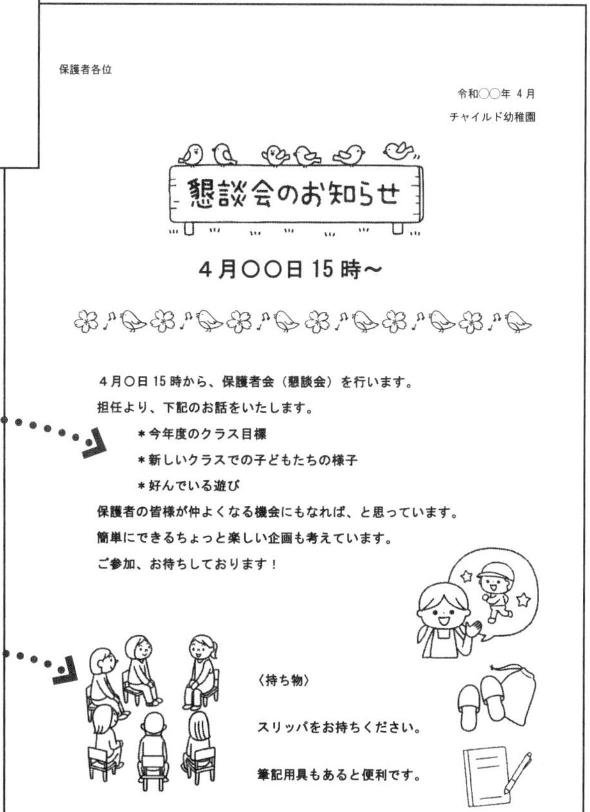
保護者各位

令和〇〇年 4月
チャイルド幼稚園

懇談会のお知らせ

4月〇〇日 15時～

4月〇日 15時から、保護者会（懇談会）を行います。
担任より、下記のお話をいたします。
＊今年度のクラス目標
＊新しいクラスでの子どもたちの様子
＊好んでいる遊び
保護者の皆様が仲よくなる機会にもなれば、と思っています。
簡単にできるちょっと楽しい企画も考えています。
ご参加、お待ちしております！

〈持ち物〉
スリッパをお持ちください。
筆記用具もあると便利です。

P035_02

当日の内容などを
伝えておくと、
イメージがつきやすいです。

文章に合った
イラストを入れて
仕上げましょう。

文例&フレーム

P000_00A フレームと文例
P000_00B フレームのみ
P000_00T 文例のみ

3～5歳児クラス向け

進級おめでとうございます

1つ大きくなったことが、こんなにも子どもに自信と勇気をみなぎらせるのかと驚かされます。うれしいときには一緒に喜び、悲しいときには心に寄り添い、どんなときも子どもの心の安全地帯でいられるように。そして、保護者の皆様と協力し合いながら、子どもの健やかな成長をともに支えていきたいと思っています。

P036_01A P036_01B P036_01T

入園おめでとうございます

ようこそ、○○園へ！ ○○名の新入園児を迎え、にぎやかなうれしい春になりました。登園を楽しみにしている子がいる一方で、ちょっとドキドキしている子もいることでしょう。一人ひとりにとって、○○園が楽しく、魅力ある場所となるように、努めていきたいと思います。保護者の皆様とも、いろいろお話をさせていただき、情報共有や連携を図っていきたいと思います。どうぞよろしくお願いいたします。

P036_02A P036_02B P036_02T

担任紹介

今年度も引き続き担任を務めることになりました○○です。昨年度とはまた違う成長を近くで見守れることがうれしくて、今からドキドキワクワクしています！ 子どもたちはもちろん、保護者の皆様とも喜びや楽しさ、時には悩みも共有して、小さな幸せをたくさん集めながら、1年後、「あー！□□組さん、楽しかった！」と笑い合えるように過ごしていきたいです。

P036_03A P036_03B P036_03T

よろしくお願いします！

新しいスタートですね！ 今年も子どもたちと一緒に、さまざまな経験ができることをとても楽しみにしています。一年間、どうぞよろしくお願いいたします。子どもたちが園という集団のなかで見せる顔は、おうちとはちょっと違う面もあると思います。子どもの成長や経験をおうちの方にもお伝えし、共有していけたらと思っています。どんな表情が見られるか楽しみです。

P036_04A P036_04B P036_04T

4月の挨拶 P036_05T

- 満開の桜の花びらが春風に乗って、「おめでとう」とピンクのシャワーでお祝いしてくれているようです。
- 春の暖かさに誘われて、園庭にカエルがひょっこり現れました。本物のカエルジャンプに目を見張る子どもたちです。
- 全てが新しい4月。子どもたちの表情にドキドキとワクワクがあふれていますね。どんな成長を見せてくれるか、今からとても楽しみです。今年度もどうぞよろしくお願いいたします。

入園・進級 P036_06T

- ○○組の子どもたちに会えるのを心待ちにしていました。一瞬一瞬を大切に、楽しく元気に過ごしていきたいと思います。どうぞ、よろしくお願いいたします。
- 新しい保育室に新しいおもちゃ！ 毎日が新鮮でドキドキです。新しい環境は楽しい反面、疲れもたまりやすいので、ご家庭ではゆっくり触れ合う時間を大切にしてあげてくださいね。
- ご進級おめでとうございます。3月にくらべ、表情がぐんと頼もしくなった子どもたちとの生活を、楽しみにしています。ご質問や気になることは、いつでもお声がけください。

4月の子どもの様子 P036_07T

- 新しい友達と手をつなぎ、園内探索する姿が見られます。旧担任のクラスをのぞいて、「先生！」と笑顔で手を振る子どもたち。「新たな場所でがんばっているよ」というメッセージを感じます。
- 初めて集団生活に入る子どもにとっては、全てが「初めて」です。先生を「ママ！」と呼んだり、友達とのいざこざがあったりと、いろいろなことがあるのが園生活です。これからどんどん成長していく子どもたちの姿をお楽しみに！
- 新しい出席シール帳をもらい、期待いっぱいにページを開いては「まだお休みシールないよ」と自慢気です。この一年間、「お休みシール」を貼ることなく、元気に過ごせますように！
- 朝、保護者の方と離れるときに、涙が出る子もいます。保育者が「あんなおもちゃがあるよ」と声をかけたり、飼育物の様子を一緒に見たりすることで、気分が切り替わり、泣きやんで過ごせるようになってきています。
- 緊張気味な表情で過ごしていた新入園児も、仲よしの友達や好きな遊びが見つかって笑顔が見られるようになりました。今年も1年、子どもたちの発見、発信、発達を見逃さず、ていねいに関わっていきたいと思います。

新入園児歓迎会

「ようこそ○○園へ！」と、新しい友達を迎えようと歓迎会を開きました。お兄さん、お姉さんが保育室まで迎えに行き、新入園児さんと手をつないでホールへ。お互いに歌を歌い合いました。保育者たちの劇のあとは、「仲よくしようね」の言葉とともに、この日のために作った冠をプレゼント！ 次の日から、登園すると「3歳児さんの所を見てくる！」と、お兄さん、お姉さん気分を味わっています。

P037_01A　P037_01B　P037_01T

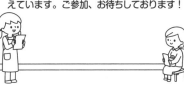

保護者会・懇談会

4月○日15時から保護者会(懇談会)を行います。担任より、下記のお話をいたします。

＊今年度のクラス目標

＊新しいクラスでの子どもたちの様子

＊好んでいる遊び

保護者の皆様が仲よくなる機会にもなれば、と思っています。簡単にできるちょっと楽しい企画も考えています。ご参加、お待ちしております！

P037_02A　P037_02B　P037_02T

お誕生会について

3歳児は月2回、4・5歳児は月1回、誕生会を行いますので、お子さんの誕生月には、ご参加ください。3歳児は各保育室にて歌を歌ったり、パネルシアターやエプロンシアターなどを見たりします。4・5歳児はホールにて、誕生児インタビューや歌、ゲーム、ダンスなどを楽しみます。4・5歳児の保護者の方には、名前の由来や、赤ちゃんの頃のエピソードなど、短くお話しいただく予定です。どうぞよろしくお願いいたします。

P037_03A　P037_03B　P037_03T

お弁当が始まります

毎年、お弁当初日には朝からお弁当箱を広げ「見て～！」という子も。わたしたちは「ひっくり返してしまうのでは…」と内心ハラハラ。最初のうちはお弁当箱が空っぽになったという満足感をもてるよう、お子さんが食べきれる量にしてください。ごはんも小さなおにぎりやボール形にしてあると食べやすいです！ ご家庭で、お弁当箱に詰めて食べてみても楽しいですね。

P037_04A　P037_04B　P037_04T

新入園児歓迎会　P037_05T

- ○日に全園児がホールに集まって、「友達になろう会」を開きました。園のクイズをしたり、園の歌を歌ったり。短時間でしたが、他学年への親しみを感じるよい機会となりました。
- 新入園児歓迎会の最後に、5歳児から折り紙のプレゼントがありました。チューリップのペンダントを首にかけてもらった3歳児は、じーっと見たあと、「もらった！」とうれしそうでした。

懇談会のお知らせ　P037_06T

- 4月○日○時より、各保育室にてクラス懇談会を行います。担任から、日々の様子、クラスの運営方針、今後の行事、事務連絡などをお話しし、PTAの活動についてもご説明します。やむを得ず欠席なさる場合は、前日までに必ずご連絡ください。
- 小さなお子さんをお連れの場合は、懇談会中、保護者のそばで過ごせるよう、絵本や塗り絵、音の出ないおもちゃなどをご準備ください。なお、アレルギー児への対応のため、園の敷地内では水分補給以外の飲食はできません。ご了承ください。

お花見会　P037_07T

- お散歩で桜吹雪のなかを歩きました。「花びらをつかまえるといいことがあるんだよ！」と、みんなで夢中になってつかまえました。自然に触れながら四季の変化も感じていきたいと思っています。
- お花見をしながらおやつを食べました。「風が気持ちいい」と話していると、ビューンと強風が吹き、シートが飛ばされそうに！ 慌ててシートを押さえ、大笑いしました。「今度はお弁当を食べようね」と、子どもたちのリクエストです！

食育　P037_08T

- お弁当が始まりました。栄養を考えて、ついつい苦手な物も入れたくなりますが、しばらくは、できるだけ食べやすい物、好きな物を入れてください。お弁当箱を「空っぽ」にした満足感が得られますよ。
- 給食が始まります。スプーン・フォークなどの食具とナプキンを持たせてください。給食はみんなで同じ物を食べることで楽しさを感じ、好き嫌いが減るということもあるんですよ！

0~2歳児クラス向け

入園おめでとうございます

ご入園おめでとうございます。初めてママやパパから離れての園生活。最初は涙を流したり、ドキドキした表情を見せたりしていた子どもたちですが、少しずつ園の環境に慣れ、笑顔で過ごす時間も増えてきました。いろいろなことに興味をもっている子どもたちの好きな遊びを見つけ、新しいことにもチャレンジしていきたいと考えています。一人ひとりの気持ちに寄り添い、受けとめながら成長を見守りたいと思いますので、どうぞよろしくお願いします。

(P038_01A) (P038_01B) (P038_01T)

担任紹介

新しい環境や友達、保育者との生活に不安な表情を見せていた子どもたちも、安心できる担任のそばで笑顔を見せてくれるようになってきました。子どもたちの成長と、楽しさや興味にあふれた毎日を、保護者の皆様とともに見守らせていただきたいと思います。また、保育や子育ての話もできるとうれしいです。一年間、どうぞよろしくお願いいたします。

(P038_02A) (P038_02B) (P038_02T)

一年間 よろしく お願いします

保育園という「園」がつないでくれた、皆様とのご縁をたいへんうれしく思います。子どもたちが、毎日楽しく過ごせるよう、一人ひとりの気持ちをていねいに受けとめながら、保育を進めていきたいと思います。そして、保護者の皆様とともに、子どもたちの日々の成長を喜び合えるよう努めて参りますので、一年間、どうぞよろしくお願いします。

(P038_03A) (P038_03B) (P038_03T)

よろしくお願いします!

春の柔らかな日ざしのなか、入園・進級をした子どもたち。新しい生活に少し戸惑いもありましたが、大好きな外遊びを楽しむうちに、そんな不安もなくなっていったようです。子どもたちは自分で育つ力をもっています。毎日を楽しんで一緒に過ごしながら、成長のお手伝いをさせていただきたいと思っています。ご不明な点などがありましたら、気軽にお声がけください。一年間よろしくお願いいたします。

(P038_04A) (P038_04B) (P038_04T)

4月の挨拶 (P038_05T)

- 季節が巡り、希望にあふれる新たな春がやってきました。子どもたちとの新しい出会いを楽しみにしながら、充実した園生活を送れるように努めて参ります。
- 青い空、白い雲、ピンクの桜と春風の匂い。ちょっぴり泣き顔の子どもたちも、園庭に出ると春をいっぱいに吸い込んで、ご機嫌です。笑顔あふれる1年にしていきたいと思います。

入園・進級 (P038_06T)

- ご入園、ご進級おめでとうございます。子どもたちが新しい環境に1日でも早く慣れ、安心して過ごせるように一人ひとりを大切にお預かりしていきたいと思います。
- 桜の木、暖かな日ざし、爽やかな風が心地よい季節、新しい生活の始まりです。子どもたちがいきいきと自己発揮し、楽しく実りある一年になるよう、精一杯努めて参ります。
- 新年度を迎え、お子さんの成長に喜びを感じる反面、不安や心配なこともあるかと思います。いつでも、お気軽にご相談ください。

4月の子どもの様子 (P038_07T)

- 新しい環境は初めてのことが多く、興味津々の子どもたち。「触ってもいい?」と担任の反応を確認しながら、一歩一歩世界を広げています。
- だっこにおんぶ、手をつなぐなど、保育者と触れ合うことで落ち着いて過ごしています。泣き顔よりも笑顔が増え、お気に入りのおもちゃを見つけて、ご機嫌で遊べるようになりました。
- 1人1つ、保育者手作りの双眼鏡を持って園内探検に出発!「ここはなんのお部屋?」と、確認しながら園内巡りを楽しみました。
- 飼育小屋にいるウサギを見に行くのが○○組の日課です。見ているだけで気持ちが癒やされるようで、みんなにこにこの表情を見せてくれます。
- 「○○ちゃん遊ぼ~」と、2歳児の積極的な姿にひかれてまねっこを始める1歳児。「園でのお母さん」のそばで安心する0歳児。それぞれのリズムで生活する大切さを感じる新年度です。
- 保育者がコロコロとボールを転がすと、目で追ったり、手を伸ばしてつかみ取ろうとはいはいしたり、とっても活発な様子です。

慣れ保育

入園当初は、慣れ保育のお願いをしております。慣れ保育の主なねらいは、(1) 園の生活リズムや保育環境に慣れる、(2) 保育者との信頼関係を築く、(3) 保護者と離れ、集団での生活を経験する、です。慣れ保育の進め方やスケジュールについては、保護者の皆様とご相談しながら対応していきたいと思います。お子さんがスムーズに園生活に慣れていけるよう、ご協力をよろしくお願いいたします。

P039_01A P039_01B P039_01T

園生活が始まって

新しい環境や、初めての集団生活に、涙を見せる姿もありましたが、日を重ねるごとに少しずつ笑顔も見られるようになってきました。戸外では砂場でお料理を作ったり、飼育小屋のウサギを見に行って手を振ったりする姿が見られ、ほほえましく思います。1歳から2歳になる年齢は、発語が盛んになり、自分でがんばろうとする気持ちが芽生え始めるなど、成長が目覚ましい時期ですので、ていねいに関わりながら実りある園生活を送れるようにしたいと思います。

P039_02A P039_02B P039_02T

ご心配なことはご相談を

桜も満開の見頃を迎え、○○組での一年が始まりました。新しい環境に、期待と不安の表情が見え隠れしている子どもたち。おうちでも、「ママやパパから離れない」「夜泣きが始まった」など、少し変化があるのかもしれませんね。子どもたちの様子や、園生活についての心配ごとがありましたら、いつでもお声がけください。保護者の皆様とともに、子どもたちの成長を見守っていけると幸いです。

P039_03A P039_03B P039_03T

連絡帳について

0～2歳児は、日々、「できた」が増えていく時期です。園での「こんなことができたよエピソード」を連絡帳に記入して、お伝えします。また、排泄、睡眠、機嫌などの体調面についても、連絡帳に記録し、子どもたちが毎日、元気に過ごせるよう、健康管理に配慮していきます。

ご家庭でのお子様の様子に加え、心配事や相談など、どんなことでもかまいませんので、連絡帳でお知らせください。

P039_04A P039_04B P039_04T

慣れ保育 (P039_05T)

- 大好きな家族と離れて過ごす時間は、寂しいものです。慣れ保育をすることで、少しずつ家庭と園との時間が調整でき、心への負担が少なくなります。ご協力をお願いいたします。
- 園は安心で楽しい場所、というイメージがあると思います。しかし、集団生活で感じるストレスや寂しさもあります。慣れ保育を通して、少しずつ心と体の負担を減らしながら、園の生活を知ってもらいたいと思います。

健康・生活 (P039_06T)

- 登園の際、安全管理および事故防止のため、門の鍵を必ず施錠していただけますようお願いいたします。
- 登園前に必ず検温し、登園表に検温結果を記入してから、保育者にお子さんをお預けください。
- 子どもの成長には、十分な睡眠・栄養バランスのよい食事・適切な運動が大切です。生活リズムを整えることは、脳や体によい影響がたくさんあるので心がけていきましょう。
- 環境が変わることで、影響を受ける子もいます。食欲・睡眠・体温・排泄《はいせつ》・機嫌など、園でも細かく様子を見ていきます。ご家庭で、いつもと違うなと感じたときには、担任にもお知らせください。

保育参観・懇談会 (P039_07T)

- おうちの方に見られる緊張で、いつも通りできないこともあるかもしれません。あたたかく見守っていただけると幸いです。おうちに帰ったら「がんばったね！」とほめてあげてくださいね。
- お子さんの園での様子や成長、今後の取り組みなどをお伝えしたいと思っております。普段は送迎の時間が合わない保護者の皆様どうしが、顔を合わせられる貴重な機会にもなると思います。お忙しいとは思いますが、ぜひ皆様でご参加ください。

食育 (P039_08T)

- 新生活が始まるこの時期は、体調を崩しがち。春の旬野菜は、ビタミン・ミネラル・食物繊維が豊富なので、腸内環境を整え、免疫力をアップさせてくれます。食事に取り入れてみてはいかがでしょう。

連絡帳について (P039_09T)

- 園でのできごとやお知らせなど、保育者からご家庭へ向けて連絡帳にてお知らせいたします。日々、目を通していただけますよう、お願い申しあげます。

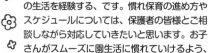

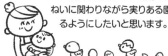

4月の行事

入園・進級

P040_01

P040_02

P040_03

P040_04

P040_05

P040_06

P040_07

P040_08

P040_09

P040_10

P040_11

P040_12

P040_13

P040_14

P040_15

P040_16

P040_17

P040_18

このメッセージが見えるまで開くときれいにコピーすることができます。

P041_01

P041_02

P041_03

P041_04

P041_05

P041_06

P041_07

P041_08

新入園児歓迎会

P041_09

P041_10

P041_11

P041_12

P041_13

P041_14

P041_15

懇談会

P042_01

P042_02

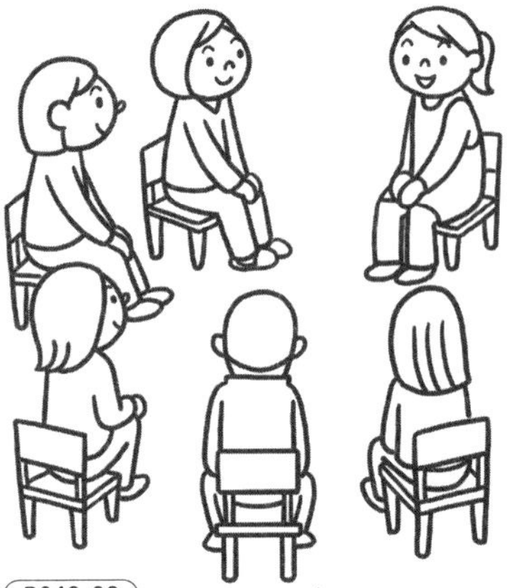

P042_03

P042_04

P042_05

P042_06

P042_07

P042_08

P042_09

P042_10

花まつり

P042_11

P042_12

P042_13

P042_14

P042_15

このメッセージが見えるまで開くときれいにコピーすることができます。

誕生日

P043_01

P043_02

P043_03

P043_04

P043_05

P043_06

P043_07

P043_08

P043_09

P043_10

P043_11

P043_12

P043_13

P043_14

P043_15

P043_16

P043_17

P043_19

P043_18

このメッセージが見えるまで開くときれいにコピーすることができます。

子ども

3~5歳児

P044_01

P044_02

P044_03

P044_04

P044_05

P044_06

P044_07

P044_08

P044_09

P044_10

P044_11

P044_12

P044_13

P044_14

このメッセージが見えるまで開くときれいにコピーすることができます。

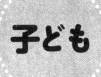

P045_01

P045_02

P045_03

P045_05

P045_04

P045_08

P045_09

P045_06

P045_07

P045_10

P045_11

P045_12

P045_13

P045_14

P045_15

P045_16

P045_17

0～2歳児

P046_01

P046_02

P046_03

P046_04

P046_05

P046_06

P046_07

P046_08

P046_09

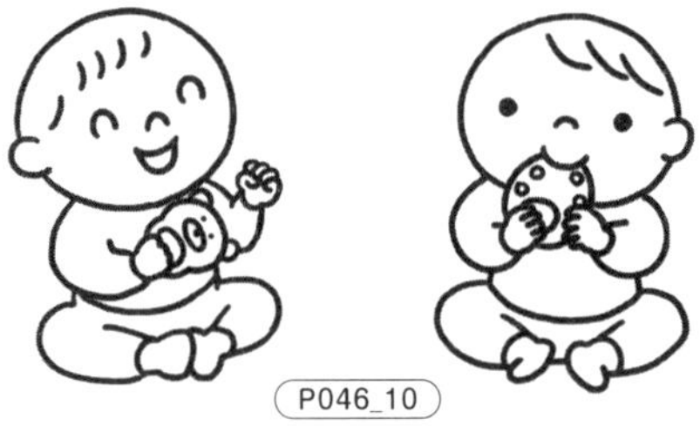

P046_10

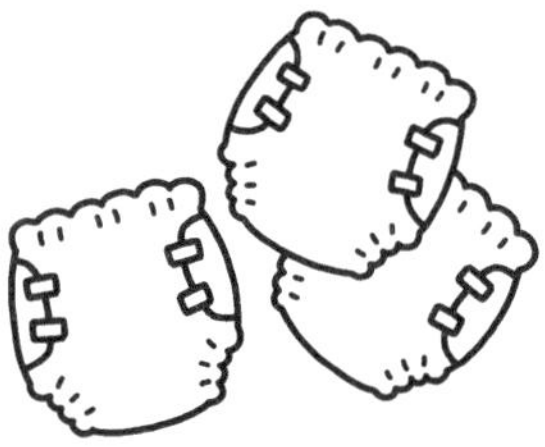

P046_11

P046_12

P046_13

このメッセージが見えるまで開くときれいにコピーすることができます。

P047_01

P047_02

P047_03

P047_04

P047_05

P047_06

P047_07

P047_08

P047_09

P047_10

P047_11

P047_12

P047_13

P047_14

生活 健康

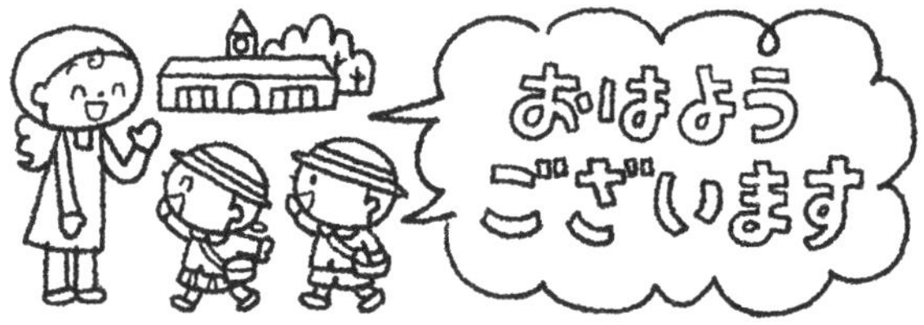

P048_01

P048_02

P048_03

P048_04

P048_05

P048_06

P048_07

P048_08

P048_09

P048_10

P048_11

P048_12

P048_13

P048_14

P048_15

P048_16

P048_17

このメッセージが見えるまで開くときれいにコピーすることができます。

タイトルフレーム

P049_01

P049_02

P049_03

P049_04

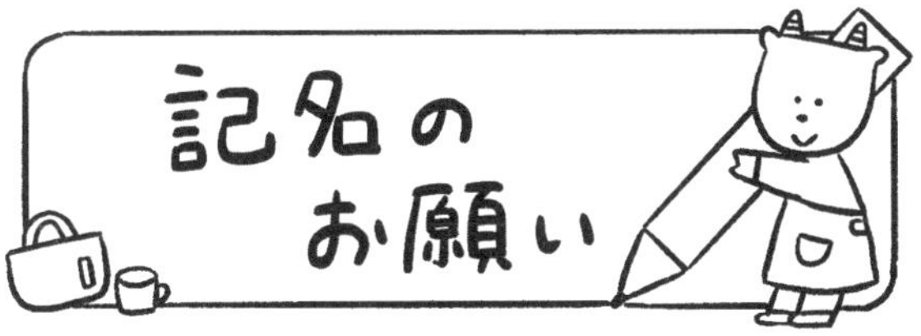

P049_05

P049_06

P049_07

P049_08

P049_09

P049_10

P049_11

P049_12

P049_13

P049_14

P049_15

P049_16

P049_17

P049_18

このメッセージが見えるまで開くときれいにコピーすることができます。

P050_01

P050_02

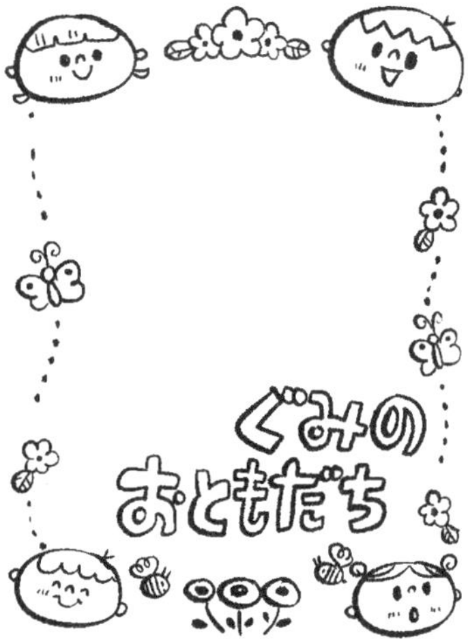

P050_03

P050_04

P050_05

P050_06

P050_08

P050_07

P050_09

P050_10

このメッセージが見えるまで開くときれいにコピーすることができます。

このメッセージが見えるまで開くときれいにコピーすることができます。

P051_01

P051_02

P051_03

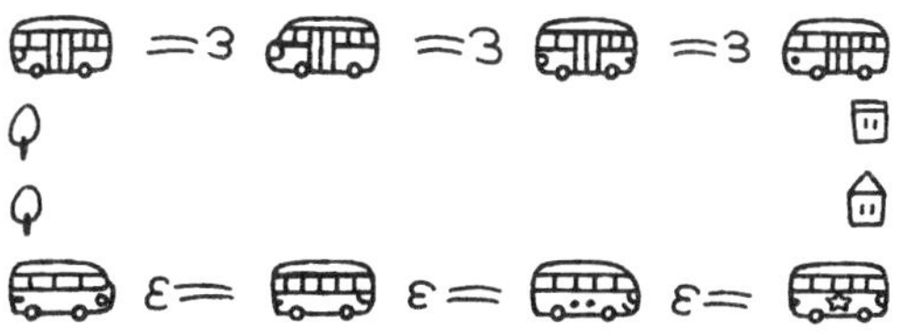

P051_04

P051_05

P051_06

P051_07

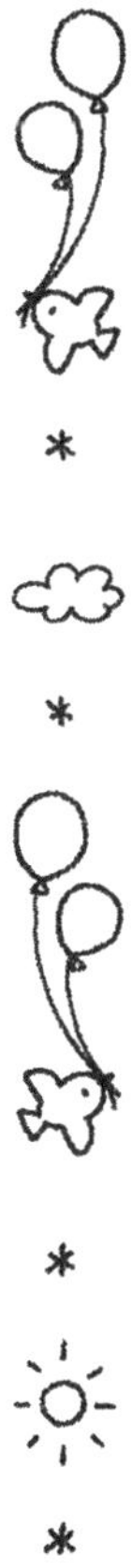

P051_09

P051_08

P051_10

P051_11

P051_14

P051_12

P051_15

P051_16

P051_13

5月

テンプレート

季節感を出しながら、子どもの姿を伝えます。

5月のクラスだより

B4 サイズ横を想定

行事のことを簡単に紹介しましょう。

P052_01

連絡事項が多い行事については、別途プリントを用意します。

今月の誕生児の写真を入れると楽しいおたよりに。

このメッセージが見えるまで開くときれいにコピーすることができます。

5月のクラスだより

A4サイズ縦を想定

5月 りすぐみ だより

吹き抜ける風が心地よく感じられるようになりました。新しい生活が不安で泣いていた子どもたちも、風で揺れる木々を見て笑顔を浮かべ、「きゃっ、きゃっ」と声も聞かせてくれています。

２歳児は、「イヤ！」「自分で」と自我が芽生え始める時期です。成長の表れであることを理解し、「自立」と「依存」を行き来する子どもの姿を認めていきましょう。子育てのことで悩んだり迷ったりされたときは、お気軽にお声がけください。

５月の行事

５月○日　こどもの日
５月○日　身体測定
５月○日　母の日
５月○日　遠足

朝の健康チェック

登園時には必ず検温をお願いします。「家を出る前は大丈夫だったのに、園に着いたら熱が出た」ということは乳児期に多く見られます。また、「きのうの夜、熱が出た」「おうちでけがをした」「予防接種を受けた」など、いつもと違うことがあったときにお知らせいただくことは、体調把握のうえで非常に重要です。お子さんが楽しく健康に園で過ごせるように、ささいなことでもお知らせください。

母の日

５月の第二日曜日は、「母の日」です。大好きなお母さんに、子どもたちは、まだうまく「ありがとう」と感謝の気持ちを伝えることが難しいので、ささやかですが、保育者と一緒にプレゼントを作ります。当日をぜひ、楽しみにしていてください。

５月生まれのお友達

５月○日生まれ
○○○ちゃん

P053_01

未満児クラスは、
健康状態の確認がとても大切。
毎回お伝えしましょう。

行事への取り組みを
伝えておきます。

遠足のお知らせ

B5・A4サイズ縦を想定

保護者各位

令和○○年 ５月
チャイルド保育園

遠足のお知らせ

５月○○日（○）

○○○自然園に遠足に出かけます。
季節の草花を眺めたり、小さな動物と触れ合ったり、楽しい経験ができることと思います。

当日の予定

8:45　登園
9:00　バスで出発
10:00　○○○自然園に到着
12:00　お弁当
14:30　○○○自然園を出発
15:30　園に到着

持ち物

・動きやすい服装
・履き慣れた靴
・お弁当　・水筒　・お手拭き

子どもたちは、お弁当を楽しみにしています。
お忙しいところ申しわけありませんが、
お弁当の準備をお願いします。

当日はバスで向かいますので、
お子さんの体調がご心配なようでしたら、
酔い止め薬などの用意もお願いいたします。

雨天の場合は通常保育になり、
遠足は○月○日に延期になります。
連絡網にてお知らせいたします。

当日の予定を明記して
イメージしてもらいやすくします。

持ち物については、
箇条書きでしっかり伝えます。

P053_02

文例＆フレーム

P000_00A フレームと文例

P000_00B フレームのみ

P000_00T 文例のみ

3～5歳児クラス向け

健康診断

「お医者さん」と聞くだけで緊張してしまう子どもたち。先日の健康診断も朝から緊張した表情で、「おなかを『もしもし』ってするだけだよね！」「注射しないよね」と確かめ合っていました。いざ順番が来ると緊張がピークに！ カーテン越しに前の友達の様子をのぞこうとしたり、終わった子の表情を見たり。でも、全員無事に終えることができ、園医さんが帰るときには「また来てね！」と手を振っていました。

P054_01A P054_01B P054_01T

交通安全教室

園にお巡りさんがやって来ました！ きょうは「交通安全教室」です。最初に教えてもらったのは「敬礼」。ピシッと挨拶をしてスタートです。市の職員の方から「飛び出さないこと」「おうちの人と手をつなぐこと」を、ペープサートやパネルシアターでわかりやすく教えてもらいました。最後は園庭で横断歩道を渡る練習です。手をあげて右・左を見て、もう一度右を確認してから渡ります。「ママにも教えてあげる」と、しっかり学んだ子どもたちでした。

P054_02A P054_02B P054_02T

5月の挨拶 P054_03T

- 新緑の季節。「先生～、お散歩行こう！」と戸外で遊ぶ楽しさ、心地よさを体で感じている子どもたちです。さあ、今日はなにをして遊ぼうかな？
- 風薫る五月晴れの空に、新緑がまぶしい季節になりました。担任との信頼関係も深まってきています。園庭のこいのぼりに見守られながら、心も体も軽やかに、園生活を楽しんでいる子どもたちです。
- 新年度が始まって１か月。ドキドキがワクワクに変わり、気持ちに余裕ができたようで、毎日元気いっぱい、いたずらいっぱいです。園が楽しい場所になってくれている証拠ですね。
- チョウチョウやテントウムシなどが、園に遊びに来る季節になりました。身近な自然に目を向ける機会を大切にしたいです。
- 木々の緑がまぶしい季節となりました。園庭には、子どもたちのにぎやかな声が響いています。
- みんなでまいた朝顔の種が、芽を出しました。大喜びの子どもたちは、今から花が咲くのを楽しみにしています。

食育 P054_04T

- 「いただきます」の挨拶をして弁当箱の蓋を開けると、保育室内がとても穏やかな雰囲気になります。ご家庭の温かさが広がるからでしょうか。みんなの大好きな時間です。
- 「いただきまーす」とにこにこ顔でお弁当を開ける子どもたち。「おにぎり入ってる人～！」「はーい」などと言い合い、楽しみました。みんなで食べるとおいしいですね。
- 給食室からよい香りが漂ってきました。「今日はなにかな？」とメニュー表をのぞき込む子どもたち。「楽しみだねぇ」「おかわりしよう！」と、待ちきれない様子です。
- 夏野菜の苗を植えました。「ピーマン嫌いなんだよ」「トマトはちょっと…」と言いながら植えた子もいます。自分で育てることで、野菜と少しでも仲よくなってくれたらいいな、と思います。
- なに色の花が咲くかを予想しながらミニトマトの苗を植えました。「トマトは赤いから、赤い花じゃない？」「黄色やオレンジ色もスーパーで見たよ！」…答えがわかる日が待ち遠しいです。

5月の子どもの様子 P054_05T

- 進級して１か月。背筋を伸ばすのもちょっぴり疲れてきたようで、甘えたり癇癪《かんしゃく》を起こしたりすることが増えてきました。お兄さん・お姉さんモードはしばしお休みして、スキンシップを多く取り入れたいと思います。
- 新しいクラスにもすっかり慣れた子どもたち。「ぼくが３歳クラスのときは～」なんていう会話も聞こえてくるようになりました。友達の名前も、どんどん覚えてきています。
- 自分の好きなことを見つけ、遊びだせるようになってきました。保育者への親しみを感じるとともに、同じ場にいたり、同じ物を持っていたりする友達にも関心が出てきています。
- 「先生にあげようと思って！」ときれいな花びらや、おもしろい形の葉っぱを大事そうに持って来てくれます。楽しみに登園してくれる姿を心からうれしく思います。
- 年下の子と関わるなかで、「手をつなぐだけじゃなくて、声もかけてあげた方がいいよね」と、言葉の大切さに気づいた５歳児です。
- ○○組さんには、最近「お手伝いブーム」が到来です。保育者が「ありがとう」と伝えるたびに「○○組さんだから簡単だよ！」と自信にあふれまぶしいくらいです。

交通安全 P054_06T

- お巡りさんが来園して、交通安全について話をしてくれました。「青信号がチカチカしていたら？」の問いに「急いで渡る！」と答えてしまい、「急ぐと危ないから止まろうね」と教わりました。
- 横断歩道を渡るときには左右を見て、運転手さんと目を合わせ「ここにいるよ」と伝えることが大切だと教わりました。後日、散歩のときに「ここにいまーす！」と、さっそく声に出して伝えていました。
- 家庭で自転車に乗っているお子さんも多いのではないでしょうか？ 交通安全教室で学んだ交通ルールを、ご家庭でもぜひ実践してみてください。
- 自転車にお子さんを乗せる、降ろす場合には、スタンドで停め、安全確認を。ふとバランスが崩れ、自転車が倒れる危険があります。一時の手間を惜しまないことが、安全につながります。

こいのぼり製作

実物のこいのぼりを大ホールで広げてみました。「大きいね！ かっこいいね！」と大興奮の子どもたち。グループごとに大きな模造紙にうろこを描いていきます。「いっぱい泳げるように、うろこは大きくしようよ！」「白いところがないように塗るときれいだよ」と、相談しながら作り上げました。世界にたった１つしかないすてきなこいのぼりは、園庭で元気に泳いでいます。

P055_01A　P055_01B　P055_01T

こどもの日

園の玄関に飾ってあるかぶとを見ながら「昔の人はかぶとをかぶって戦っていたんだよ」と伝えると「作ってみたい！」と興味津々。いろいろな廃材を使ってオリジナルかぶとを製作しました。「ここを牙みたいにしたら強そう！」「虹色のかわいいかぶとにする！」と、個性きらめくすてきなかぶとができあがりました。こどもの日集会では、みんなの健やかな成長を祈りながら、製作したかぶとをかぶって記念撮影や特別給食を楽しみたいと思います。

P055_02A　P055_02B　P055_02T

春の遠足♪

「天気になあれ」と、てるてる坊主をつるした子どもたちの思いが、ピカピカのお天気を連れて来ました。お弁当の入ったリュックサックを背負って、ご機嫌な子どもたち。小川探検では、アメンボウやメダカの学校を見つけました。アスレチックでは、ドキドキしながら一本橋を渡りました。ぺこぺこのおなかを満たしてくれたのは愛情たっぷりのお弁当。最高の笑顔を写真に収めました。

P055_03A　P055_03B　P055_03T

いつもありがとう

感謝の気持ちを込めて、○○を作りました。“相手に喜んでもらうには？”と一生懸命に考えた子どもたちです。「お母さんの好きな色で作ろう」「洗濯をしてくれてありがとうっていう気持ちを込めるんだ」と、製作中から大好きなお母さんへの思いがあふれていました。「プレゼントを渡すときの言葉も考えた方がいいよね」という声も上がり、それぞれに考えていました。言葉のプレゼントも、どうぞ受け取ってください。

P055_04A　P055_04B　P055_04T

こいのぼり製作　P055_05T

- 世界にたった１つのこいのぼりができあがりました。うろこの貼り方に個性が見られ、どれもすてきなこいのぼりとなりました。持ち帰った際は、たくさんほめてあげてください。
- クラス全員で大きなこいのぼりを作りました。うろこは手形と足形です。空にあがったこいのぼりを見上げ、「わたしの手はあそこ！」「ぼくの足はあれだよ」と盛り上がりました。
- グループの仲間と、大きなこいのぼりを作りました。相談や役割分担に苦戦した分、完成時には大歓声！ お子さんと一緒に見上げながら、難しかったところ、工夫したところなどを聞いてみてください。
- 登園すると真っ先に園庭を見上げる子どもたち。「今日はいっぱい泳いでるよ！」「今日は静かだねぇ」と、まるでこいのぼりの体調を気にかけているかのようです。

春の遠足　P055_06T

- 公園に着いたとたんに「お弁当！」と、食べる気満々！「まだよ」と伝えると、絵に描いたようながっかり顔に。おうちの方が作ってくれたお弁当はうれしくてたまらないものなのですね！
- 出発前に「リュックを斜めにするとお弁当が崩れちゃうよ」と話すと、少し進むたびに「リュック曲がってない？」と確認し合う○○組さん。お弁当タイムに蓋を開け、ひと安心していました。

母の日・ファミリーデー　P055_07T

- ファミリーデーの製作をした日、「おうちの人にないしょね」と約束をしたのですが、言いたくてたまらない○○組さん。「今日ね、あ！ ないしょだった！」と口を押さえる姿が愛らしかったです。
- おうちの人の話をしたり、プレゼントを作ったりしているときの子どもたちの顔、とても穏やかないい表情でした。大好きな気持ちが表れているのですね。
- 「おうちの人が好きな色・食べ物・動物」について、一人ひとりに質問をしてみました。難しいかな？ と思いましたが、誰一人悩むことなく答えてくれ、おうちの人への愛を感じました。
- 「ママはピンクが好きだから、ピンクのお洋服」「鉛筆で眉毛描いてる！」と、大好きなママを思って絵を描きました。どうぞ母の日をお楽しみに！
- お子さんから「大好き」って言われると、キュンとしませんか？ この愛のメッセージは、なにより子育ての励みになります。園では今、感謝を込めて、おうちの人へのプレゼントを製作中です。お子さんの愛、受け取ってくださいね。
- 「母の日」の話をしました。子どもたちも、たくさんの「お母さん大好き話」を聞かせてくれました。子どもにとって、お母さんは最愛の人なんだな、と実感。わかっていたことですが、ちょっぴりやけちゃいました。

0~2歳児クラス向け

5月の第二日曜日は、「母の日」です。大好きなお母さんに、子どもたちは、まだうまく「ありがとう」と感謝の気持ちを伝えることが難しいので、保育者と一緒にささやかですが、プレゼントを作りました。日頃の疲れなどが少しでも癒やされればと思い、子どもたちの笑顔と一緒に贈りたいと思います。当日をぜひ、楽しみにしていてください。

P056_01A　P056_01B　P056_01T

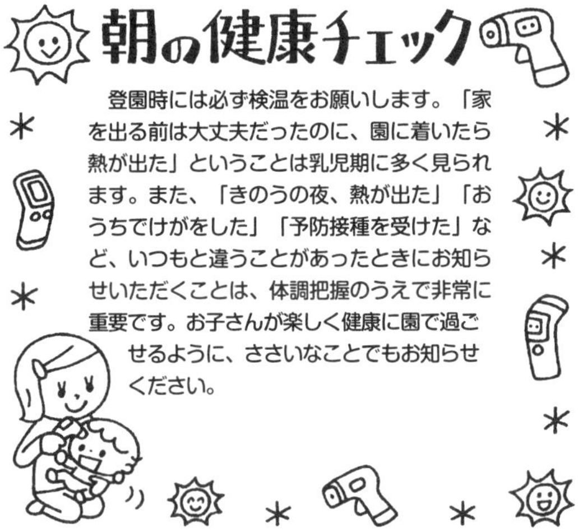

登園時には必ず検温をお願いします。「家を出る前は大丈夫だったのに、園に着いたら熱が出た」ということは乳児期に多く見られます。また、「きのうの夜、熱が出た」「おうちでけがをした」「予防接種を受けた」など、いつもと違うことがあったときにお知らせいただくことは、体調把握のうえで非常に重要です。お子さんが楽しく健康に園で過ごせるように、ささいなことでもお知らせください。

P056_02A　P056_02B　P056_02T

5月の挨拶　P056_03T

- 5月の風をいっぱいに受けたこいのぼりをじっと見つめる子どもたち。その表情には、落ち着きや笑顔が見られるようになってきました。
- 新緑が美しい季節となりました。園庭には、5歳児クラスの製作したこいのぼりが元気よく泳ぎ、乳児クラスの子どもたちもそれを興味津々で見つめています。
- 園庭の花壇には色とりどりの花が咲き、新緑の美しい季節となりました。新しいクラスとなってひと月が経ちましたが、一人ひとり満面の笑顔が見られるようになり、うれしいです。
- 吹き抜ける風が心地よく感じられるようになりました。新しい生活が不安で泣いていた子どもたちも、風で揺れる木々を見て笑顔を浮かべ、「きゃっ、きゃっ」と声も聞かせてくれています。
- あっという間に汗ばむ季節がやってきました。この春入園した園児も園での生活にすっかり慣れ、友達ができて一緒に遊ぶ姿が増えてきました。

健康・生活　P056_04T

- 入園から1か月経ち、集団生活に疲れが見えます。早寝・早起きを心がけ、お休みの日はゆっくり過ごしましょう。
- 子どもは泣くことで、いろいろな思いを訴えます。泣きやませようと焦るのではなく、泣く理由を理解し、欲求に応えていくことで、情緒の安定につながることと思います。
- 内科健診があります。健診の結果、病気が見つかった場合は、早めに専門医に診てもらいましょう。
- 排便は健康のバロメーターです。「早寝・早起き・朝ごはん」のあとに、朝、排便をする習慣がつくよう生活のリズムを整えていきましょう。お子さんの便を確認することが、病気の早期発見にもつながります。
- 保護者の不安な気持ちは、すぐに子どもに反映します。子育ての悩みの解決をお手伝いできればと思いますので、お気軽にお声がけください。

5月の子どもの様子　P056_05T

- 入園当時は、お母さんと離れたあと、しばらく泣いていた子も、今ではお母さんの姿が見えなくなると、すぐに自分のやりたいことを見つけて遊んでいます。順応力に驚かされますね。
- 新しい環境に戸惑い、泣いていた子どもたちもずいぶん慣れて、楽しそうに遊ぶ姿が見られるようになってきました。
- 散歩に出ることが大好きな子どもたちは、地域の人に出会うと手を振り「おはよう～」と元気に挨拶しています。春の風に触れながら、たくさんの経験を重ねています。
- 満開だった桜も葉桜へと変わる季節。チラチラと舞う桜の花びらも子どもたちにとっては遊びの素材です。「とれたよ！」と、地面に落ちる前に何枚とれるかを競い合っています。
- 好きな遊びやおもちゃを見つけて、保育者や友達と遊べるようになってきました。
- 自分の思いがうまく言葉で表現できず、おもちゃの取り合いになってしまう場面も時々見られます。
- ぬいぐるみの「キリンくん」が大好きな○○組さん。「キリンくんの所に集まれー！」と声をかけると、キリンくんに握手を求めて集まってきます。「キリンくんにかっこいいところ見せる！」と、片づけもトイレもやる気満々の子どもたちです。
- あちこちで「いらっしゃいませ」とお店屋さんごっこ、「カンカンカーン」と電車ごっこ。子どもたちで世界を広げるようになっています。
- 「自分で！」と、なんでも自分でやりたがり、さかんに自己主張するようになってきました。これは、子どもの成長の証でもあります。
- 2歳児は、「イヤ！」「自分で」と自我が芽生え始める時期です。成長の表れであることを理解し、「自立」と「依存」を行き来する子どもの姿を認めていきましょう。子育てのことで悩んだり迷ったりされたときは、お気軽にお声がけください。

このメッセージが見えるまで開くときれいにコピーすることができます。

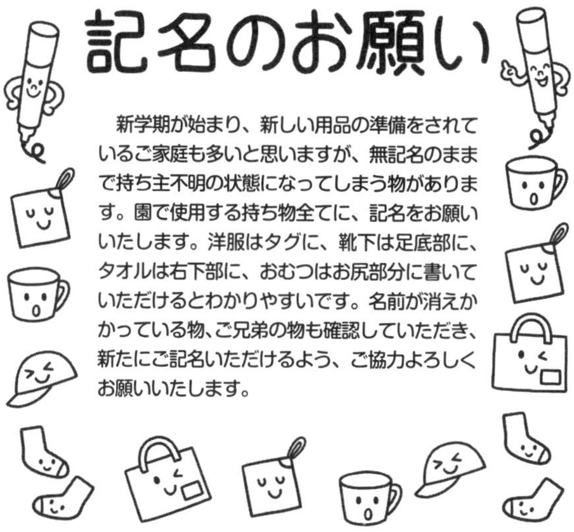
記名のお願い
新学期が始まり、新しい用品の準備をされているご家庭も多いと思いますが、無記名のままで持ち主不明の状態になってしまう物があります。園で使用する持ち物全てに、記名をお願いいたします。洋服はタグに、靴下は足底部に、タオルは右下部に、おむつはお尻部分に書いていただけるとわかりやすいです。名前が消えかかっている物、ご兄弟の物も確認していただき、新たにご記名いただけるよう、ご協力よろしくお願いいたします。

P057_01A　P057_01B　P057_01T

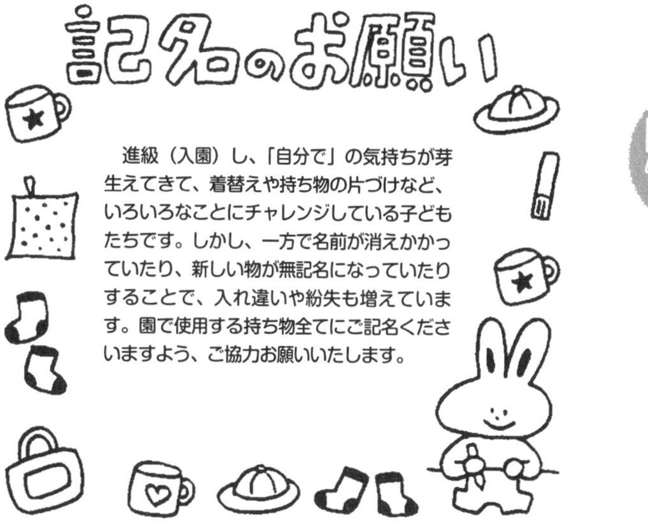
記名のお願い
進級（入園）し、「自分で」の気持ちが芽生えてきて、着替えや持ち物の片づけなど、いろいろなことにチャレンジしている子どもたちです。しかし、一方で名前が消えかかっていたり、新しい物が無記名になっていたりすることで、入れ違いや紛失も増えています。園で使用する持ち物全てにご記名くださいますよう、ご協力お願いいたします。

P057_02A　P057_02B　P057_02T

こどもの日　P057_03T

- 強くて、流れの速い川でも元気に泳ぎ、滝をも登ってしまうたくましいコイに負けないよう、たくさん体を動かして、丈夫な体づくりをしていこうと思います。
- 園庭に泳いでいるこいのぼりに向かって、毎日のように「おはよう！」と声をかけている子どもたち。風が少なく、こいのぼりが垂れ下がっている日には、「元気ないのかな？」と心配そうにする子もいました。
- 一人ひとり、かわいい“こいのぼり”を作りました。壁一面に気持ちよさそうに泳いでいるこいのぼりを、ぜひ、ご覧ください。
- 大きな紙へ大胆に筆を走らせる子どもたち。白い紙が赤や青、黄色に染まり、色が重なった部分は初めて見る不思議な色へと変化していきます。最後に目玉をつけて、世界で１つの○○組のこいのぼりが完成しました。
- 手形遊びをしながら、こいのぼりを製作しました。スタンプ台の感触に初めは不思議そうにしていましたが、「ぺったん！」という保育者の声かけとともに模様をつけ、世界に１つだけのこいのぼりに仕上がりました。
- 新聞紙のかぶとを装着するとヒーローに変身。「○○ちゃんが泣いてる」と、友達のもとに駆けつけてくれます。友達の気持ちに気づき、優しく接してあげられるほど、成長している子どもたちです。
- 玄関スペースに大きな五月人形が飾られ、子どもたちを見守っています。保育者の作ったかぶとをかぶったり、給食でこいのぼりランチを味わったりしました。

食育　P057_04T

- 「食べることが好き」になってほしいと願っています。ついマナーに目が行きがちですが、今は食べることを楽しむ時期です。声をかけながら食事を一緒に楽しみましょう。
- 食事量が十分でなくても、無理に食べさせず、食べられる量を完食できることから始めましょう。食器がピカピカになるうれしさを感じられるようにしたいですね。

春の自然と遊ぶ　P057_05T

- 園庭の隅で集まっている子どもたち。なにをしているのかとのぞいてみると、アリの行列をみんなで見ていました。じっと見つめているその集中力はとてもすごいですね。
- 虫を見つけると、「カマキリはここを持つといいんだよ」「カマキリは生きてる虫しか食べないよね」と、知識を出し合い育て方を相談。いつの間にか虫博士でいっぱいになっています。
- 砂場では、園庭の花でおいしそうに飾りつけたケーキ屋さんが開店です。「いっさいませ～」「お～しいですよ」と、商売上手な店員さんが多くて、毎回どれにしようか悩んでしまいます。
- 「ごはんできたよ」と、砂のごはんには色とりどりの草花が載っています。緑は野菜、赤はリンゴ、子どもたちの間でイメージがつながり、それが広がって一人また一人と集まってきます。

お散歩　P057_06T

- 初めての散歩で、涙も止まり辺りを眺める０歳児。「あ～あ！」「だっだ！」とおしゃべりも始まりました。ちょっとの時間でも、外に出ての気分転換は、子どもたちにとって大切な時間ですね。
- 天気のよい日は、一人ひとりの歩調に合わせながら散歩をして、身近な虫や草花と触れ合うことを大切にしていきたいと思います。
- 登園すると、早く外に行きたい様子を見せている子どもたち。初夏を思わせる気温の高い日もありますが、水分補給や戸外での時間配分にも留意しながら、お散歩を楽しんでいきたいと思います。
- お友達と手をつないで、○○公園に行ってきました。公園までの道のりもしっかり歩き、途中で出会った犬に向かって「わんわん！」と発するなど、発語も豊かになってきています。
- うららかな春の陽気が続きますね。心地よい風を体中で感じながら、お散歩に出かけました。チョウチョウを見つけて、大はしゃぎなひとときでした。
- 保育者にだっこされながら、園の周辺をひと回り！ 外の景色を眺め、外気に触れると、今まで涙を見せていた子も、すぐに笑顔になります。

5月の行事

こどもの日

P058_01

P058_02

P058_03

P058_04

P058_05

P058_06

P058_07

P058_08

P058_09

P058_10

P058_11

P058_12

P058_13

P058_14

P058_15

P058_16

P058_17

このメッセージが見えるまで開くときれいにコピーすることができます。

母の日・ファミリーデー

いつも
ありがとう

P059_01

いつも
ありがとう

P059_02

P059_03

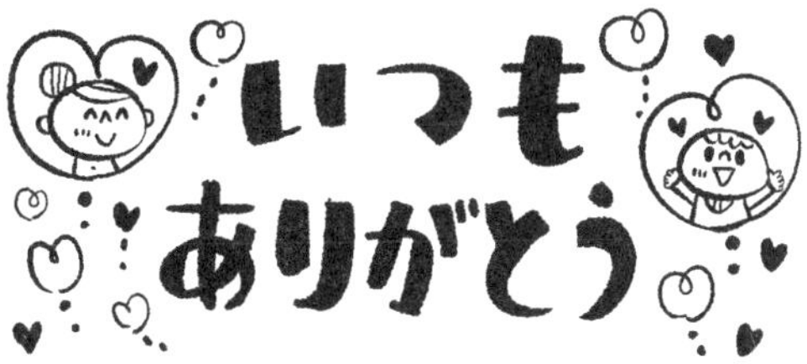
いつも
ありがとう

P059_04

P059_05

P059_06

P059_07

P059_08

P059_09

P059_10

P059_11

P059_12

P059_13

P059_14

P059_15

P059_16

P059_17

このメッセージが見えるまで開くときれいにコピーすることができます。

春の遠足

P060_01

P060_03

P060_04

P060_05

P060_02

P060_06

P060_07

P060_08

P060_09

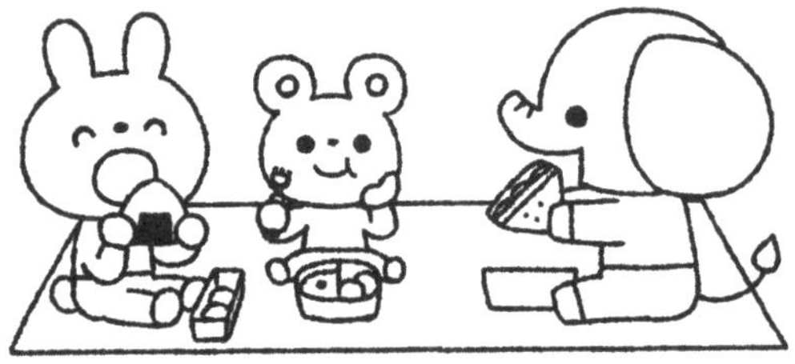

P060_10

P060_11

P060_12

P060_16

P060_13

P060_14

P060_15

このメッセージが見えるまで開くときれいにコピーすることができます。

誕生日

P061_01

P061_02

P061_03

P061_05

P061_06

P061_09

P061_04

P061_07

P061_08

P061_10

P061_11

P061_18

P061_12

P061_13

P061_14

P061_15

P061_16

P061_17

このメッセージが見えるまで開くときれいにコピーすることができます。

子ども

3~5歳児

P062_01

P062_02

P062_03

P062_04

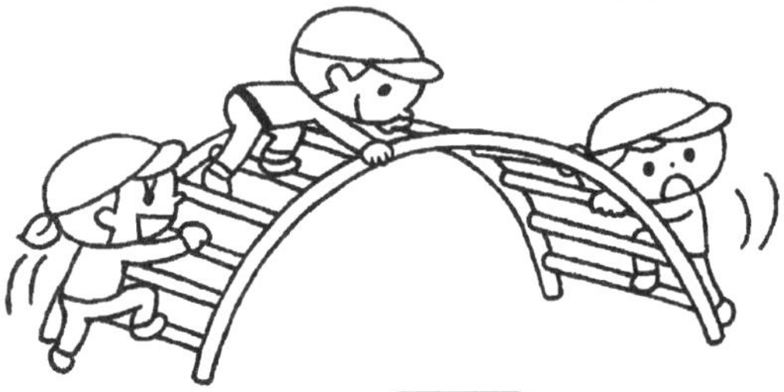

P062_05

P062_06

P062_07

P062_08

P062_09

P062_10

P062_11

P062_12

P062_13

P062_14

P062_15

このメッセージが見えるまで開くときれいにコピーすることができます。

P063_01

P063_02

P063_03

P063_04

P063_05

P063_06

P063_07

P063_08

P063_09

P063_10

P063_11

P063_12

P063_13

P063_14

0~2歳児

P064_01

P064_02

P064_03

P064_04

P064_05

P064_06

P064_07

P064_08

P064_09

P064_10

P064_11

P064_12

このメッセージが見えるまで開くときれいにコピーすることができます。

P065_01

P065_02

P065_03

P065_04

P065_05

P065_06

P065_07

P065_08

P065_09

P065_10

P065_11

P065_12

P065_13

P065_14

P065_15

生活 健康

P066_01

P066_02

P066_03

P066_04

P066_05

P066_06

P066_07

P066_08

P066_09

P066_10

P066_11

P066_12

P066_13

P066_14

P066_15

P066_16

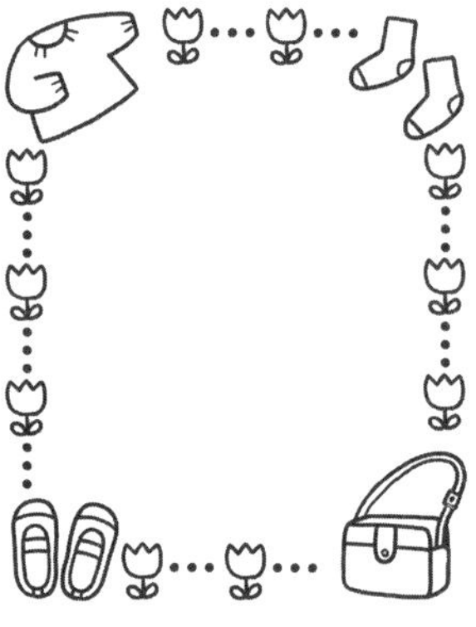

P066_17

P066_18

P066_19

P066_20

このメッセージが見えるまで開くときれいにコピーすることができます。

タイトルフレーム

P067_01

P067_02

P067_03

P067_04

P067_05

P067_06

P067_07

P067_08

P067_09

P067_10

P067_11

P067_12

P067_13

P067_14

P067_15

P067_16

P067_17

P067_18

P067_19

このメッセージが見えるまで開くときれいにコピーすることができます。

P068_01

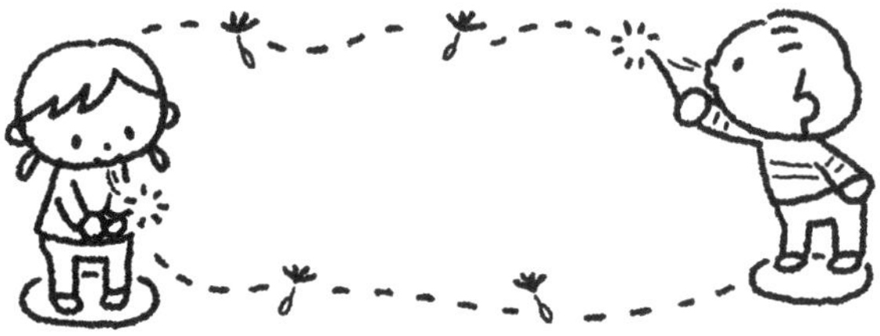

P068_02

P068_03

P068_04

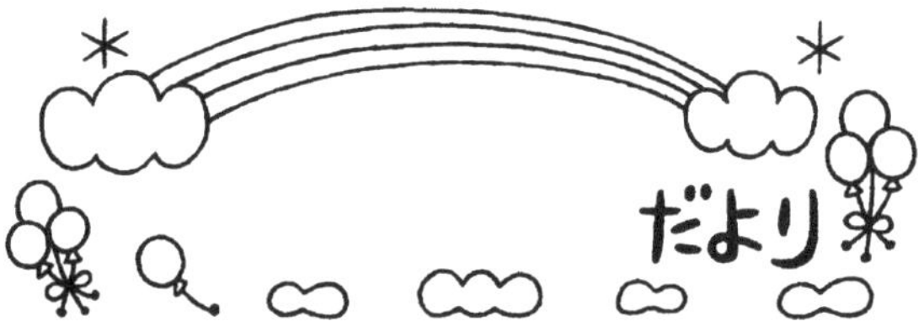

P068_05

P068_06

P068_07

P068_08

P068_09

P068_10

このメッセージが見えるまで開くときれいにコピーすることができます。

P069_01

P069_02

P069_07

P069_03

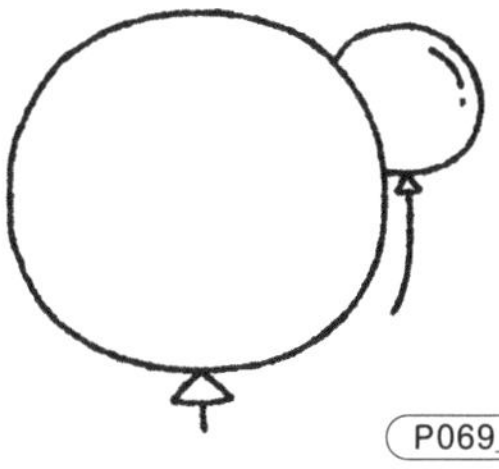

P069_04

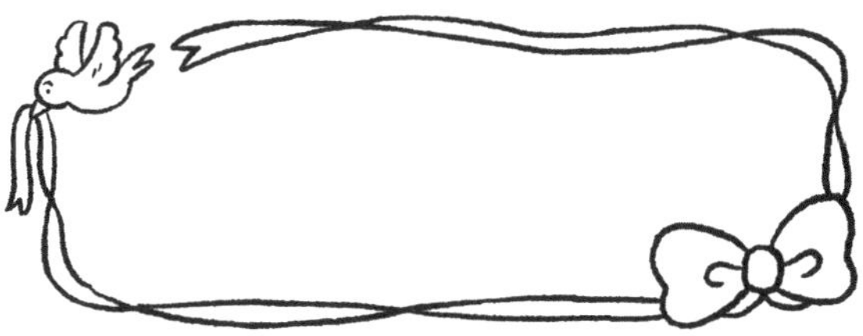

P069_05

P069_06

P069_08

P069_09

P069_10

P069_13

P069_11

P069_12

6月

テンプレート

飾り線を上手に使って
読みやすく。

ご家庭で役立つ情報も
伝えましょう。

6月のクラスだより

B4 サイズ横を想定

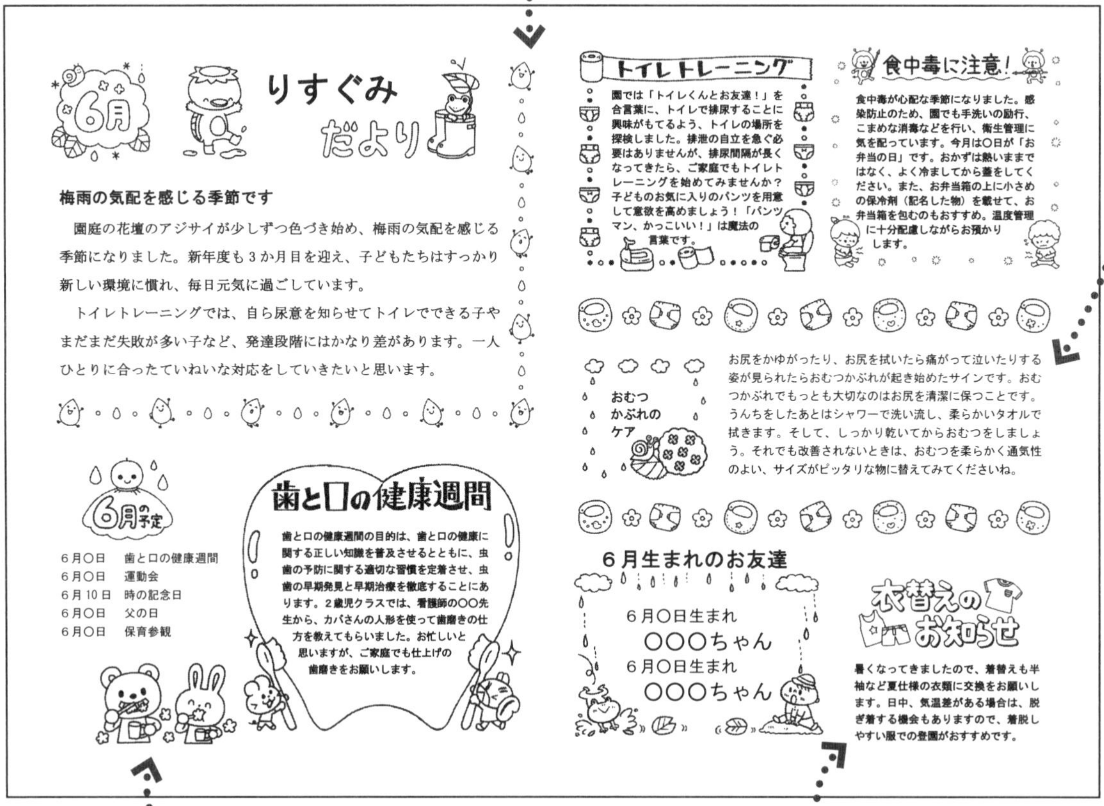
りすぐみだより

6月

梅雨の気配を感じる季節です

園庭の花壇のアジサイが少しずつ色づき始め、梅雨の気配を感じる季節になりました。新年度も３か月目を迎え、子どもたちはすっかり新しい環境に慣れ、毎日元気に過ごしています。

トイレトレーニングでは、自ら尿意を知らせてトイレでできる子やまだまだ失敗が多い子など、発達段階にはかなり差があります。一人ひとりに合ったていねいな対応をしていきたいと思います。

6月の予定

６月〇日	歯と口の健康週間
６月〇日	運動会
６月 10 日	時の記念日
６月〇日	父の日
６月〇日	保育参観

歯と口の健康週間

歯と口の健康週間の目的は、歯と口の健康に関する正しい知識を普及させるとともに、虫歯の予防に関する適切な習慣を定着させ、虫歯の早期発見と早期治療を徹底することにあります。２歳児クラスでは、看護師の〇〇先生から、カバさんの人形を使って歯磨きの仕方を教えてもらいました。お忙しいと思いますが、ご家庭でも仕上げの歯磨きをお願いします。

トイレトレーニング

園では「トイレくんとお友達！」を合言葉に、トイレで排尿することに興味がもてるよう、トイレの場所を探検しました。排泄の自立を急ぐ必要はありませんが、排尿間隔が長くなってきたら、ご家庭でもトイレトレーニングを始めてみませんか？子どものお気に入りのパンツを用意して意欲を高めましょう！「パンツマン、かっこいい！」は魔法の言葉です。

食中毒に注意！

食中毒が心配な季節になりました。感染防止のため、園でも手洗いの励行、こまめな消毒などを行い、衛生管理に気を配っています。今月は〇日が「お弁当の日」です。おかずは熱いままではなく、よく冷ましてから蓋をしてください。また、お弁当箱の上に小さめの保冷剤（記名した物）を載せて、お弁当箱を包むのもおすすめ。温度管理に十分配慮しながらお預かりします。

おむつかぶれのケア

お尻をかゆがったり、お尻を拭いたら痛がって泣いたりする姿が見られたらおむつかぶれが起き始めたサインです。おむつかぶれでもっとも大切なのはお尻を清潔に保つことです。うんちをしたあとはシャワーで洗い流し、柔らかいタオルで拭きます。そして、しっかり乾いてからおむつをしましょう。それでも改善されないときは、おむつを柔らかく通気性のよい、サイズがピッタリな物に替えてみてくださいね。

６月生まれのお友達

６月〇日生まれ
〇〇〇ちゃん
６月〇日生まれ
〇〇〇ちゃん

衣替えのお知らせ

暑くなってきましたので、着替えも半袖など夏仕様の衣類に交換をお願いします。日中、気温差がある場合は、脱ぎ着する機会もありますので、着脱しやすい服での登園がおすすめです。

P070_01

内容に合ったイラストで
楽しく伝えます。

お願いごとは、理由を説明して、
イメージしやすくしましょう。

チャイルド幼稚園

運動会のご案内

下記の日程で運動会を実施します。
子どもたちにとって、日頃の成長を見てもらういい機会です。
ぜひ子どもたちの成長をご覧ください。

日時　〇〇年〇月〇日（〇曜日）
9：00～14：30
（雨天の場合、〇月〇日（〇）に延期）
場所　チャイルド幼稚園園庭

親子競技への参加も
絶賛受付中

＊当日は履き慣れた靴をご用意ください。

P071_01

運動会のご案内

A4 サイズ縦を想定

日時と場所、雨天の場合の対処法を明記します。

参加の依頼は
しっかり伝えましょう。

保育参観のお知らせ

B5・A4 サイズ縦を想定

保護者各位

令和〇〇年 6月
チャイルド幼稚園

保育参観のお知らせ

6月〇日〇時～
各保育室にて

6月〇日〇時より保育参観を行います。
当日は親子で登園してください。
登園後、親子で朝の会、自由遊び、体操を行います。
子どもたちの園での様子をご覧ください。

参観の日は特別な日です。おうちの方が来るので子どもたちも緊張したり、ソワソワして普段の様子と異なったりすることがあります。お父さんやお母さんにだっこを求める姿もあるかもしれません。そんなときは子どもの気持ちを受けとめてあげてくださいね。参観中でも心配なことがあればお声がけください。参観の1日をお子さんと一緒に楽しみましょう。

＊動きやすい服装、上履きご持参でお越しください。

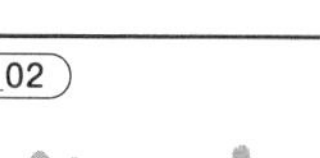
車での来園はご遠慮ください

駐車場の大きさに限りがあります。
当日は車での来園はご遠慮ください。

よろしく
お願いします

P071_02

当日の保育内容、注意事項などを
伝えておきます。

特に大事な事項は、
単独で伝えます。

このメッセージが見えるまで開くときれいにコピーすることができます。

文例 & フレーム

P000_00A フレームと文例

P000_00B フレームのみ

P000_00T 文例のみ

3～5歳児クラス向け

歯と口の健康週間

3歳で20本ある乳歯は、5歳過ぎから永久歯に生え変わっていきます。この時期に、歯と口のケアをしておくことが大切です！ 特に、6歳臼歯は、永久歯の歯並びやかみ合わせの基本となる大事な歯。◯月◯日の歯科検診では、園医さんに歯磨きの仕方を教えてもらいます。「一人でできるようになったから安心」と子どもに任せっきりにせず、仕上げ磨きをしましょう。

P072_01A P072_01B P072_01T

時の記念日

保育室にある時計には、針の先に手作りの矢印が付いているのをご存じですか？「先生、長い針が4になったらお片づけだよね」「あ、長い針と短い針がどっちも12だからお昼だね！」と、子どもたちは少しずつ時間を意識しながら生活できるようになってきました。6月10日は時の記念日。日本で初めて時計が使われた日です。時間を大切に過ごせるよう、大人も子どもも、あらためて「時間」について考えるきっかけになるとよいですね。

P072_02A P072_02B P072_02T

6月の挨拶 P072_03T

- 雨にぬれた木々の緑が美しい季節になりました。アジサイの色も日に日に濃くなっていきますね。
- 太陽が待ち遠しい日々です。保育室の窓では、かわいい表情のてるてる坊主が揺れています。
- 雨の日でも子どもたちは元気いっぱい！「先生、カエルがいたよ」「ピンクのアジサイ見つけた！」と、とてもにぎやかです。雨を楽しみながら過ごすことができる6月にしていきたいですね。
- 虹色の傘、星柄の長靴、お日様のレインコート！ 雨の日が憂鬱《ゆううつ》なのは、どうやら大人だけのようです。ネガティブに捉えがちなことも、子どもたちと一緒に楽しめると毎日が輝きそうです。
- カタツムリの飼育を始めました。給食室でもらったニンジンやキュウリの皮を餌にしています。「オレンジうんち！ 緑うんち！」と大興奮。すると、「人間は、きのこうんちとひじきうんちが出るよ」と言う子も。確かに出ますね。

歯と口の健康週間 P072_04T

- 友達の歯がおやつ中に抜け、◯◯組は大騒ぎ。大人の歯が生えてくることを伝えると、ひと安心していました。今までがんばってくれた子どもの歯の分まで、大人の歯を大切にしたいですね。
- 子どもの頃の歯磨きの習慣はとても大切です。小学校に入るまでは、ぜひおうちの方が仕上げ磨きをしてあげてくださいね。歯磨きすると、気持ちがいいという感覚がもてるとよいですね。

時の記念日 P072_05T

- 1日が24時間なのはみんな同じはずなのに、大人時間はあっという間に過ぎてしまいます。6月10日「時の記念日」には、子ども時間でゆったり過ごし、親子一緒にリフレッシュできるとよいですね。
- 時計の歌を歌うと「チクタクって、言わないよ」と子どもたち。お昼寝の時間、息を潜めて時計の音に耳を傾けると「あっ！ 聞こえる」。時の流れをリアルに体験した「時の記念日」でした。

6月の子どもの様子 P072_06T

- 梅雨の晴れ間には、シャボン玉遊びが人気です。「そっと吹いたらできた」「水たまりに落ちてもシャボン玉が消えない！」など、発見がいっぱいです。
- 「アジサイ咲いてたね」「バラもあったよ」と、道すがら見つけた花の話をよくしています。季節を越えるたびに、みんなが知っている花の名前が増えていきますね。
- 友達と海の生き物を作ったり、ダイバーになって魚に餌をあげたりして遊んでいます。水族館遠足という共通の経験を土台に、友達とイメージを共有して遊ぶ楽しさを感じています。
- 「◯◯くん来てるかな？」など、友達の存在を気にする子どもも出てきました。同じ遊びをしている友達から、関係が広がっているようです。これからつながりがどんどん深くなっていくとよいですね。
- スポンジに輪ゴムを十字に巻き、絵の具を付けてポンポンと紙にスタンプすると、アジサイのできあがりです。「カタツムリが来るかなあ？」と子どもたち。本物を待ちながら、今度はカタツムリも作ってみようと思っています。

父の日・ファミリーデー P072_07T

- 最近では、大切な家族の存在を感じる日として「母の日・父の日」をファミリーデーと呼びます。大事に育ててくれることに感謝を込めて、家族の絵を描いて飾っています。ぜひご覧ください。
- 「お父さんはおもしろい話をしてくれる」「焼きそば作りが上手」「おつまみをちょっとくれるからうれしい」などのさまざまなエピソードが出ました。当日のプレゼントをどうやって渡そうか、自分の気持ちをどう伝えようかと、考え中の子どもたちです。
- 「パパがこぐ自転車、速いんだ！」「パパの焼きそば、おいしいんだ！」と、パパ自慢大会！ 育児や家事をがんばるお父さんの姿と、ご家族の感謝の気持ちが子どもたちを通して伝わります。
- おうちの人にほめてもらうことは、子どもにとっての自慢です。「認めてもらった」ことが自信になり、意欲へとつながります。一生懸命作ったプレゼントには、愛とあこがれがたっぷり詰まっています。

梅雨の日も元気に！
園舎の屋根からたれる雨の滴をじっと見ていた○○ちゃん。しばらくすると、滴がたれる位置にプラスチックカップを置きました。雨水がたまっていくのを見て、「雨が集まってきた！」とうれしそう。その声につられ、他の子どもたちも集まり、「どんどんたまるね」「ここはポタポタ雨会社！雨を集めよう」と遊びが広がりました。たまった雨水を流してみようと工夫する子、金物で滴を受けたら「音がする！」と気がつく子。梅雨の時期ならではの発見や楽しさがありますね。

P073_01A P073_01B P073_01T

泥遊び
泥んこシーズン到来！ 水・砂・土・泥遊びは、子どもの心と体を開放してくれる遊びです。さまざまなおもちゃがあふれる時代に、自然に触れて遊ぶ経験は貴重です。形のない泥を相手に、友達と相談し協力しながら形ある物へと作り変える遊びは、発想力を豊かにします。なにより、泥んこにまみれて遊ぶ笑顔は最高にキラキラしています！

P073_02A P073_02B P073_02T

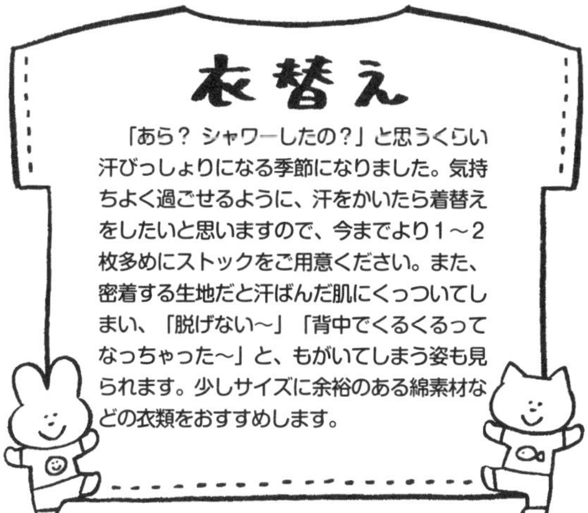
衣替え
「あら？ シャワーしたの？」と思うくらい汗びっしょりになる季節になりました。気持ちよく過ごせるように、汗をかいたら着替えをしたいと思いますので、今までより1～2枚多めにストックをご用意ください。また、密着する生地だと汗ばんだ肌にくっついてしまい、「脱げない～」「背中でくるくるってなっちゃった～」と、もがいてしまう姿も見られます。少しサイズに余裕のある綿素材などの衣類をおすすめします。

P073_03A P073_03B P073_03T

実習生が来ています
○○大学より実習生が来ています。○年生○○○○さんです。子どもたちはすぐにお姉さん先生が大好きになり、「次はこれで遊ぼう！」「給食、一緒に食べようね」と、大人気です。自分たちの方が園のことをよく知っているからと、「トイレはこっちだよ」なんて頼もしい声も聞こえています。この○○園での経験から、さらに、保育への思いが高まったらうれしいですね。どうぞ、よろしくお願いいたします。

P073_04A P073_04B P073_04T

衣替え P073_05T

- 衣替えの時期になりました。気温に応じて調節できるよう、引き出しの中に半袖や薄めの長袖を用意してください。
- 迷子の洋服が出ています。衣替えの際には名前が書いてあるか、消えて見えなくなっていないか、再度ご確認くださいね。
- 蒸し暑い日。戸外遊びをすると、子どもたちは汗びっしょりです。汗をかいたら自分で着替える習慣が身につくよう、声をかけています。

食育 P073_06T

- 食べ物が温かいうちに蓋をすると、弁当箱の蓋が開きにくくなる場合があります。子どもたちが開けられるよう、また、衛生面からも弁当は、よく冷ましてから蓋を閉めてください。
- 園の食事にも慣れてきて、食べこぼしが目立ってきました。「もったいないおばけが来ちゃう!?」と言いながら、こぼさないようにお皿を押さえて食べる練習をしています。

泥遊び P073_07T

- 「靴を脱いで遊びたい！」と提案があり、はだしで泥遊びをしました。いつもは汚れを気にする子も大はしゃぎ！ 顔についた泥までかわいく見えるほど、笑顔が輝いていました！
- 「先生、こんなに深くなったよ！」「次は水を入れよう」と、夢中で遊んでいる子どもたちです。「バケツを一緒に持とうよ」と、友達と力を合わせて遊ぶ様子も見られるようになってきました。

健康・生活 P073_08T

- 暑い日、寒い日の差が激しいですね。子どもたちも疲れが出やすくなっています。ごはんをしっかり食べて、早く寝ることが、元気に過ごす一番の秘けつです。
- 子どもの肌が、湿気と汗でしっとりする季節です。お風呂で自分で洗っているお子さんも、梅雨から夏の時期は、大人が体や髪の毛を念入りに洗うことで、清潔に気持ちよく過ごせるようになります。

このメッセージが見えるまで開くときれいにコピーすることができます。

0~2歳児クラス向け

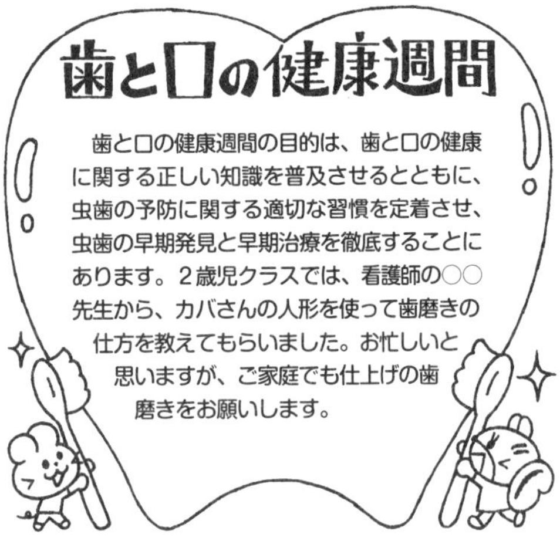
歯と口の健康週間
歯と口の健康週間の目的は、歯と口の健康に関する正しい知識を普及させるとともに、虫歯の予防に関する適切な習慣を定着させ、虫歯の早期発見と早期治療を徹底することにあります。2歳児クラスでは、看護師の○○先生から、カバさんの人形を使って歯磨きの仕方を教えてもらいました。お忙しいと思いますが、ご家庭でも仕上げの歯磨きをお願いします。

(P074_01A) (P074_01B) (P074_01T)

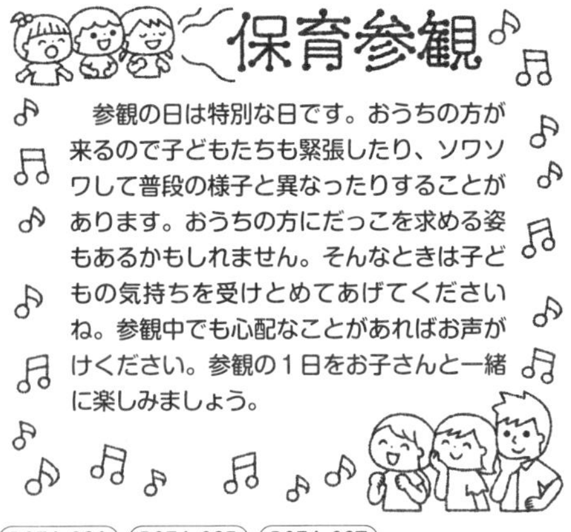
保育参観
参観の日は特別な日です。おうちの方が来るので子どもたちも緊張したり、ソワソワして普段の様子と異なったりすることがあります。おうちの方にだっこを求める姿もあるかもしれません。そんなときは子どもの気持ちを受けとめてあげてくださいね。参観中でも心配なことがあればお声がけください。参観の1日をお子さんと一緒に楽しみましょう。

(P074_02A) (P074_02B) (P074_02T)

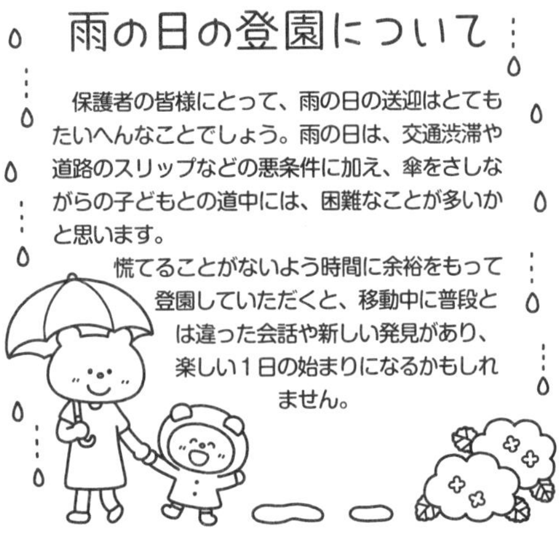
雨の日の登園について
保護者の皆様にとって、雨の日の送迎はとてもたいへんなことでしょう。雨の日は、交通渋滞や道路のスリップなどの悪条件に加え、傘をさしながらの子どもとの道中には、困難なことが多いかと思います。
慌てることがないよう時間に余裕をもって登園していただくと、移動中に普段とは違った会話や新しい発見があり、楽しい1日の始まりになるかもしれません。

(P074_03A) (P074_03B) (P074_03T)

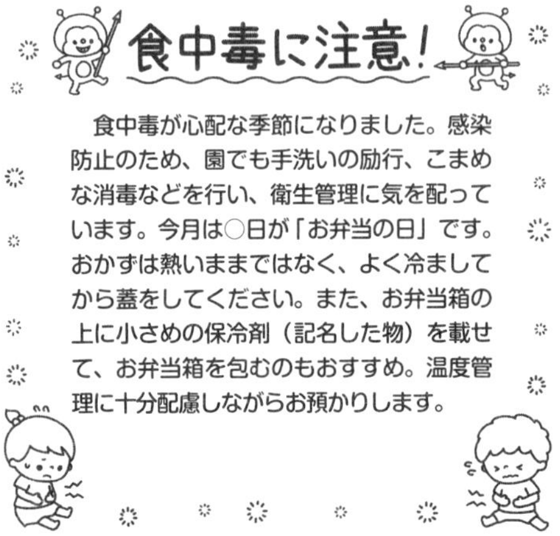
食中毒に注意!
食中毒が心配な季節になりました。感染防止のため、園でも手洗いの励行、こまめな消毒などを行い、衛生管理に気を配っています。今月は○日が「お弁当の日」です。おかずは熱いままではなく、よく冷ましてから蓋をしてください。また、お弁当箱の上に小さめの保冷剤（記名した物）を載せて、お弁当箱を包むのもおすすめ。温度管理に十分配慮しながらお預かりします。

(P074_04A) (P074_04B) (P074_04T)

6月の挨拶 (P074_05T)

- 雨の日が続くこの季節は、室内遊びが多くなります。子どもたちが楽しいと感じられるような遊びをたくさん取り入れて過ごしたいと思います。
- 梅雨に入り蒸し暑い日が続いていますが、この時期は晴れたり、雨が降ったりと天候が変わりやすいため、子どもも体調を崩しやすくなります。
- 園庭の花壇のアジサイが少しずつ色づき始め、梅雨の気配を感じる季節になりました。

保育参観 (P074_06T)

- 6月○日○時より保育参観を行います。当日は親子で登園してください。登園後、親子で自由遊び、朝の会、体操を行います。子どもたちの遊びの様子をご覧ください。
- 保育参観では、大勢の保護者の方がご参加いただくということで、普段の子どもたちの様子と異なることもありますので、あらかじめご承知おきください。

6月の子どもの様子 (P074_07T)

- 新年度も3か月目を迎え、子どもたちはすっかり新しい環境に慣れ、毎日元気に過ごしています。
- 梅雨の晴れ間の散歩中に、偶然見つけたカタツムリに驚き、泣いてしまう子もいれば、喜んで歓声を上げる子もいました。
- トイレトレーニングでは、自ら尿意を知らせてトイレで排泄《はいせつ》できる子やまだまだ失敗が多い子など、発達段階にはかなり差があります。一人ひとりに合ったていねいな対応をしていきたいと思います。

父の日・ファミリーデー (P074_08T)

- 「おひげある！」「めがねかけてる！」と、パパのことを思い浮かべながら、クレヨンを使って顔を描いていきました。思いが詰まった世界に1つだけの作品です。クラス前の廊下に展示していますので、どうぞご覧ください。

保育参加 (P074_09T)

- 半日、保育に参加して子どもたちと過ごしていただくことで、普段、連絡帳だけでは伝えられない、子どもの育ちをぜひ体感していただきたいと思います。

おむつかぶれのケア

お尻をかゆがったり、お尻を拭いたら痛がって泣いたりする姿が見られたらおむつかぶれが起き始めたサインです。おむつかぶれでもっとも大切なのはお尻を清潔に保つことです。うんちをしたあとはシャワーで洗い流し、柔らかいタオルで拭きます。そして、しっかり乾いてからおむつをしましょう。

それでも改善されないときは、おむつを柔らかく通気性のよい、サイズがピッタリな物に替えてみてくださいね。

P075_01A　P075_01B　P075_01T

衣替えのお知らせ

暑くなってきました。子どもたちが快適に過ごせるように衣類箱の中の衣替えをお願いいたします。2歳児さんは、入室の際に自分で着替えようとする姿が見られます。「一人でできたよ！ 見て！」と、保育者に声をかけることも。着替えをスムーズに行うために洋服の生地はなるべく柔らかく、少し大きめのサイズを用意していただけますと、子どもたちが楽しんで着替えを行うことができます。

P075_03A　P075_03B　P075_03T

トイレトレーニング

園では「トイレくんとお友達！」を合言葉に、トイレで排尿することに興味がもてるよう、トイレの場所を探検しました。排泄の自立を急ぐ必要はありませんが、排尿間隔が長くなってきたら、ご家庭でもトイレトレーニングを始めてみませんか？ 子どものお気に入りのパンツを用意して意欲を高めましょう！「パンツマン、かっこいい！」は魔法の言葉です。

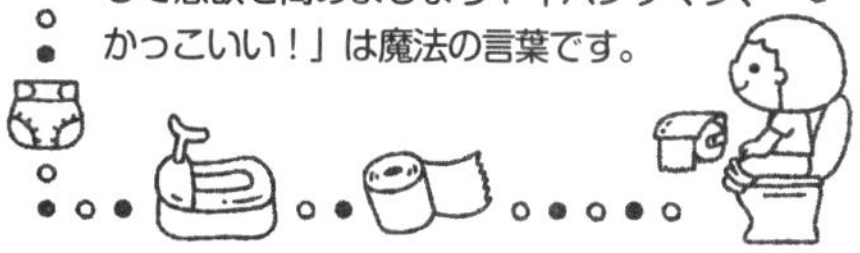

P075_02A　P075_02B　P075_02T

実習生が来ています

今年も、保育者を目ざす学生が実習に来ています。戸惑いながらも、子どもたちと一生懸命に関わる姿を見ると、初心を思い出し、「がんばれ」と応援する気持ちでいっぱいになります。子どもたちも実習生が大好きです。

安全面や個人情報の管理には、十分に気をつけて受け入れておりますので、保護者の皆様のご理解、ご協力をお願いします。

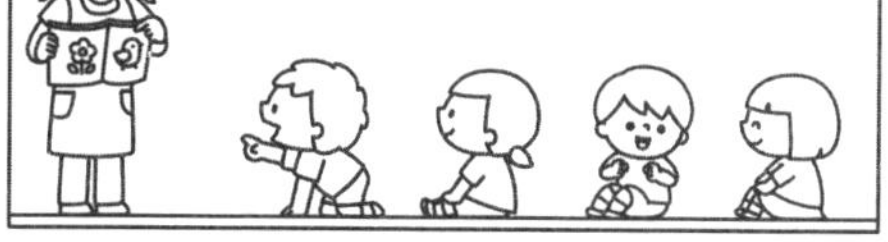

P075_04A　P075_04B　P075_04T

トイレトレーニング　P075_05T

- トイレトレーニングをご家庭で始めていますか？ 夏場から始める方も多いと聞きますが、実際は子どもがトイレに興味をもったときがタイミングです。
- おむつを脱ぐと、便座に座るようになった○○組さん。「出たよ～！」「出なーい！」と教えてくれます。排泄の間隔が長くなってきたので、少しずつパンツへ移行していきたいと思います。

健康・生活　P075_06T

- 梅雨に入り、蒸し暑い日も多く、体調を崩しやすい時期でもあります。ご家庭でも子どもの体調の変化に気をつけていただき、無理をしないようにしてください。
- 乳幼児の発達には十分な睡眠が不可欠です。生活リズムを整え、気持ちのよい目覚めで1日がスタートできるとよいですね。子どもの体をトントンする以外にも、眉間やつむじをなでたり、うなじを指先でかくのも寝かしつけに効果的です。

雨の日の遊び　P075_07T

- 室内では、大好きな曲で踊ったり、マットや段ボール箱で作ったアスレチックをよじ登ってジャンプをしたりして、思いきり体を動かしています。
- 雨の日にはテラスで、シャボン玉を飛ばして遊んでいます。「○○ちゃんの大きいね！」「いっぱいできた！」と声をかけ、友達のシャボン玉と見くらべながら楽しんでいます。

食育　P075_08T

- 片手にスプーンを持ちながらも、まだ手づかみで食べることが多い子どもたち。手づかみ食べでしっかりおなかを満たしながら、スプーンにも興味がもてるよう声をかけていきます。
- 暑くなると食欲が落ち、冷たい食べ物や飲み物をとりがちですが、胃腸に負担をかけることがあります。炭水化物やたんぱく質、ビタミン、ミネラルなどのバランスのよい食事を心がけましょう。

衣替え　P075_09T

- 暑くなってきましたので、着替えも半袖など夏仕様の衣類に交換をお願いします。日中、気温差がある場合は、脱ぎ着する機会もありますので、着脱しやすい服での登園をお願いします。
- 着替えの交換時には、記名の確認をお願いします。記名が薄くなっていたり、おさがりの服については、名前の書き直しをしてください。

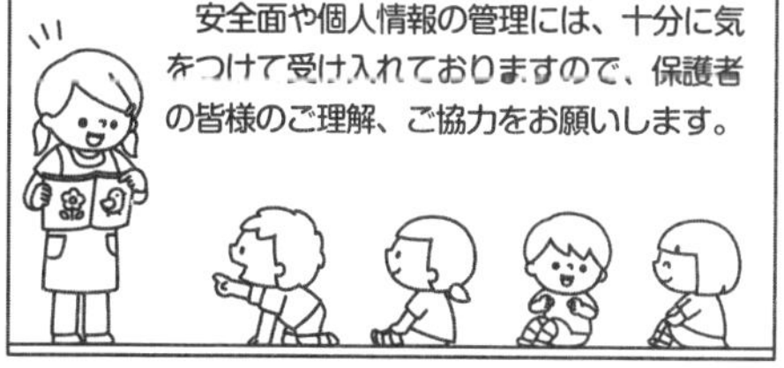

6月の行事

運動会

P076_01

P076_02

P076_03

P076_04

P076_05

P076_06

P076_07

P076_08

P076_09

P076_10

P076_11

P076_12

P076_13

P076_14

P076_15

P076_16

P076_17

P076_18

このメッセージが見えるまで開くときれいにコピーすることができます。

父の日・ファミリーデー

P077_01

P077_03

P077_04

P077_02

P077_06

P077_07

P077_05

P077_10

P077_08

P077_09

P077_11

P077_12

P077_13

P077_14

このメッセージが見えるまで開くときれいにコピーすることができます。

時の記念日

P078_01

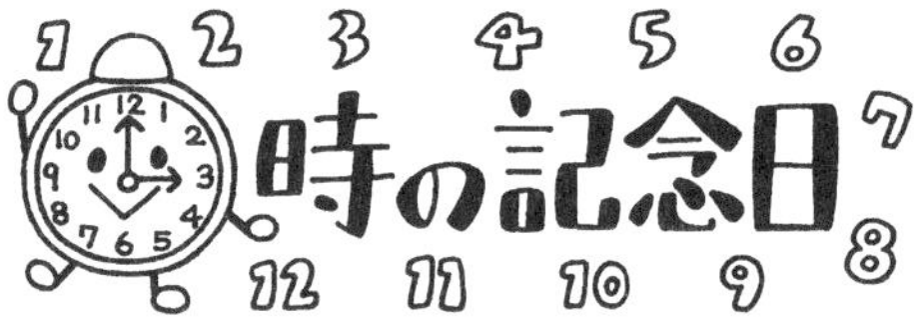

P078_02

P078_03

P078_04

P078_05

P078_06

P078_07

P078_08

P078_09

P078_10

保育参観

P078_11

P078_12

P078_13

P078_14

P078_15

P078_16

P078_17

P078_18

P078_19

P078_20

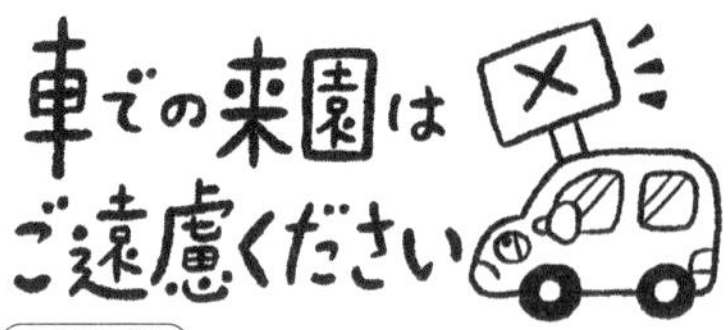

P078_21

誕生日

P079_01

P079_02

P079_03

P079_04

P079_05

P079_06

P079_07

P079_08

P079_09

P079_10

P079_11

P079_12

P079_13

P079_14

P079_15

P079_16

P079_17

P079_18

P079_19

このメッセージが見えるまで開くときれいにコピーすることができます。

3~5歳児

子ども

P080_01

P080_02

P080_03

P080_04

P080_05

P080_06

P080_07

P080_08

P080_09

P080_10

P081_01

P081_02

P081_03

P081_04

P081_05

P081_06

P081_07

P081_08

P081_09

P081_10

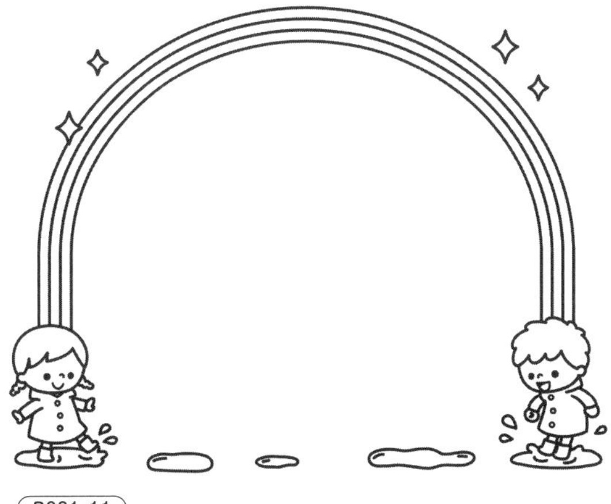

P081_11

このメッセージが見えるまで開くときれいにコピーすることができます。

0~2歳児

P082_01

P082_02

P082_03

P082_04

P082_05

P082_06

P082_07

P082_08

P082_09

P082_10

P082_11

P082_12

P082_13

P083_01

P083_02

P083_03

P083_04

P083_05

P083_06

P083_07

P083_08

P083_09

P083_10

P083_11

P083_12

P083_13

生活健康

衣替えのお知らせ

P084_01

P084_02

P084_03

P084_04

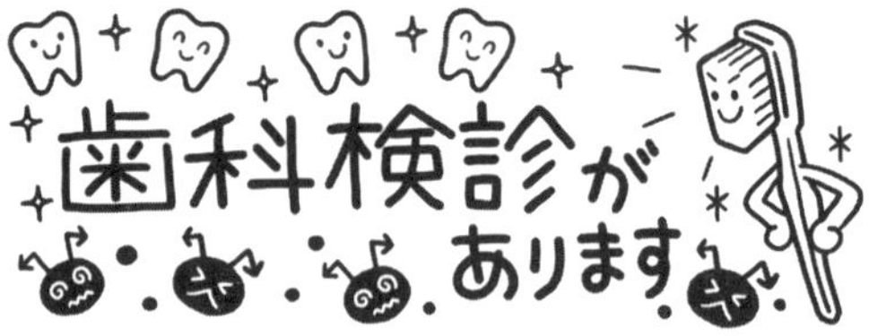
歯科検診があります

P084_05

P084_06

P084_07

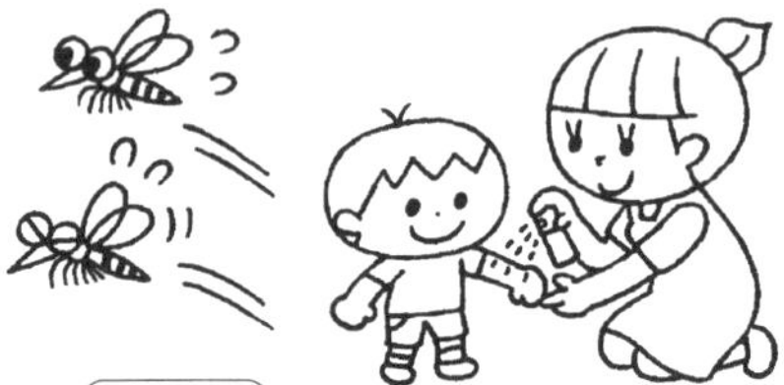

P084_08

P084_09

P084_10

P084_11

P084_12

P084_13

爪を切りましょう

P084_14

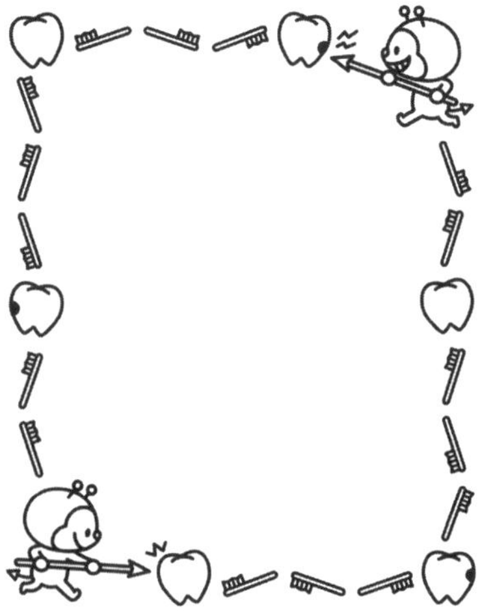

P084_15

P084_16

P084_17

P084_18

タイトルフレーム

P085_01

P085_02

P085_03

P085_04

P085_05

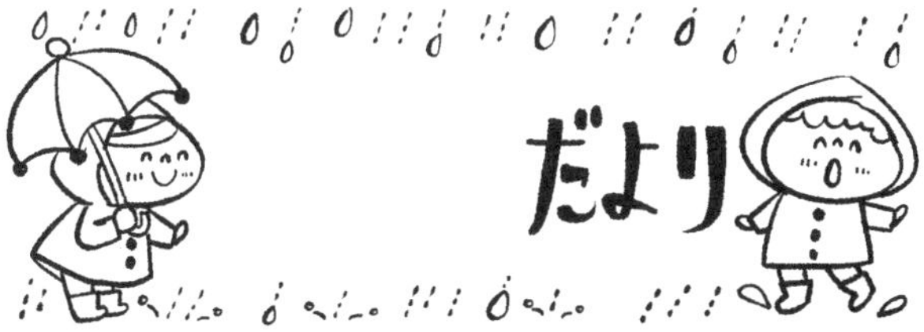

P085_06

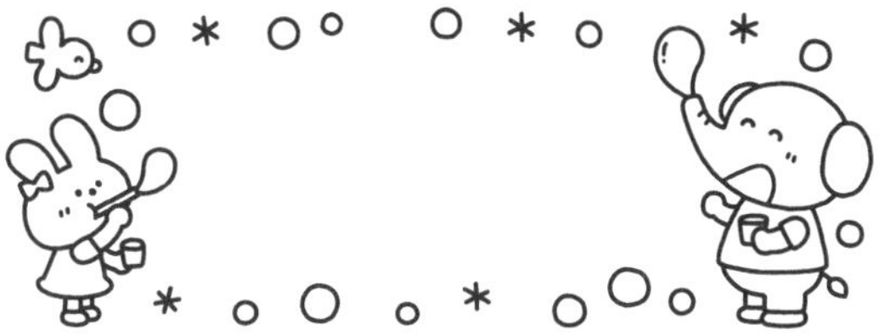
P085_07

P085_08

P085_09

P085_10

P085_11

P085_12

P085_13

P085_14

P085_15

P085_17

P085_16

7月

テンプレート

飾り線やイラストで
季節感を UP！

特に伝えたいことは
単独で記載すると目立ちます。

7月のクラスだより

B4 サイズ横を想定

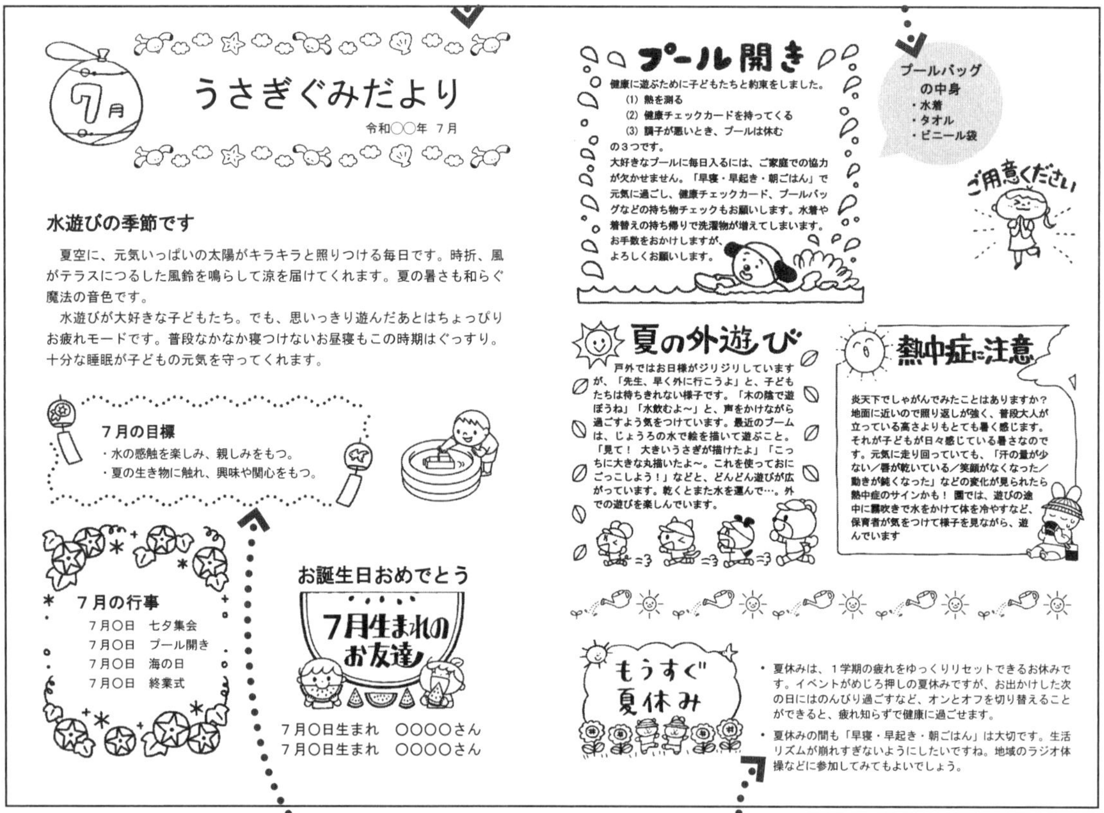

7月 うさぎぐみだより

令和◯◯年　7月

水遊びの季節です

夏空に、元気いっぱいの太陽がキラキラと照りつける毎日です。時折、風がテラスにつるした風鈴を鳴らして涼を届けてくれます。夏の暑さも和らぐ魔法の音色です。

水遊びが大好きな子どもたち。でも、思いっきり遊んだあとはちょっぴりお疲れモードです。普段なかなか寝つけないお昼寝もこの時期はぐっすり。十分な睡眠が子どもの元気を守ってくれます。

7月の目標

・水の感触を楽しみ、親しみをもつ。
・夏の生き物に触れ、興味や関心をもつ。

7月の行事

7月○日　七夕集会
7月○日　プール開き
7月○日　海の日
7月○日　終業式

お誕生日おめでとう

7月生まれのお友達

7月○日生まれ　○○○○さん
7月○日生まれ　○○○○さん

プール開き

健康に遊ぶために子どもたちと約束をしました。

(1) 熱を測る
(2) 健康チェックカードを持ってくる
(3) 調子が悪いとき、プールは休む

の３つです。

大好きなプールに毎日入るには、ご家庭での協力が欠かせません。「早寝・早起き・朝ごはん」で元気に過ごし、健康チェックカード、プールバッグなどの持ち物チェックもお願いします。水着や着替えの持ち帰りで洗濯物が増えてしまいます。お手数をおかけしますが、よろしくお願いします。

プールバッグの中身
・水着
・タオル
・ビニール袋

ご用意ください

夏の外遊び

戸外ではお日様がジリジリしていますが、「先生、早く外に行こうよ」と、子どもたちは待ちきれない様子です。「木の陰で遊ぼうね」「水飲むよ～」と、声をかけながら過ごすよう気をつけています。最近のブームは、じょうろの水で絵を描いて遊ぶこと。「見て！　大きいうさぎが描けたよ」「こっちに大きな丸描いたよ～。これを使っておにごっこしよう！」などと、どんどん遊びが広がっています。乾くとまた水を運んで…。外での遊びを楽しんでいます。

熱中症に注意

炎天下でしゃがんでみたことはありますか？地面に近いので照り返しが強く、普段大人が立っている高さよりもとても暑く感じます。それが子どもが日々感じている暑さなのです。元気に走り回っていても、「汗の量が少ない／唇が乾いている／笑顔がなくなった／動きが鈍くなった」などの変化が見られたら熱中症のサインかも！　園では、遊びの途中に霧吹きで水をかけて体を冷やすなど、保育者が気をつけて様子を見ながら、遊んでいます

もうすぐ夏休み

・夏休みは、１学期の疲れをゆっくりリセットできるお休みです。イベントがめじろ押しの夏休みですが、お出かけした次の日にはのんびり過ごすなど、オンとオフを切り替えることができると、疲れ知らずで健康に過ごせます。
・夏休みの間も「早寝・早起き・朝ごはん」は大切です。生活リズムが崩れすぎないようにしたいですね。地域のラジオ体操などに参加してみてもよいでしょう。

P086_01

目標は箇条書きにして
読みやすくするのがおすすめ。

夏休み中の生活についても
しっかり伝えましょう。

このメッセージが見えるまで開くときれいにコピーすることができます。

7月のクラスだより

A4サイズ縦を想定

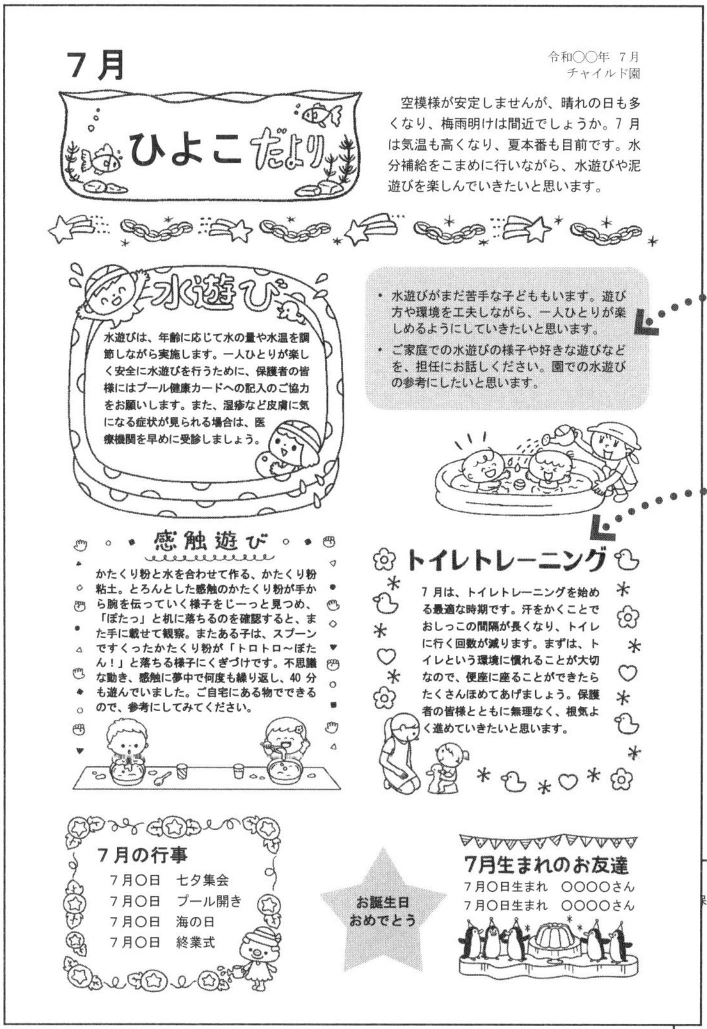
7月

令和〇〇年 7月
チャイルド園

ひよこだより

空模様が安定しませんが、晴れの日も多くなり、梅雨明けは間近でしょうか。7月は気温も高くなり、夏本番も目前です。水分補給をこまめに行いながら、水遊びや泥遊びを楽しんでいきたいと思います。

水遊び

水遊びは、年齢に応じて水の量や水温を調節しながら実施します。一人ひとりが楽しく安全に水遊びを行うために、保護者の皆様にはプール健康カードへの記入のご協力をお願いします。また、湿疹など皮膚に気になる症状が見られる場合は、医療機関を早めに受診しましょう。

- 水遊びがまだ苦手な子どももいます。遊び方や環境を工夫しながら、一人ひとりが楽しめるようにしていきたいと思います。
- ご家庭での水遊びの様子や好きな遊びなどを、担任にお話しください。園での水遊びの参考にしたいと思います。

感触遊び

かたくり粉と水を合わせて作る、かたくり粉粘土。とろんとした感触のかたくり粉が手から腕を伝っていく様子をじーっと見つめ、「ぽたっ」と机に落ちるのを確認すると、また手に載せて観察。またある子は、スプーンですくったかたくり粉が「トロトロ～ぽたん！」と落ちる様子にくぎづけです。不思議な動き、感触に夢中で何度も繰り返し、40分も遊んでいました。ご自宅にある物でできるので、参考にしてみてください。

トイレトレーニング

7月は、トイレトレーニングを始める最適な時期です。汗をかくことでおしっこの間隔が長くなり、トイレに行く回数が減ります。まずは、トイレという環境に慣れることが大切なので、便座に座ることができたらたくさんほめてあげましょう。保護者の皆様とともに無理なく、根気よく進めていきたいと思います。

7月の行事

7月〇日　七夕集会
7月〇日　プール開き
7月〇日　海の日
7月〇日　終業式

お誕生日おめでとう

7月生まれのお友達

7月〇日生まれ　〇〇〇〇さん
7月〇日生まれ　〇〇〇〇さん

P087_01

特に注意が必要なことは、箇条書きでしっかり伝えます。

時節に合った内容をタイミングよく伝えましょう。

プール開きのお知らせ

B5・A4サイズ縦を想定

保護者各位

令和〇〇年 7月
チャイルド幼稚園

プール開きのお知らせ

7月〇日（〇）～

大好きなプールに入るには、ご家庭での協力が欠かせません。
「早寝・早起き・朝ごはん」で元気に過ごし、
健康チェックカード、プールバッグなどの持ち物チェックも
お願いします。
水着や着替えの持ち帰りで洗濯物が増えてしまいます。
お手数をおかけしますが、よろしくお願いします。

準備する物

・水着
・タオル
・ビニール袋
・健康チェックカード

お約束

(1) 熱を測る
(2) 健康チェックカードを持ってくる
(3) 調子が悪いとき、プールは休む

手足の爪も短くしておきましょう。

＊持ち物には全て記名をお願いします。

P087_02

番号をつけると伝わりやすくなります。

お願いしておきたいことは吹き出しを利用しても。

このメッセージが見えるまで開くときれいにコピーすることができます。

3～5歳児クラス向け

文例 & フレーム

P000_00A フレームと文例

P000_00B フレームのみ

P000_00T 文例のみ

☆七夕集会☆

○日は、ホールでの七夕集会でした。七夕の絵本をスクリーンに映し、由来や、織姫と彦星の話をみんなで聞きました。その後は、歌を歌ったり、学年ごとに合奏を披露しました。5歳児の合奏は、ハンドベルやウインドチャイムが使われていて、「きれいな音だね」「星のキラキラーっていう音みたい」と楽しんで聞いていました。3歳児は、カスタネットと鈴を大好きな歌に合わせて打ち、会のあとは、「織姫と彦星にも聞こえたかな」と、空を見上げていた子どもたちです。

P088_01A P088_01B P088_01T

夏季保育のお知らせ

今年も夏季保育を行います。

日　程：○月○日（○）～○月○日（○）
持ち物：水筒、プールバッグ、その他は通常通り

欠席が事前にわかる場合はお知らせください。スイカ割りやおばけ屋敷ごっこ、ボディーペインティングなど、楽しいことをたくさん考えています。お天気がよければ、プールは毎日入ります。体調を整えて、ぜひ参加してくださいね。夏ならではの遊びを楽しみましょう！

P088_02A P088_02B P088_02T

7月の挨拶 P088_03T

- プールからにぎやかな声が聞こえる季節となりました。子どもたちの笑顔が太陽と同じくらいまぶしいです。
- 夏空に、元気いっぱいの太陽がキラキラと照りつける毎日です。時折、風がテラスにつるした風鈴を鳴らして涼を届けてくれます。夏の暑さも和らぐ魔法の音色です。
- 散歩道でアサガオやヒマワリが咲き始めました。夏の花は見ているだけで元気をもらえますね。毎朝、「今日は1つ咲いた！」「○○が咲いていた！」と、開花報告から一日が始まります。
- 7月は保育のひと区切り。1学期のまとめの時期になります。4月からの成長を振り返り、できるようになったことをたくさんほめていきたいと思います。

海の日 P088_04T

- 今年の海の日は7月○日です。海の恩恵に感謝し、海に囲まれた日本の繁栄を願う日です。そこで、クラス全員で大きな紙に海を作りました。手も足も絵の具だらけになり、「○○ちゃん、顔も青いよ！」と、全身で楽しみました。一人ひとりが作った魚を泳がせて、○○組の海の完成です！

夏休み P088_05T

- 学期末の大掃除では、「9月になったらまた遊ぼう」と雑巾で部屋中をピカピカに拭きました。進級（入園）以降、できることが増えてきた○○組。夏休みには、家のお手伝いを頼んでみてはいかがでしょう。きっと張りきって取り組んでくれますよ。
- 「早寝・早起き・朝ごはん」は夏休みの間も大切です。生活リズムが崩れすぎないようにしたいですね。地域のラジオ体操などに参加してみてもよいでしょう。
- 1学期の疲れをゆっくりリセットできるお休みです。イベントがめじろ押しの夏休みですが、お出かけした次の日にはのんびり過ごすなど、オンとオフを切り替えることができると、疲れ知らずで健康に過ごせます。

7月の子どもの様子 P088_06T

- お日様、水しぶき、七夕…。夏は子どもたちが大好きな「キラキラ」がいっぱい！ 毎日キラキラ探しに夢中です。でも、なんといっても、みんなの笑顔が一番キラキラしていますね！
- 水遊びが大好きな子どもたち。でも、思いっきり遊んだあとはちょっぴりお疲れモードです。普段なかなか寝つけないお昼寝もこの時期はぐっすり。十分な睡眠が子どもの元気を守ってくれます。
- 七夕をきっかけに宇宙に興味をもち始めました。プラネタリウムごっこやロケットごっこなど、遊びのイメージが広がっています。積み木で作ったロケットで、“お菓子星”や“ダンス星”にも行けるそうです！
- 「先生、今日は35℃超えるんだって！」「そうそう、猛暑日って言うんだよ」と、テレビなどで聞いた話を喜んでしています。生活を通して、いろいろなことに目が向くようになっている子どもたちです。

七夕 P088_07T

- 七夕製作で切り紙に挑戦しました。紙の切り方や貼り方によって、さまざまな形ができることに驚き、楽しんでいました。天の川作りでは、細かくていねいに作り込む姿も見られました。自分の飾りを付けたささを持ち帰るので、どうぞご覧ください。
- 七夕飾りを作りました。輪つなぎはグループで協力し、ちょうちんは「丸めるとき、押さえてて！」などと、声をかけ合いながら、それぞれが作りました。園の玄関の大きなささを、ぜひ見てくださいね。
- 「サンタさんじゃないから、おもちゃをお願いするのはだめなんだよ」と話しながら、願いごとを決めていた子どもたちです。保護者の方も短冊へのご記入にご協力いただき、ありがとうございました。みんなの願いごとがかなうとよいですね。
- 風が吹くと短冊が揺れ、お星様が願いごとを読みに来てくれているようです。七夕集会では、今年も笑顔で過ごせるように祈りながら、特別献立の昼食やおやつを楽しみたいと思います。

このメッセージが見えるまで開くときれいにコピーすることができます。

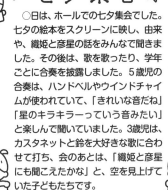

夏の生き物との出会い

園で飼っているカブトムシが、幼虫から成虫になっていてびっくり！ 自分たちと同じように、日々成長していることを実感したようです。「大きくなる＝年齢を重ねる」と捉えているようで「ぼくはもうすぐ○歳だけど、カブトムシは何歳かなぁ？」と盛り上がっていました。毎日餌をあげたり、掃除をしたり、いつかくる命の終わりにも触れたりしながら、生きることや命の大切さについても学ぶ機会にしたいと思います。

(P089_01A) (P089_01B) (P089_01T)

夏の外遊び

戸外ではお日様がジリジリしていますが、「先生、早く外に行こうよ」と、子どもたちは待ちきれない様子です。「木の陰で遊ぼうね」「水を飲むよ～」と、声をかけながら過ごすよう気をつけています。最近のブームは、じょうろの水で絵を描いて遊ぶこと。「見て！ 大きいウサギが描けたよ」「こっちに大きな丸描いたよ～。これを使っておにごっこしよう！」などと、どんどん遊びが広がっています。乾くとまた水を運んで…。外での遊びを楽しんでいます。

(P089_02A) (P089_02B) (P089_02T)

プール開き

健康に遊ぶために子どもたちと約束をしました。「(1)熱を測る (2)健康チェックカードを持ってくる (3)調子が悪いとき、プールは休む」の3つです。大好きなプールに毎日入るには、ご家庭での協力が欠かせません。「早寝・早起き・朝ごはん」で元気に過ごし、健康チェックカード、プールバッグなどの持ち物チェックもお願いします。水着や着替えの持ち帰りで洗濯物が増えてしまいます。お手数をおかけしますが、よろしくお願いします。

(P089_03A) (P089_03B) (P089_03T)

熱中症に注意

炎天下でしゃがんでみたことはありますか？ 地面に近いので照り返しが強く、普段大人が立っている高さよりもとても暑く感じます。それが子どもが日々感じている暑さなのです。 元気に走り回っていても、「汗の量が少ない／唇が乾いている／笑顔がなくなった／動きが鈍くなった」などの変化が見られたら熱中症のサインかも！ 園では、遊びの途中に霧吹きで水をかけて体を冷やすなど、保育者が気をつけて様子を見ながら、遊んでいます。

(P089_04A) (P089_04B) (P089_04T)

夏の遊び (P089_05T)

- 園庭で氷を使って遊びました。腕や顔につけては「冷たーい！」と大はしゃぎ。頭の上に掲げて滴が落ちてくるのを待つ子や、手に持つとすぐとけるからと、袋に入れる子もいました。
- 霧吹きを使い、水をかけ合って遊びました。思った以上に力が入らず、なかなか狙いを定めることができませんでしたが、徐々にこつをつかんで、終わる頃にはずぶぬれになるほどでした。

食育 (P089_06T)

- 「先生、野菜の水やりしてくるね」と、じょうろを手に走っていく子どもたち。日々の成長を楽しみにしています。「昨日赤ちゃんだったキュウリが大きくなってる！」「オクラは上を向いてるね」などと、たくさんの発見もしています。
- 子どもたちが栽培＆収穫した野菜を順番に持ち帰ります。旬の野菜はみずみずしく、栄養素と子どもの真心がたっぷり詰まっています。子どもの食育と夏バテ予防に夏野菜を食べてみませんか？
- 気温が高く、食欲も落ちてくる季節。「朝、食べてない」「ジュースだけ」という子も増えてきましたが、朝ごはんを食べている子ほど活発に遊び、よく眠っています。丈夫な体づくりのためにも朝ごはんをしっかり食べましょう。

プール遊び (P089_07T)

- 子どもたちが安全に健康に遊べるよう配慮し、プールの塩素濃度や水温を毎回チェックしています。入水前に子どもたちはシャワーと消毒をしています。
- 水が大好きな子ども、ちょっぴり苦手な子どもと、姿はさまざまです。子どもの状態に合わせ、時間を分けて活動し、一人ひとりがプール遊びを満喫できる工夫をしています。
- 水に沈む玩具で魚とり競争！ 保育者が沈めた場所を覚え、狙いを定めてよーいドン！ …したとたんにみんなが動いた水圧で玩具が流され、どこにあるかわからなくなってしまいました。

健康・生活 (P089_08T)

- 熱中症を防ぐには、こまめに水分補給をすること、帽子をかぶること、十分な栄養と睡眠をとることが大切です。園でも、子どもたちが自分で気をつけることができるよう伝えています。
- エアコンがフル稼働の季節ですが、設定温度は大丈夫ですか？ この時期は寝冷えが原因で、夏かぜや腹痛を起こしてしまうことも…。園では、活動に合わせて 28 ～ 30 度と高めの設定で扇風機を併用しています。ご家庭でもお気をつけください。

7月

このメッセージが見えるまで開くときれいにコピーすることができます。

0~2歳児クラス向け

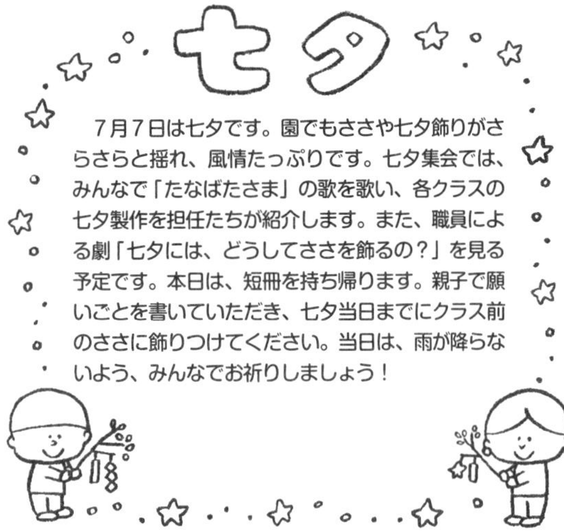
七夕
7月7日は七夕です。園でもささや七夕飾りがさらさらと揺れ、風情たっぷりです。七夕集会では、みんなで「たなばたさま」の歌を歌い、各クラスの七夕製作を担任たちが紹介します。また、職員による劇「七夕には、どうしてささを飾るの？」を見る予定です。本日は、短冊を持ち帰ります。親子で願いごとを書いていただき、七夕当日までにクラス前のささに飾りつけてください。当日は、雨が降らないよう、みんなでお祈りしましょう！

P090_01A　P090_01B　P090_01T

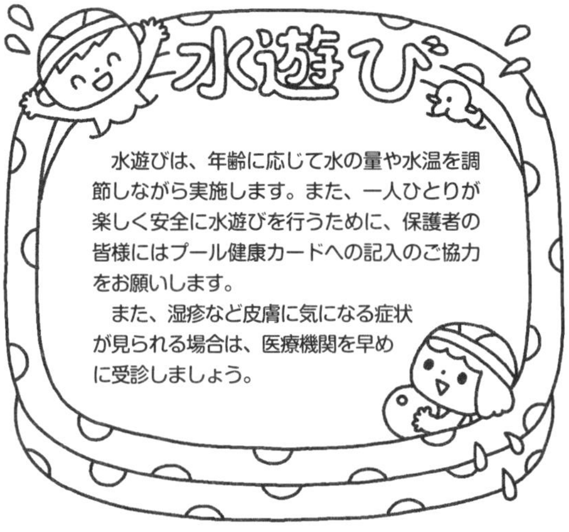
水遊び
水遊びは、年齢に応じて水の量や水温を調節しながら実施します。また、一人ひとりが楽しく安全に水遊びを行うために、保護者の皆様にはプール健康カードへの記入のご協力をお願いします。
また、湿疹など皮膚に気になる症状が見られる場合は、医療機関を早めに受診しましょう。

P090_02A　P090_02B　P090_02T

7月の挨拶　P090_03T

- 空模様が安定しませんが、晴れの日も多くなり、梅雨明けは間近でしょうか。7月は気温も高くなり、夏本番も目前です。水分補給をこまめに行いながら、水遊びや泥遊びを楽しんでいきたいと思います。
- 梅雨明けが待ち遠しい季節ですね。それでも、子どもたちは空を見上げ、雨粒が顔に落ちてくる感触を味わったり、雨音を聴いたりと、雨の日ならではの楽しみを見つけています。
- 梅雨のどんよりとした天気を吹き飛ばすほど、元気いっぱいな子どもたち。晴れた日に「お外、行く？」と声をかけると、自分の帽子を持ってきて、靴を履き始め、散歩に行く気満々です。
- 夏本番を目前にして、暑さに負けず、快適に過ごせるような環境づくりを行いたいと思います。

水遊び　P090_04T

- 0歳児は、それぞれのたらいに入り、思い思いの水遊びを楽しんでいます。
- 水遊びがまだ苦手な子どももいます。遊び方や環境を工夫しながら、一人ひとりが楽しめるようにしていきたいと思います。
- ご家庭での水遊びの様子や好きな遊びなどを担任にお話ししてください。園での水遊びの参考にしたいと思います。

食育　P090_05T

- 食欲が落ちる夏は冷たい物を用意しがちですが、体の冷えや虫歯の原因にもなるので少し注意が必要です。フルーツヨーグルトや麺類、カレー、みそ汁の具を多くするのもおすすめです。
- 夏が旬の野菜はたくさんあります。みんなで野菜を育てたり、野菜スタンプで遊んだりしてみると、子どもたちは興味津々。いつもは食べない野菜も、うれしそうに口へ運んでいますよ。
- 熱中症対策として塩分摂取が推奨されていますが、乳幼児は食塩中毒に注意が必要です。食塩は、1～2歳で男児は1日3g未満、女児は3.5g未満とされています。食事に使う食塩は、少量で大丈夫です。

7月の子どもの様子　P090_06T

- 園庭の花壇に咲いているひまわりの前で、背伸びやジャンプをして背くらべをする、かわいらしい姿が見られます。
- 園庭のささ飾りに興味津々。「きれいだね」と色とりどりの飾りを観察したり、手を伸ばしてジャンプをしたりしています。七夕当日は、お天気になるのを楽しみにしている子どもたちです。
- たらいに水をためると、つぎつぎに入る子どもたち。水しぶきを上げたり、「気持ちいいね」とお風呂にしたりと、顔に水がかかっても気にならないくらい、水遊びが好きになっていますね。
- 感じたことを大人に伝えようと「あっ、あっ！」と声を発したり、指さしをしたりする子どもたち。子どもの反応に、大人が「○○あったのね」と、言葉で共感し応えていくことで、発語が促され、コミュニケーション能力の礎が築かれます。
- 友達が使っているおもちゃを見つめる子。次の瞬間、「かーして」と言いました。少し前までは奪ってしまうことも多かったのですが、だんだんと言葉で伝えられるようになってきました。

七夕　P090_07T

- 玄関に設置したささが、色とりどりの短冊でにぎやかに飾られました。みんなの願いごとがかないますように。
- 七夕集会に向けて、クラスで「お星様」を製作しました。星形の紙に、指スタンプで模様をつけて仕上げました。七夕当日、織姫と彦星は無事に会えるでしょうか？
- 「きらきら星」を覚えた子どもたち。体を横に揺らし、手をひらひらさせてうたいます。絵本の中に星を見つけると「きらきら！」と教えてくれて、かわいい歌が始まりました。
- 7月7日の夜、東の空から七夕伝説の主役となる「織姫星と彦星」が昇ってきます。お子様と一緒に、夜空を見上げて願いごとをしてみませんか。

このメッセージが見えるまで開くときれいにコピーすることができます。

感触遊び

かたくり粉と水を合わせて作る、かたくり粉粘土。とろんとした感触のかたくり粉が手から腕を伝っていく様子をじーっと見つめ、「ぽたっ」と机に落ちるのを確認すると、また手に載せて観察。またある子は、スプーンですくったかたくり粉が「トロトロ～ぽたん！」と落ちる様子にくぎづけです。不思議な動き、感触に夢中で何度も繰り返し、なんと集中して40分も遊んでいました。おうちにある物でできるので、おうち遊びの参考にしてみてください。

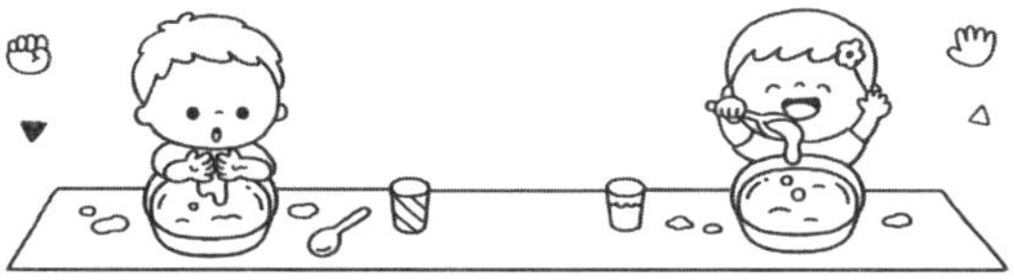

P091_01A　P091_01B　P091_01T

熱中症に注意

日に日に気温が高くなり、本格的な夏の到来です。乳児期は体温調節機能が未熟な面もあり、体調を崩すこともありますので、十分に注意しましょう。園では、戸外遊びのときには必ず着帽し、活動時間にも配慮しています。また、こまめな水分補給を心がけ、必要に応じて沐浴《もくよく》を行ったり、冷房を使用したりなど、熱中症予防に留意しています。ご家庭でも、様子をよく見ていただき、体調が悪いときには、無理せずに休息してください。

P091_02A　P091_02B　P091_02T

トイレトレーニング

7月は、トイレトレーニングを始める最適な時期です。汗をかくことでおしっこの間隔が長くなり、トイレに行く回数が減ります。

まずは、トイレという環境に慣れることが大切なので、便座に座ることができたらたくさんほめてあげましょう。保護者の皆様とともに無理なく、根気よく進めていきたいと思います。

P091_03A　P091_03B　P091_03T

大切な睡眠

「睡眠＝体を休ませる」と考える方が多いのではないでしょうか。実は、睡眠は「脳を休ませ、メンテナンスする」大切な時間でもあります。眠っているときに、(1)経験したことを記憶として固定し、知識化する。(2)成長ホルモンを大量に分泌する。などの効果が期待できます。また、たっぷり眠ることで朝にすっきりと目覚め、自然と食事や遊びに気持ちが向いていきます。明かりや室温を調節したり、絵本を読んだりと工夫しながら、よい睡眠をとっていきたいですね。

P091_04A　P091_04B　P091_04T

感触遊び　P091_05T

- カラー寒天を用意すると、「ゼリー!?」と目を輝かせる子どもたち。指でつついたり、手で握ったりと、遊び方はさまざまでしたが、みんな寒天の不思議な感触を楽しんでいましたよ。
- かたくり粉スライムをご存じでしょうか？ 手で握っているときは固まっているけれど、手に載せたり、テーブルに置いたりすると、ドロドロっと溶けてしまいます。今月は、そんな不思議なかたくり粉スライムの遊びを計画しています。

暑い日の室内遊び　P091_06T

- 子どもたちと小麦粉粘土を作りました。ボウルに小麦粉を入れると「次はお水だよ」「油も入れるんだよね！」と教えてくれます。作る段階から遊びを広げる子どもたちです。
- 色水をコップに移し、ジュース屋さんごっこが始まりました。色水を混ぜているうちに「緑！」と、色の変化にも気づくように。変化に気づける目や、表現できる豊かな言葉がすてきです。
- 氷を見せると、担任の顔を不思議そうにのぞき込む0歳児さん。見つめたり触ってみたりと、一人ひとり反応が異なります。暑いからこそ楽しめる遊びをたくさん取り入れていきます。

健康・生活　P091_07T

- 体温調節機能が未熟な子どもたちは、熱中症になりやすいです。帽子をかぶったり、日陰で遊んだり、こまめに水分補給を行ったりしながら、元気に夏を乗り越えていきましょう。
- 子どもたちが毎日飲んでいる麦茶には、体温を下げる効能があります。また、虫歯の予防など、さまざまな効果も含まれているようです。
- 気温と湿度が高くなると汗をかく量が増え、皮膚が弱い乳幼児期は「あせも」になりやすいです。園でもこまめな着替えやシャワーをしていきますので、着替えの補充をよろしくお願いします。
- 夏にかかりやすい感染症には、咽頭結膜熱（プール熱）、ヘルパンギーナ、手足口病などがあります。これらの感染症に負けないためにも、早寝・早起きの習慣をつけ、規則正しい生活をするよう心がけましょう。
- 「手足口病」や「ヘルパンギーナ」「プール熱」など、夏の感染症が流行する時期です。発熱や、発疹、目の充血など、いつもと違う症状が見られた場合、早めの受診をお願いいたします。

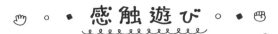

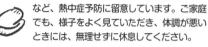

7月の行事

七夕

P092_01

P092_02

P092_03

P092_04

P092_05

P092_06

P092_07

P092_08

P092_09

P092_10

P092_11

P092_12

P092_13

P092_14

P092_15

P092_16

P092_17

P092_18

P092_19

P092_20

プール・水遊び

P093_01

P093_02

P093_03

P093_04

P093_05

P093_06

P093_07

P093_08

P093_09

P093_10

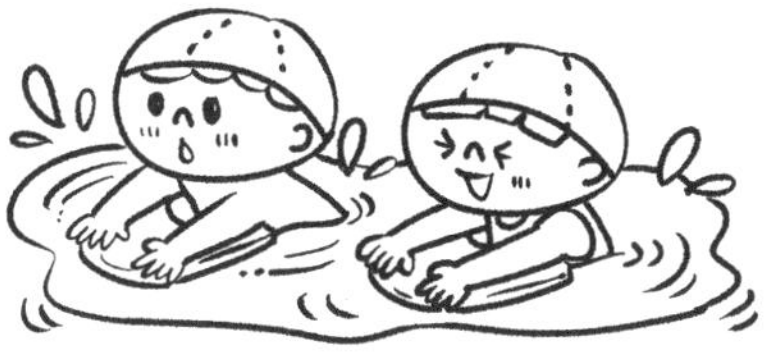

P093_11

P093_12

P093_13

P093_14

P093_15

P093_16

P093_17

P093_18

P093_19

このメッセージが見えるまで開くときれいにコピーすることができます。

夏休み

P094_01

P094_02

P094_03

P094_04

P094_05

P094_06

P094_07

P094_08

P094_09

P094_10

P094_11

P094_12

P094_13

P094_14

P094_16

P094_15

P094_17

P094_18

このメッセージが見えるまで開くときれいにコピーすることができます。

誕生日

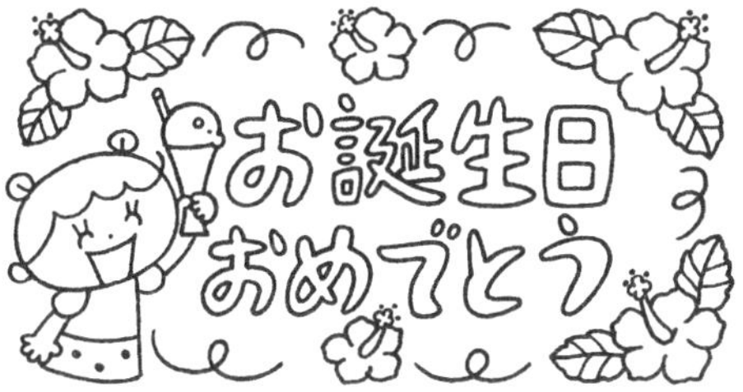
お誕生日
おめでとう

P095_01

7月生まれのお友達

P095_02

P095_03

お誕生日
おめでとう

P095_04

月生まれの
お友達

P095_05

P095_06

P095_07

P095_08

P095_09

P095_10

P095_11

P095_12

しんちょう
cm

P095_13

たいじゅう
kg

P095_14

しんちょう
cm

P095_15

たいじゅう
kg

P095_16

P095_18

P095_17

このメッセージが見えるまで開くときれいにコピーすることができます。

3~5歳児

子ども

P096_01

P096_02

P096_03

P096_04

P096_05

P096_06

P096_07

P096_08

P096_09

P096_10

P096_11

P096_12

P097_01

P097_02

P097_03

P097_04

7月

P097_05

P097_06

P097_07

P097_08

P097_09

P097_10

P097_11

P097_12

P097_13

P097_14

このメッセージが見えるまで開くときれいにコピーすることができます。

0～2歳児

P098_01

P098_02

P098_03

P098_04

P098_05

P098_06

P098_07

P098_08

P098_09

P098_10

P098_11

P099_01

P099_02

P099_03

P099_04

P099_05

P099_06

P099_07

P099_08

P099_09

P099_10

P099_11

P099_12

P099_13

P099_14

P099_15

P099_16

生活健康

P100_01

P100_03

P100_04

P100_02

P100_05

P100_06

P100_07

P100_08

P100_09

P100_10

P100_11

P100_12

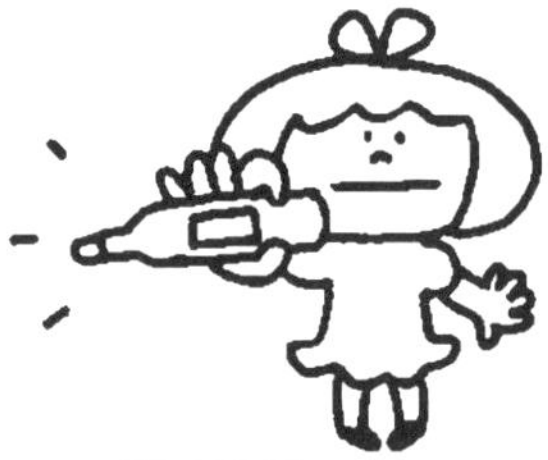

P100_13

P100_14

P100_15

P100_16

P100_17

このメッセージが見えるまで開くときれいにコピーすることができます。

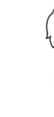

タイトルフレーム

7月

P101_01

7月

P101_02

7月の予定

P101_03

7月の予定

P101_04

だより

P101_05

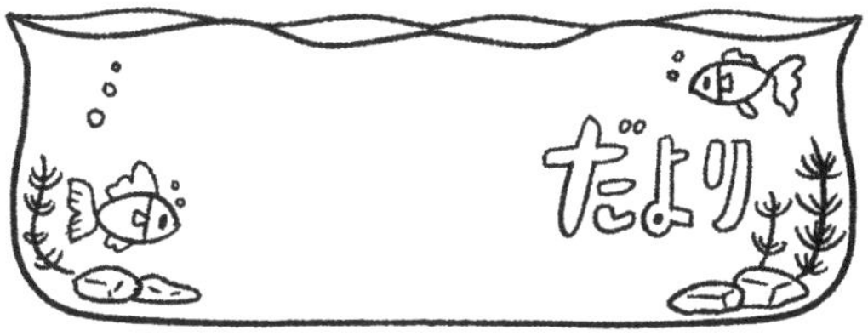
だより

P101_06

夏季保育

P101_07

夏季保育

P101_08

お知らせ

P101_09

お知らせ

P101_10

お知らせ

P101_11

今月のこんだて

P101_12

いよいよです

P101_13

いよいよです!

P101_14

もうすぐです

P101_15

気をつけて

P101_16

ご用意ください

P101_17

ご準備ください

P101_18

P101_19

P101_20

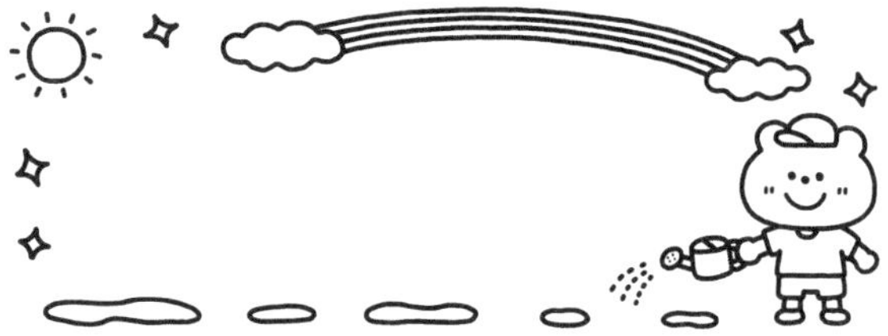

P102_01

P102_02

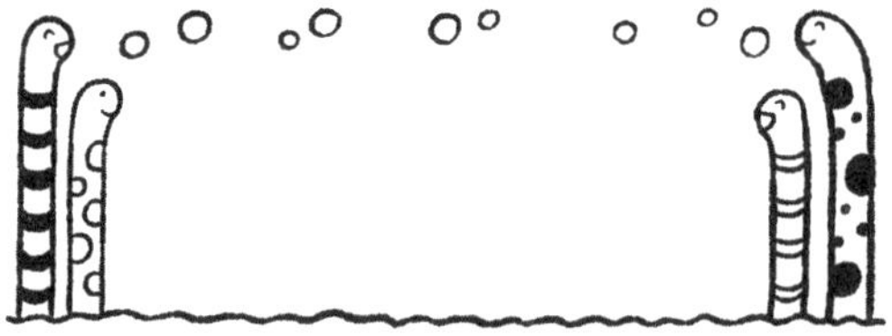

P102_03

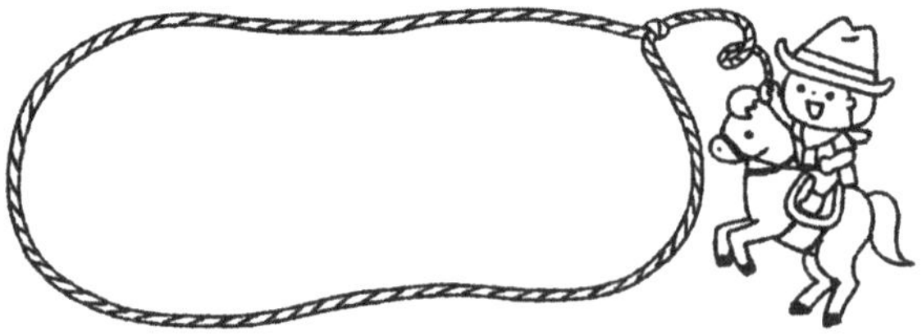

P102_04

P102_05

P102_06

P102_07

P102_08

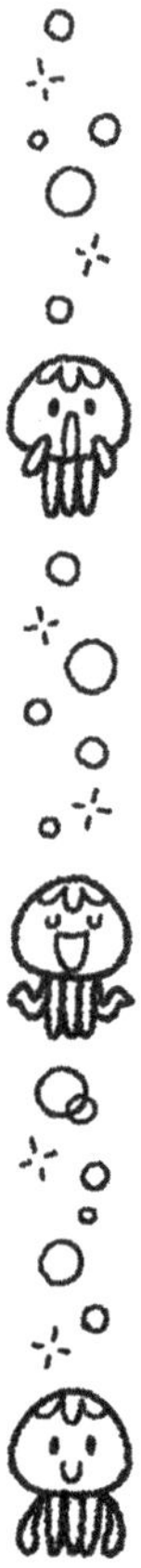

P102_09

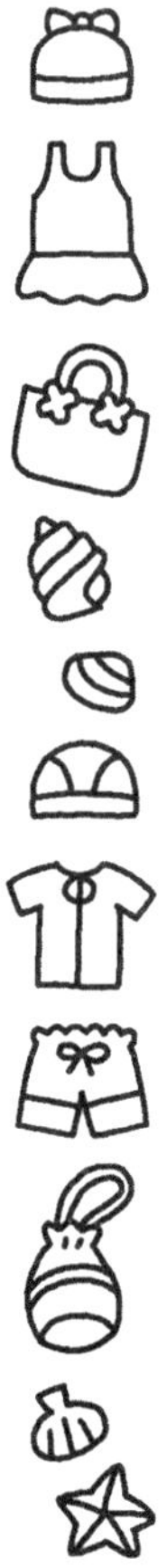

P102_10

P102_11

P102_12

P103_01

P103_02

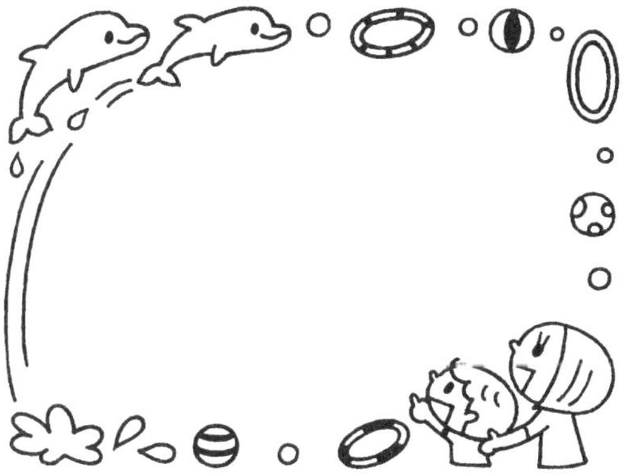

P103_03

P103_04

P103_05

P103_06

P103_07

P103_08

P103_09

P103_10

P103_11

P103_12

このメッセージが見えるまで開くときれいにコピーすることができます。

8月

テンプレート

行事予定は表にするとわかりやすいです。

8月の園だより

B4サイズ横を想定

夏の生活の注意事項をしっかり伝えましょう。

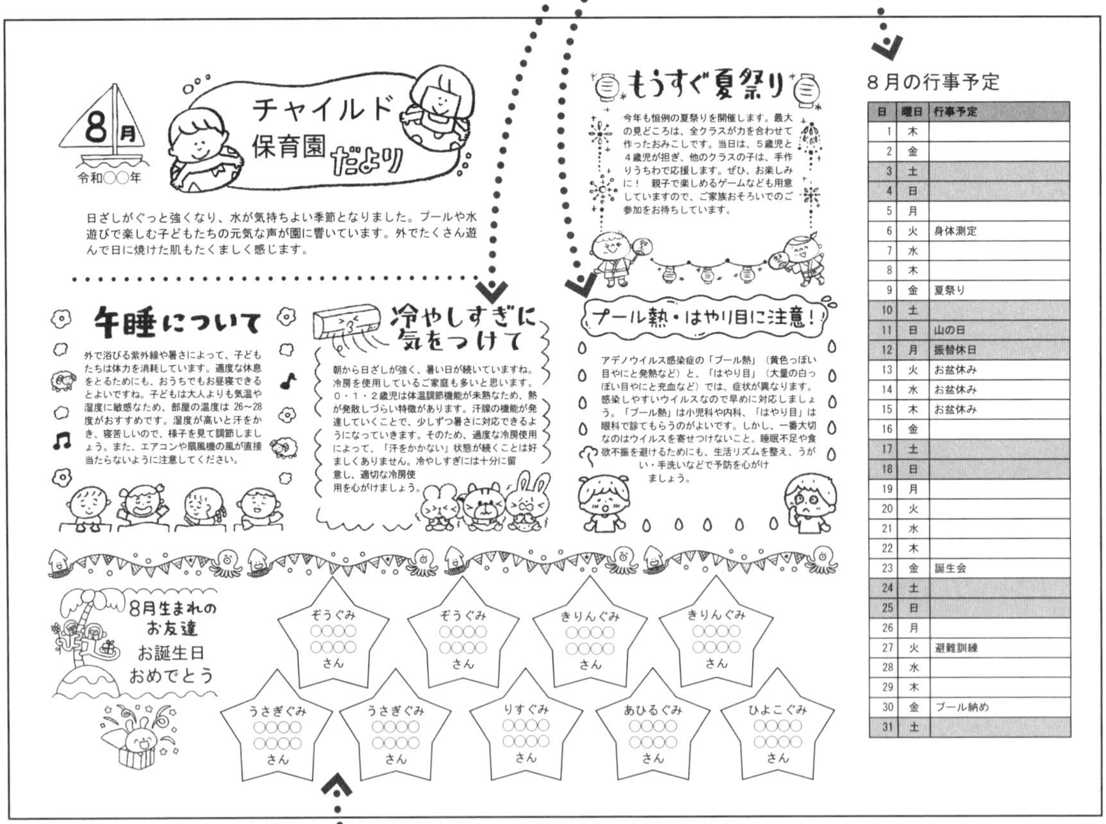

8月

令和◯◯年

チャイルド保育園だより

日ざしがぐっと強くなり、水が気持ちよい季節となりました。プールや水遊びで楽しむ子どもたちの元気な声が園に響いています。外でたくさん遊んで日に焼けた肌もたくましく感じます。

午睡について

外で浴びる紫外線や暑さによって、子どもたちは体力を消耗しています。適度な休息をとるためにも、おうちでもお昼寝できるとよいですね。子どもは大人よりも気温や湿度に敏感なため、部屋の温度は 26～28 度がおすすめです。湿度が高いと汗をかき、寝苦しいので、様子を見て調節しましょう。また、エアコンや扇風機の風が直接当たらないように注意してください。

冷やしすぎに気をつけて

朝から日ざしが強く、暑い日が続いていますね。冷房を使用しているご家庭も多いと思います。０・１・２歳児は体温調節機能が未熟なため、熱が発散しづらい特徴があります。汗腺の機能が発達していくことで、少しずつ暑さに対応できるようになっていきます。そのため、過度な冷房使用によって、「汗をかかない」状態が続くことは好ましくありません。冷やしすぎには十分に留意し、適切な冷房使用を心がけましょう。

もうすぐ夏祭り

今年も恒例の夏祭りを開催します。最大の見どころは、全クラスが力を合わせて作ったおみこしです。当日は、５歳児と４歳児が担ぎ、他のクラスの子は、手作りうちわで応援します。ぜひ、お楽しみに！　親子で楽しめるゲームなども用意していますので、ご家族おそろいでのご参加をお待ちしています。

プール熱・はやり目に注意！

アデノウイルス感染症の「プール熱」（黄色っぽい目やにと発熱など）と、「はやり目」（大量の白っぽい目やにと充血など）では、症状が異なります。感染しやすいウイルスなので早めに対応しましょう。「プール熱」は小児科や内科、「はやり目」は眼科で診てもらうのがよいです。しかし、一番大切なのはウイルスを寄せつけないこと。睡眠不足や食欲不振を避けるためにも、生活リズムを整え、うがい・手洗いなどで予防を心がけましょう。

8月の行事予定

日	曜日	行事予定
1	木	
2	金	
3	土	
4	日	
5	月	
6	火	身体測定
7	水	
8	木	
9	金	夏祭り
10	土	
11	日	山の日
12	月	振替休日
13	火	お盆休み
14	水	お盆休み
15	木	お盆休み
16	金	
17	土	
18	日	
19	月	
20	火	
21	水	
22	木	
23	金	誕生会
24	土	
25	日	
26	月	
27	火	避難訓練
28	水	
29	木	
30	金	プール納め
31	土	

8月生まれのお友達
お誕生日おめでとう

ぞうぐみ ◯◯◯◯ ◯◯◯◯ さん
ぞうぐみ ◯◯◯◯ ◯◯◯◯ さん
きりんぐみ ◯◯◯◯ ◯◯◯◯ さん
きりんぐみ ◯◯◯◯ ◯◯◯◯ さん
うさぎぐみ ◯◯◯◯ ◯◯◯◯ さん
うさぎぐみ ◯◯◯◯ ◯◯◯◯ さん
りすぐみ ◯◯◯◯ ◯◯◯◯ さん
あひるぐみ ◯◯◯◯ ◯◯◯◯ さん
ひよこぐみ ◯◯◯◯ ◯◯◯◯ さん

P104_01

誕生児の紹介は、
１人ずつ囲んで楽しげにしても◎

このメッセージが見えるまで開くときれいにコピーすることができます。

このメッセージが見えるまで開くときれいにコピーできます。

夏祭りのご案内

A4サイズ縦を想定

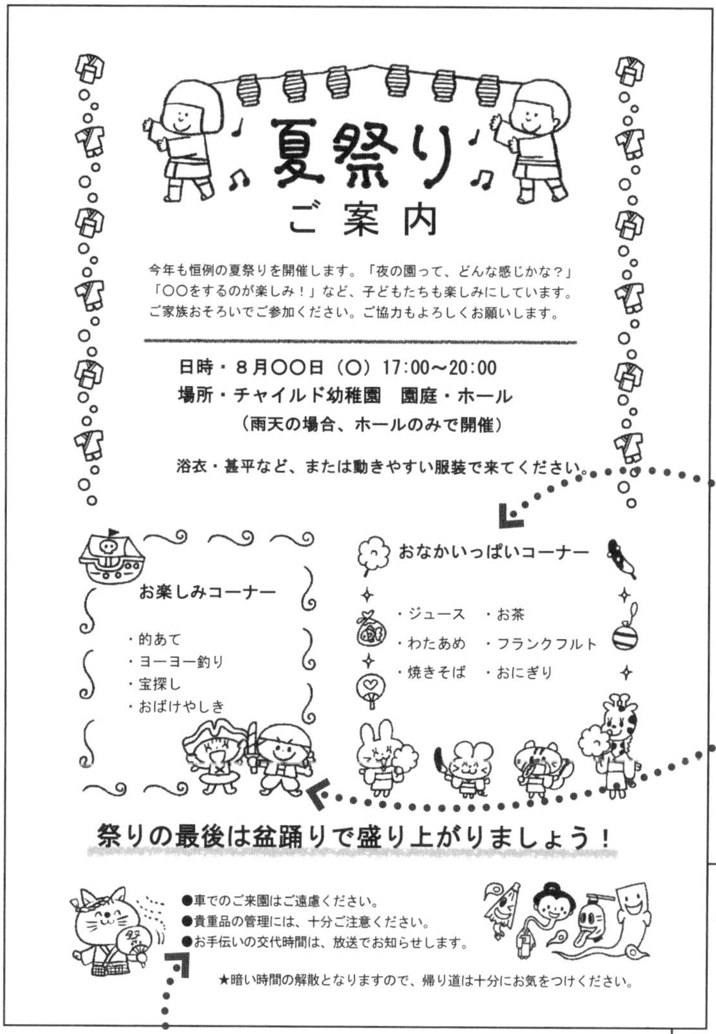

夏祭り ご案内

今年も恒例の夏祭りを開催します。「夜の園って、どんな感じかな？」「〇〇をするのが楽しみ！」など、子どもたちも楽しみにしています。ご家族おそろいでご参加ください。ご協力もよろしくお願いします。

日時・８月〇〇日（〇）17:00〜20:00
場所・チャイルド幼稚園　園庭・ホール
（雨天の場合、ホールのみで開催）

浴衣・甚平など、または動きやすい服装で来てください。

お楽しみコーナー
・的あて
・ヨーヨー釣り
・宝探し
・おばけやしき

おなかいっぱいコーナー
・ジュース　・お茶
・わたあめ　・フランクフルト
・焼きそば　・おにぎり

祭りの最後は盆踊りで盛り上がりましょう！

●車でのご来園はご遠慮ください。
●貴重品の管理には、十分ご注意ください。
●お手伝いの交代時間は、放送でお知らせします。

★暗い時間の解散となりますので、帰り道は十分にお気をつけください。

P105_01

当日の内容は
フレームで囲んだり
箇条書きにしたりして
わかりやすく伝えましょう。

お願いする事項も
箇条書きで！

お泊まり保育のお知らせ

B5・A4サイズ縦を想定

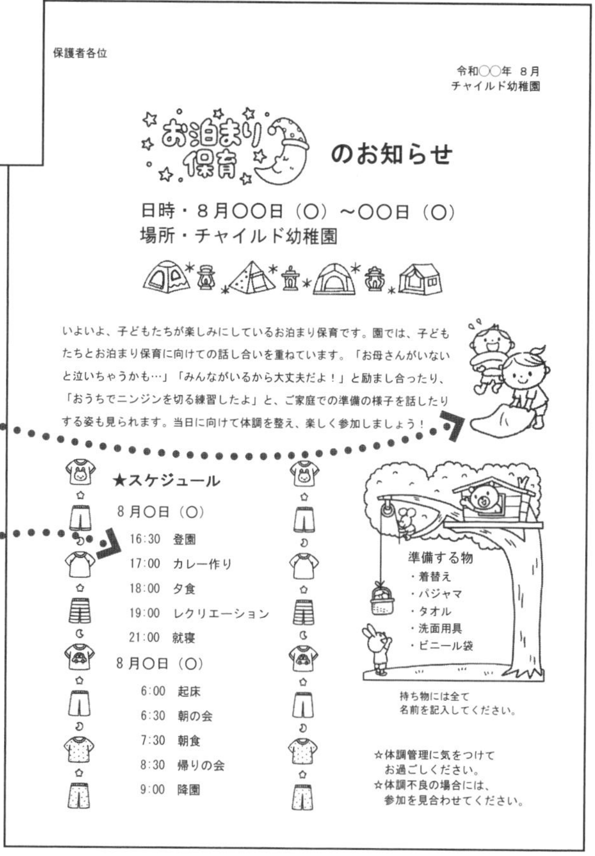

保護者各位

令和〇〇年 ８月
チャイルド幼稚園

お泊まり保育のお知らせ

日時・８月〇〇日（〇）〜〇〇日（〇）
場所・チャイルド幼稚園

いよいよ、子どもたちが楽しみにしているお泊まり保育です。園では、子どもたちとお泊まり保育に向けての話し合いを重ねています。「お母さんがいないと泣いちゃうかも…」「みんながいるから大丈夫だよ！」と励まし合ったり、「おうちでニンジンを切る練習したよ」と、ご家庭での準備の様子を話したりする姿も見られます。当日に向けて体調を整え、楽しく参加しましょう！

★スケジュール

８月〇日（〇）
16:30　登園
17:00　カレー作り
18:00　夕食
19:00　レクリエーション
21:00　就寝

８月〇日（〇）
6:00　起床
6:30　朝の会
7:30　朝食
8:30　帰りの会
9:00　降園

準備する物
・着替え
・パジャマ
・タオル
・洗面用具
・ビニール袋

持ち物には全て
名前を記入してください。

☆体調管理に気をつけて
お過ごしください。
☆体調不良の場合には、
参加を見合わせてください。

P105_02

内容に合った
イラストを
配置しましょう。

当日のスケジュールを
明記して
イメージしやすく。

文例＆フレーム

3～5歳児クラス向け

P000_00A フレームと文例
P000_00B フレームのみ
P000_00T 文例のみ

お泊まり保育

いよいよ、子どもたちが楽しみにしているお泊まり保育です。園では、子どもたちとお泊まり保育に向けての話し合いを重ねています。「お母さんがいないと泣いちゃうかも…」「みんながいるから大丈夫だよ！」と励まし合ったり、「おうちでニンジンを切る練習したよ」と、ご家庭での準備の様子を話したりする姿も見られます。当日に向けて体調を整え、楽しく参加しましょう！

P106_01A P106_01B P106_01T

夏休み明けの体調管理

夏休みは、つい気も緩みがちになりますね。夜更かしをしたり、朝も遅くまで寝ていたり…と、生活のリズムも崩れがちです。新学期前には、園の生活リズムに戻していけるよう心がけてください。朝は決まった時間に起きられますか？ 朝ごはんはしっかり食べていますか？ トイレは済ませていますか？ 夜は早く寝ていますか？ 園で思いきり体を動かして遊べるよう、ご協力をよろしくお願いいたします。

P106_02A P106_02B P106_02T

夕涼み会

「夕方から園に行くんだよ！」「浴衣着るの」と、子どもたちが待ちに待っていた夕涼み会。係の保護者の皆様のおかげで、楽しい時間を過ごすことができました。「パパと焼きそば食べたよ！」「みんなで盆踊りしたのが楽しかった」と、次の日も話題は尽きませんでした。夕方、園に集まった子どもたちは、いつもと違う雰囲気を肌で感じていたようです。夏の思い出の1つとして残るといいなと願っています。

P106_03A P106_03B P106_03T

夏祭りのお知らせ

○日は、「○○夏祭り」です。「夜の園って、どんな感じかな？」「○○をするのが楽しみ！」など、子どもたちも楽しみにしています。当日のご協力、よろしくお願いいたします。

- お手伝いの保護者の方は、貴重品を自分で携帯できるように工夫をお願いいたします。
- お手伝いの交代時間は、放送でお知らせします。
- 暗い時間の解散となりますので、お子さんとの帰り道は十分に気をつけてください。

P106_04A P106_04B P106_04T

8月の挨拶 P106_05T

- 「おはよう」に加えて、「暑いね！」という言葉が飛び交う毎日。暑さにも負けず、日々楽しいことを見つけて元気に遊んでいます。
- 夏のキラキラした日ざしを浴びて、元気いっぱいに遊んでいる子どもたちを、大きな雲がうれしそうに眺めているようです。まだまだ、夏を満喫中の子どもたちです。
- 「先生暑い～！」と、顔に汗を光らせて登園してくる子どもたち。園では、水遊びや氷遊びなど、夏ならではの遊びを楽しめるように工夫しています。さあ、今日はなにをして遊ぼうかな！
- みんなで植えたアサガオが色鮮やかに咲いています。「アサガオもきっとのどが渇いているよ」と、子どもたちが毎日たっぷりと水をあげてくれているからですね。

お泊まり保育 P106_06T

- 就寝時間を過ぎても興奮冷めやらぬ子どもたち。保育者の「さあ！ もう寝ようね」の声でやっと少しずつ静かになりました。夏の大きな思い出の1つとして刻まれたことでしょう。
- 「キャンプファイアに火の精が来たよ！」「カレー3回お代わりした」などと、おうちでもいろいろな報告があったようですね。お泊まり保育で得た自信をさらに伸ばし、2学期を過ごしていきたいと思います。

8月の子どもの様子 P106_07T

- 太陽に向かってぐーんと伸びるヒマワリに、負けじと背伸びをする子どもたちです。水やり用ホースからたっぷり放水すると、ヒマワリも子どもたちも最高の笑顔を見せてくれます。
- プールの水と仲よしになった子どもたち。水が平気なグループは顔つけや水かけ競争を。ちょっぴり苦手なグループは水の中でゆったりと遊びます。
- 「昨日、お祭りでかき氷食べたよ！」「お面もあったね」と言う子どもたちの声から、お祭りごっこを行いました。いろいろな屋台の品物を作って楽しみました。他のクラスも招待しようと計画中です！
- 暑さ指数が高い日が続き、戸外で遊べませんが、○○組は室内でも元気いっぱい！ 山やトンネルを組み込んだ「サーキット遊び」では、どんなコースにするか案を出し合い、楽しんでいます。
- 夏休みのお出かけが待ち遠しい子どもたち。「いいなぁ、先生も行きたいな」と話すと、「じゃあママに聞いてみるね」「車、乗れるかな…」と真剣に考えてくれてうれしくなりました。
- 保育者が読み聞かせをした絵本をきっかけに、おばけ作りがはやっています。絵本を見たり、自分なりにイメージしたりしながら、誰が一番怖いおばけを作れるか、工夫しています。

プール熱・はやり目に注意！

アデノウイルス感染症の「プール熱」（黄色っぽい目やにと発熱など）と、「はやり目」（大量の白っぽい目やにと充血など）では、症状が異なります。感染しやすいウイルスなので早めに対応しましょう。「プール熱」は小児科や内科、「はやり目」は眼科で診てもらうのがよいです。しかし、一番大切なのはウイルスを寄せつけないこと。睡眠不足や食欲不振を避けるためにも、生活リズムを整えつつ、うがい・手洗いなどで予防を心がけましょう。

P107_01A P107_01B P107_01T

三大夏かぜに気をつけて！

夏に流行しやすい「手足口病」「ヘルパンギーナ」「咽頭結膜熱(プール熱)」。高温多湿を好み、夏に活性化するウイルスによって発症します。やはり予防には手洗いとうがいが効果的！ 園でもしっかり取り組みたいと思います。また、口の中を痛がって食が進まない、高熱、口・手足に発疹が出るなどの症状が見られたら、受診をお願いします。熱があっても、さっと体を流すくらいのシャワーなら大丈夫なので、さっぱりしてから心も体も休めましょうね。

P107_02A P107_02B P107_02T

夏祭り P107_03T

●「盆踊りが楽しかった」と子どもたちから聞くことができました。夏祭り後も「輪になって～…」と言いながら友達と楽しく踊っています。盆踊り独特の振りが、さらに上手になってきました。

●保護者の方が趣向を凝らして見せてくださった花火は、特に印象に残ったようです。遊びのなかでも、花火のイメージを取り入れ、ミラーテープで手持ち花火を作ったり、カラーホイル紙を使って夜空に輝く花火を表現したりしていました。

夏の自然体験 P107_04T

●最近のブームはせみ捕り。鳴き声が聞こえると「どの木だ？」と、そっと近づいて行きます。目を凝らし、見つけたら網をパッとかぶせて…！「あ～あ…」ということも。つかまえたセミは、１日保育室で一緒に過ごしています。

●毎日のように背くらべをしていたヒマワリが、大きな花を咲かせました。「お日様に顔を向けるんだよね」「今の時間はどうだろう？」と、ヒマワリと太陽の関係に興味津々です。

夏野菜 P107_05T

●「キュウリなどの夏野菜は体を冷やしてくれるんだよ」と話した日の給食中。「ほんとだ！ 涼しくなってきた」とキュウリを食べて笑顔に。驚きの即効性に、思わず笑ってしまいました。

●畑の枝豆を収穫しました。鉄分、食物繊維、カリウム、ビタミンなど、栄養たっぷりな枝豆は、夏バテ防止にも効果大ですよ。

食育 P107_06T

●お盆にはキュウリやナスで牛や馬を作って飾ることを話すと、興味をもった○○組。せっかくなので作って玄関に飾りました。これからもみんなをご先祖様が見守ってくださるとよいですね。

●おやつが枝豆の日のこと。あちらこちらで「あ！」という声が続出！ さやから出すときに飛び出て、何粒も落ちてしまったのです。お代わりをしてこつを聞き、無事食べることができました。

プール参観 P107_07T

●この夏、子どもたちはプールでいろいろなことができるようになりました。その姿をご覧いただけるよう、プール参観を行います。おうちの方に披露するのを、子どもたちも楽しみにしています。どうぞご参加ください！

●プール参観に向けて自分の目標をクリアするために、毎日練習に励む子どもたち。「できるようになりたい」という気持ちを大切にしながら見守っています。

夏の室内遊び P107_08T

●お祭りに行った話で盛り上がり、屋台ごっこをすることに。なに屋さんにするかを相談すると、焼きそばにリンゴあめにわたあめ…食べ物屋さんばかり提案する、食いしん坊な○○組です。

●「冷たい物」をテーマに自由工作をしました。水性ペンで描いた模様を霧吹きでにじませてかき氷を作ったり、折り紙を丸めてアイスにしたりと、涼しい気分で遊びました。

暑さ対策 P107_09T

●暑い日には冷房が気持ちよいですね。でも、冷やしすぎにはご用心！体温調節が上手にできない子が増えているそうです。夏は、園では室温を26度、湿度を60％に保つようにしています。

●暑いと半ズボンを着用させたくなりますが、虫にさされやすい、過度に日焼けをしてしまう、転んだときの傷が大きくなるなどのデメリットも。通気性のよい長ズボンがおすすめです。

健康・生活 P107_10T

●暑いと冷たい食べ物がおいしいですね。でも、食べすぎは禁物！ 体を冷やしてしまいます。１日に食べる量や回数を、お子さんと相談して決めるのもよいですね。

●夏は、とびひ（伝染性膿痂疹《のうかしん》）やはやり目（流行性角結膜炎）、プール熱（咽頭結膜熱）など、プールやタオルを介してうつる病気があります。保健だよりをご覧いただき、ご家庭でも感染予防に努めていただけるよう、ご協力をお願いいたします。

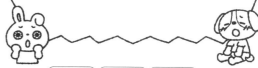

0~2歳児クラス向け

もうすぐ夏祭り

今年も恒例の夏祭りを開催します。最大の見どころは、全クラスが力を合わせて作ったおみこしです。当日は、５歳児と４歳児が担ぎ、他のクラスの子は、手作りうちわで応援します。ぜひ、お楽しみに！

また、親子で楽しめるゲームなども用意していますので、ご家族おそろいでのご参加をお待ちしています。

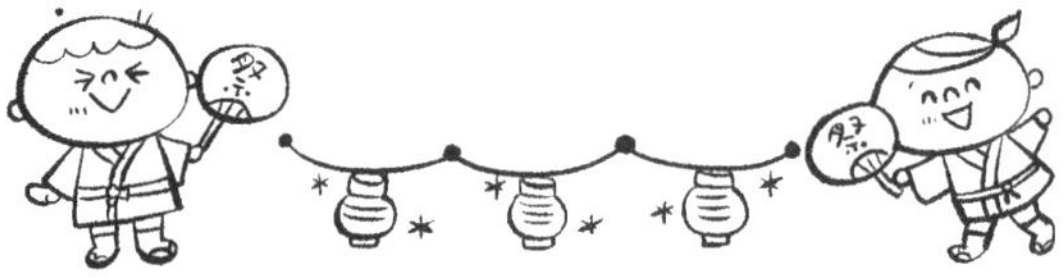

P108_01A　P108_01B　P108_01T

8月7日は鼻の日

8月７日は鼻の日です。鼻の働きとしては、「匂いを嗅ぐ」「呼吸をする」「ほこりなど外界の異物を取り除く」などがあげられます。正しい方法で鼻をかまないと、かぜの悪化だけではなく、中耳炎の原因にもなります。こまめに鼻水を取り除き、清潔なタオルで顔を拭きましょう。中耳炎にかかったら、早めに受診して治療しましょう。

P108_02A　P108_02B　P108_02T

8月の挨拶　P108_03T

- 真夏の暑さにも負けず、子どもたちは毎日大きな声で、「おはようございます」と言いながら、元気に登園しています。
- いよいよ夏本番です。子どもたちと一緒に、夏にしかできないダイナミックな遊びをたくさん取り入れ、楽しみたいと思います。
- 日ざしがぐっと強くなり、水が気持ちよい季節となりました。プールや水遊びで楽しむ子どもたちの元気な声が園に響いています。外でたくさん遊んで日に焼けた肌もたくましく感じます。
- さんさんと照りつける太陽の下、汗をかきながら夢中で遊ぶ子どもたち。水分補給をこまめにして、熱中症に気をつけながら、思いきり遊べる環境を整えていきたいと思います。

お盆休み　P108_04T

- 本園では、○日から○日までのお盆期間を希望保育（０～２歳児クラスは合同保育となります）とさせていただきます。希望保育をご利用予定の方は、○日までに担任にお知らせください。
- おうちの方と一緒に過ごせるうれしさから、生活リズムが乱れてしまいがちです。体調を崩しやすくなってしまうので、気をつけながら楽しいお休みを過ごしてくださいね。
- ８月は、気温が高い日が続きます。適度に休憩を入れ、熱中症に十分注意しましょう。また、人が多い場所へ出かける際は、けがや事故、迷子にも注意して楽しんでください。

夏の戸外遊び　P108_05T

- 「雨だー！」シャワーを向けると、両手を広げ、全身で水を感じて喜ぶ子どもたち。ペットボトルを使った手作りおもちゃに、水と砂を入れて「コーヒーみたい」と想像力も育っています。
- 子どもたちが目をキラキラさせる絵の具。筆やローラー、ボディーペインティングでダイナミックに表現する姿はまさにアート！ 夏の外遊びは「やりたい」と「楽しい」がいっぱいです。

8月の子どもの様子　P108_06T

- 水遊びにもすっかり慣れ、うれしそうにプールバッグを見せてくれる子も見られます。
- 夏祭りに向けて、うちわを製作しました。０歳児クラスは、手形を押して「かに」をイメージしました。赤い絵の具を手のひらに塗ると不思議そうにしていましたが、かわいい手で一人ひとりすてきなうちわになりました。
- 子どもたちが種から育てたヒマワリがぐんぐん大きくなり、元気に花開きました。「大きくなったね」と言うと、「○○も大きくなったよ」と、自分の成長と重ねていました。

夏季保育　P108_07T

- 夏季保育中は、担任以外の保育者も担当しますので、お子さんの様子や健康状態など、できるだけ詳細にお知らせください。
- 夏季保育では、異年齢児保育を行う機会が増えます。４・５歳児のお兄さん・お姉さんは、年下の子と接するのを楽しみにしています。

色水遊び　P108_08T

- 色水が入ったペットボトルを傾けて、コップに注ぎ始めた子どもたち。こぼしながらも、注ぎ口を見つめる姿は真剣そのもの。色水の入ったコップを並べて、うれしそうに「ジュースだよ」と教えてくれました。
- 色水を製氷機で凍らせた、色水氷。手で触って冷たさを感じたり、スプーンですくったり、落として音を聞いたり、とける様子を眺めたりと、いろいろな楽しみ方を見つけました。

夏の室内遊び　P108_09T

- 室内では、マットや巧技台を使って、暑さに負けない丈夫な体づくりをしています。
- 室内の温度は、外気温との差を考慮して、適温を保つよう気をつけています。また、室内遊びでも熱中症にならないようこまめに水分補給もしていきたいと思います。

汗をかこう!

能動汗腺という汗腺の発達は、おおむね3歳までに決まるといわれています。汗をたくさんかくことで能動汗腺が増え、体温調節ができるようになり、熱中症のリスクも少なくなります。かといって、炎天下で遊ばせたり、冷房をつけない部屋にいさせたりすることはかなり危険です。夏場は、比較的涼しい午前中に日陰で遊んだり、冷房を上手に使ったりすることが大切ですね。

P109_01A P109_01B P109_01T

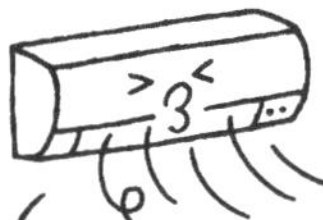

冷やしすぎに気をつけて

朝から日ざしが強く、暑い日が続いていますね。冷房を使用しているご家庭も多いと思います。0・1・2歳児は体温調節機能が未熟なため、熱が発散しづらいという特徴があります。汗腺の機能が発達していくことによって、少しずつ暑さに対応できるようになっていきます。そのため、過度な冷房使用によって、「汗をかかない」状態が続くことは好ましくありません。冷やしすぎには十分に留意し、適切な冷房使用を心がけましょう。

P109_02A P109_02B P109_02T

午睡について

外で浴びる紫外線や暑さによって、子どもたちは体力を消耗しています。適度な休息をとるためにも、おうちでもお昼寝できるとよいですね。子どもは大人よりも気温や湿度に敏感なため、部屋の温度は26～28度がおすすめです。湿度が高いと汗をかき、寝苦しくなりますので、子どもの様子を見て調節しましょう。また、エアコンの冷気や扇風機の風が直接当たらないように注意してください。

P109_03A P109_03B P109_03T

あせも・とびひについて

あせもは、発汗に伴ってできる湿疹のことです。汗をかいたらこまめに拭き、皮膚を清潔に保つことが予防になります。多量に汗をかいたときは、シャワーを浴びて汗を洗い流すのもおすすめです。とびひは、細菌が皮膚に感染して水ぶくれやかさぶたができ、それが「飛び火」のように体のあちこちに広がっていく病気です。家族にうつさないよう、タオルの共用などにも気をつけてください。

P109_04A P109_04B P109_04T

健康・生活 P109_05T

- 夏は生活リズムが乱れやすい時期です。早寝・早起きの習慣を心がけ、栄養バランスのとれた朝食を食べて、毎日元気に過ごしましょう。
- この時期は、汗をかいて着替える頻度が増えます。できるだけ、汗を吸い取ってくれる素材の服を多めにご用意ください。
- 子どもの自律神経は、まだ大人ほど整っていません。大人の感覚でエアコンを使用すると、子どもには大きな負担がかかります。室温は26～28度に設定するようにしましょう。
- 薄着で過ごす夏場は、虫さされやあせもなどで体をかいてしまうことが増えます。いつも爪切りをしていただいていますが、爪が伸びていないか、こまめに確認をお願いします。

夏の午睡について P109_06T

- 夜にコンビニなどで明るい光を浴びてしまうと、体内時計が狂い、生活リズムが乱れる要因となります。朝、光を浴びて目覚め、しっかりと食事をとり、適宜午睡をし、生活リズムを整えていきましょう。

食育 P109_07T

- 5歳児さんが育てているキュウリとトマトを、毎日見に行っている○○組さん。先日、「できたら食べさせてあげるね」と言ってもらえたので、今か今かと楽しみにしているようです。
- 食欲が落ちてくる時期ですが、夏バテしないよう栄養をとりたいですね。季節の食材は栄養価も高いので、夏野菜カレーや麻婆ナス、おやつにはカボチャ蒸しパンなどがおすすめです。

夏の感染症対策 P109_08T

- 「ヘルパンギーナ」「手足口病」「プール熱」は、夏に多い感染症で三大夏かぜともいわれます。急な発熱や肌の異常が見られた場合は、早めに病院で受診しましょう。
- 感染症の予防にもっとも重要なのは手洗いです。30秒以上、せっけんを用いて洗う習慣をつけましょう。また、バランスのよい食事と十分な睡眠をとり、冷たい物は控えめにしましょう。

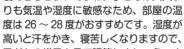

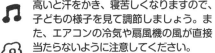

8月の行事

夏祭り・夕涼み会

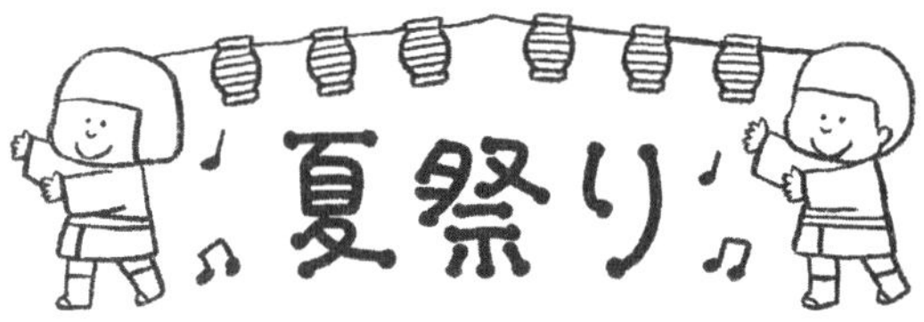

P110_01

P110_02

P110_03

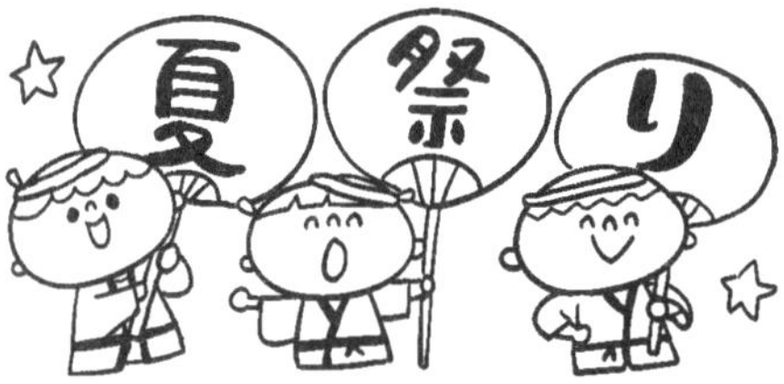

P110_04

P110_05

P110_06

P110_07

P110_08

P110_09

P110_10

P110_11

P110_12

P110_13

P110_14

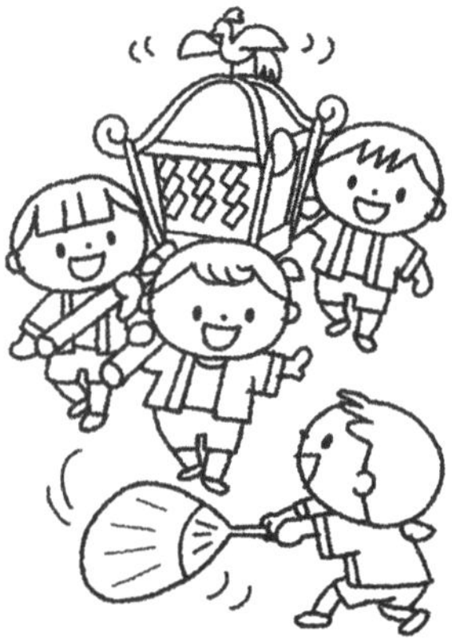

P110_15

P110_16

P110_17

P110_18

このメッセージが見えるまで開くときれいにコピーすることができます。

このメッセージが見えるまで開くときれいにコピーすることができます。

お泊まり保育

P111_01

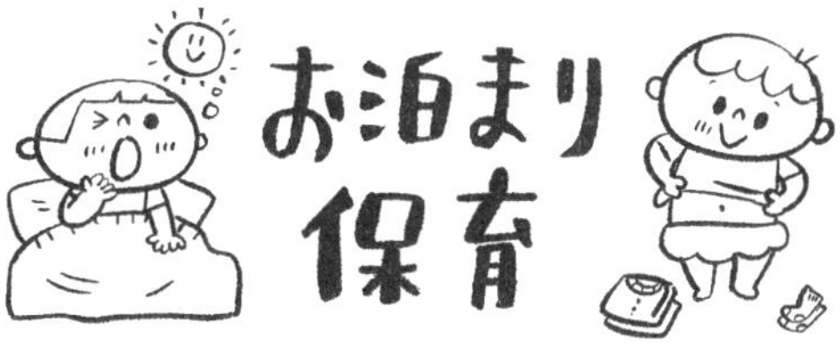

P111_02

P111_03

P111_04

P111_06

P111_07

P111_05

P111_10

P111_08

P111_09

P111_11

P111_12

P111_13

P111_14

P111_16

P111_15

P111_17

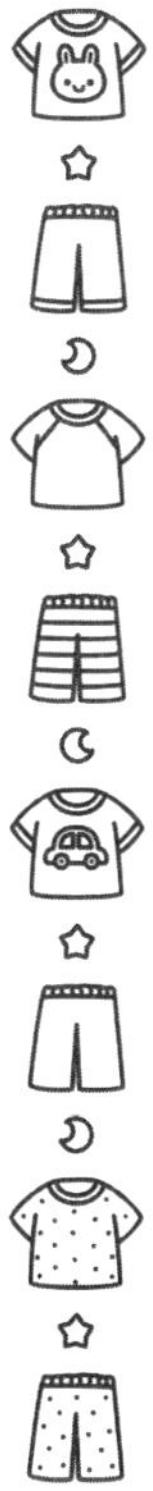

P111_18

お盆

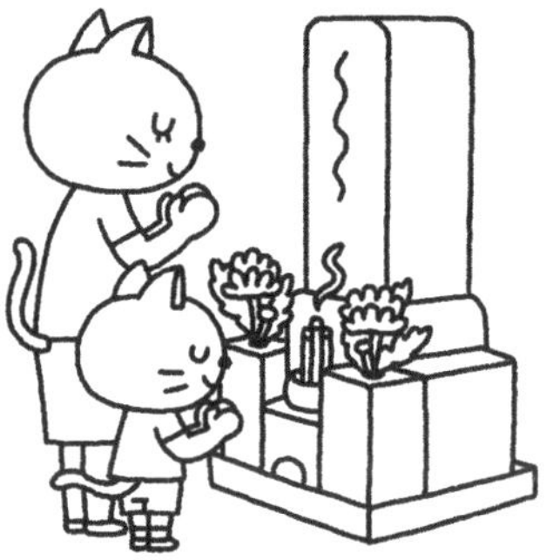

P112_01

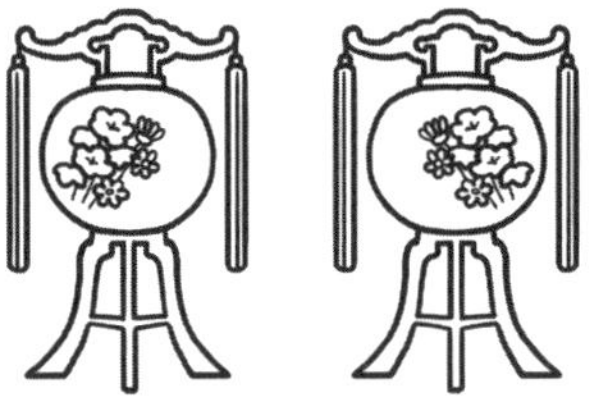

P112_02

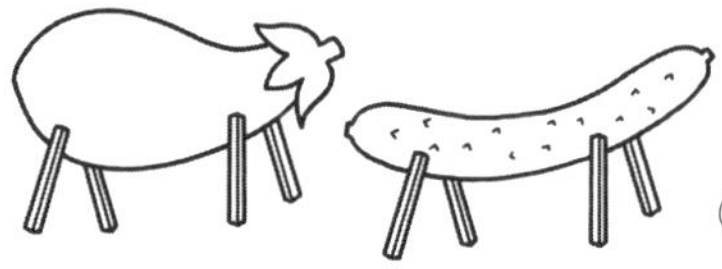

P112_03

P112_04

P112_05

新学期

P112_06

P112_08

P112_09

P112_07

P112_12

P112_13

P112_10

P112_11

P112_14

P112_15

P112_16

P112_17

P112_18

このメッセージが見えるまで開くときれいにコピーすることができます。

誕生日

P113_01

P113_02

P113_03

P113_04

P113_05

P113_06

P113_07

P113_08

P113_09

P113_10

P113_11

P113_12

P113_13

P113_14

P113_15

P113_16

このメッセージが見えるまで開くときれいにコピーすることができます。

子ども

3~5歳児

P114_01

P114_02

P114_03

P114_04

P114_05

P114_06

P114_07

P114_08

P114_09

P114_10

P114_11

P114_12

P114_13

このメッセージが見えるまで開くときれいにコピーすることができます。

P115_01

P115_02

P115_03

P115_04

P115_05

P115_06

P115_07

P115_08

P115_09

P115_10

P115_11

P115_12

P115_13

P115_14

P115_15

P115_16

0～2歳児

P116_01

P116_02

P116_03

P116_04

P116_05

P116_06

P116_07

P116_08

P116_09

P116_10

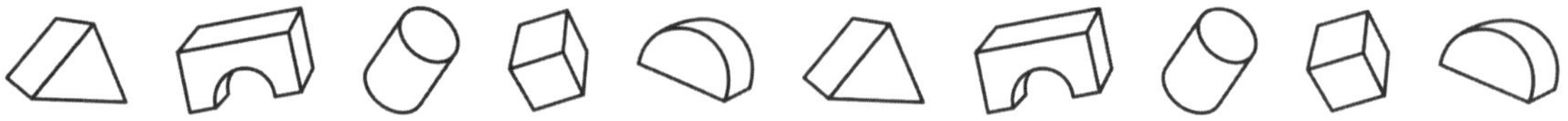
P116_11

P116_12

P117_01

P117_02

P117_03

P117_04

P117_06

P117_05

P117_07

P117_08

P117_09

P117_10

P117_11

P117_12

P117_13

P117_14

P117_15

生活
健康

P118_01

P118_02

P118_03

P118_04

P118_05

P118_06

P118_07

P118_08

P118_09

P118_10

P118_11

P118_12

P118_13

P118_14

P118_15

P118_16

P118_17

タイトルフレーム

P119_01

P119_02

P119_03

P119_04

P119_05

P119_06

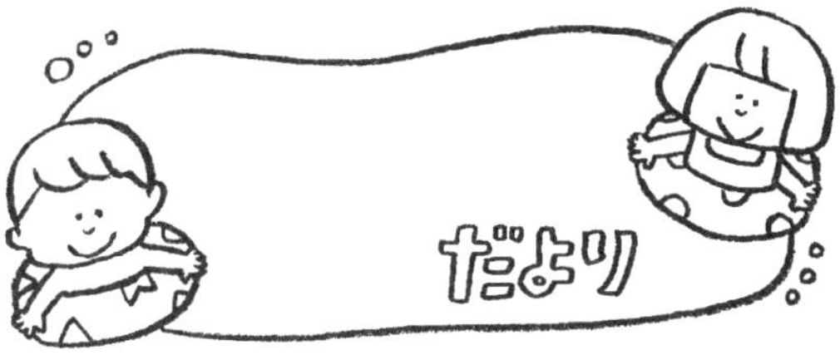

P119_07

P119_08

P119_09

P119_10

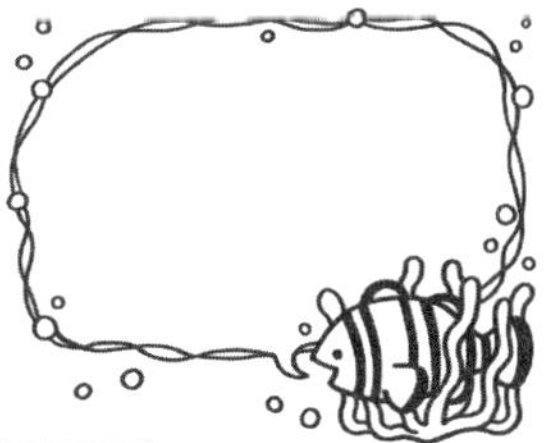
P119_11

P119_12

P119_13

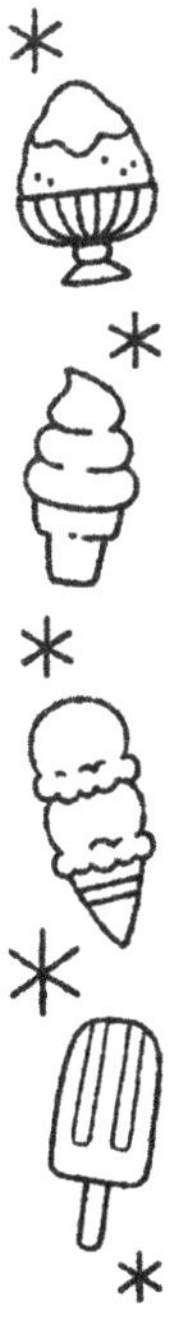
P119_14

P119_15

P119_16

P119_17

P119_18

このメッセージが見えるまで開くときれいにコピーすることができます。

P030_241 monokuro ▶ 9gatsu ▶ P120

9月

テンプレート

文章のみにしたり、
フレームを使用したりして、
変化をつけましょう。

9月のクラスだより

B4 サイズ横を想定

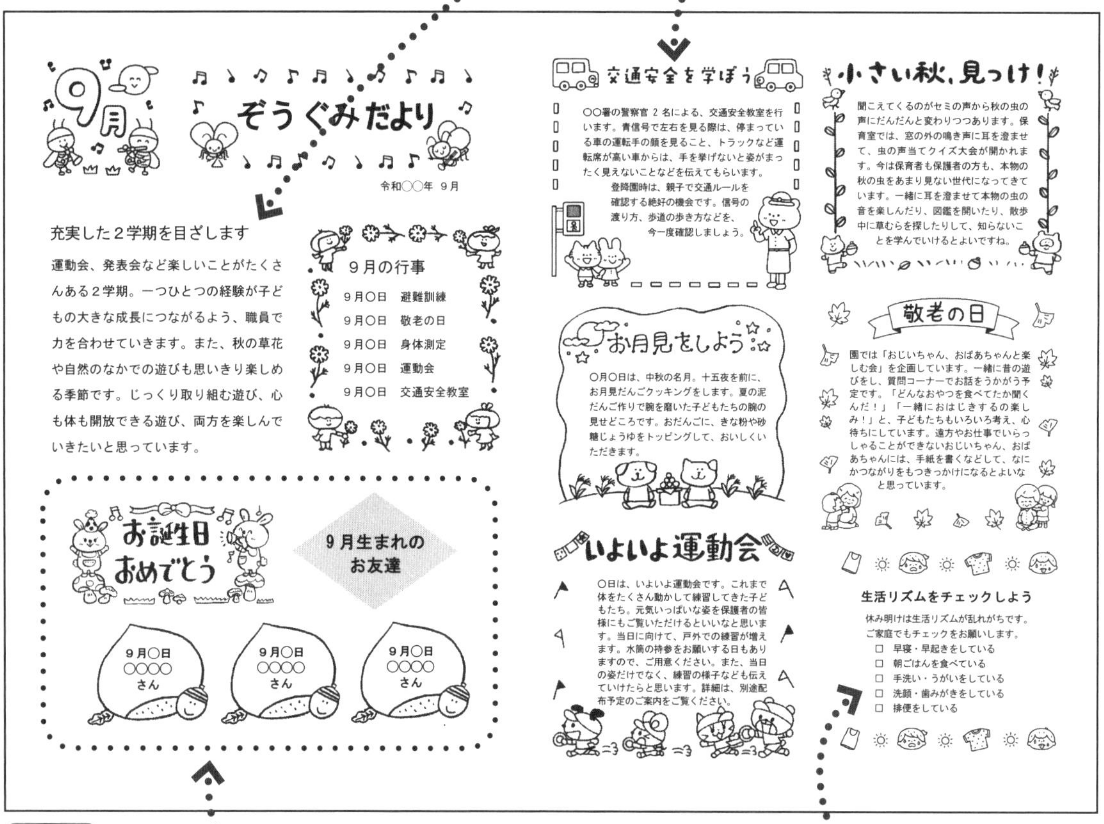

9月

ぞうぐみだより

令和〇〇年　9月

充実した２学期を目ざします

運動会、発表会など楽しいことがたくさんある２学期。一つひとつの経験が子どもの大きな成長につながるよう、職員で力を合わせていきます。また、秋の草花や自然のなかでの遊びも思いきり楽しめる季節です。じっくり取り組む遊び、心も体も開放できる遊び、両方を楽しんでいきたいと思っています。

９月の行事

９月〇日　避難訓練
９月〇日　敬老の日
９月〇日　身体測定
９月〇日　運動会
９月〇日　交通安全教室

お誕生日おめでとう

９月生まれのお友達

９月〇日 〇〇〇〇 さん
９月〇日 〇〇〇〇 さん
９月〇日 〇〇〇〇 さん

交通安全を学ぼう

〇〇署の警察官 2 名による、交通安全教室を行います。青信号で左右を見る際は、停まっている車の運転手の顔を見ること、トラックなど運転席が高い車からは、手を挙げないと姿がまったく見えないことなどを伝えてもらいます。
登降園時は、親子で交通ルールを確認する絶好の機会です。信号の渡り方、歩道の歩き方などを、今一度確認しましょう。

お月見をしよう

〇月〇日は、中秋の名月。十五夜を前に、お月見だんごクッキングをします。夏の泥だんご作りで腕を磨いた子どもたちの腕の見せどころです。おだんごに、きな粉や砂糖じょうゆをトッピングして、おいしくいただきます。

いよいよ運動会

〇日は、いよいよ運動会です。これまで体をたくさん動かして練習してきた子どもたち。元気いっぱいな姿を保護者の皆様にもご覧いただけるといいなと思います。当日に向けて、戸外での練習が増えます。水筒の持参をお願いする日もありますので、ご用意ください。また、当日の姿だけでなく、練習の様子なども伝えていけたらと思います。詳細は、別途配布予定のご案内をご覧ください。

小さい秋、見っけ！

聞こえてくるのがセミの声から秋の虫の声にだんだんと変わりつつあります。保育室では、窓の外の鳴き声に耳を澄ませて、虫の声当てクイズ大会が開かれます。今は保育者も保護者の方も、本物の秋の虫をあまり見ない世代になってきています。一緒に耳を澄ませて本物の虫の音を楽しんだり、図鑑を開いたり、散歩中に草むらを探したりして、知らないことを学んでいけるとよいですね。

敬老の日

園では「おじいちゃん、おばあちゃんと楽しむ会」を企画しています。一緒に昔の遊びをし、質問コーナーでお話をうかがう予定です。「どんなおやつを食べてたか聞くんだ！」「一緒におはじきするの楽しみ！」と、子どもたちもいろいろ考え、心待ちにしています。遠方やお仕事でいらっしゃることができないおじいちゃん、おばあちゃんには、手紙を書くなどして、なにかつながりをもつきっかけになるとよいなと思っています。

生活リズムをチェックしよう

休み明けは生活リズムが乱れがちです。
ご家庭でもチェックをお願いします。

□　早寝・早起きをしている
□　朝ごはんを食べている
□　手洗い・うがいをしている
□　洗顔・歯みがきをしている
□　排便をしている

P120_01

季節感のあるフレームで
誕生児の名前を囲んでもかわいい！

チェック欄があると
便利です。

このメッセージが見えるまで開くときれいにコピーすることができます。

このメッセージが見えるまで開くときれいにコピーすることができます。

防災訓練のお知らせ

A4サイズ縦を想定

保護者各位

令和○○年 9月
チャイルド幼稚園

避難訓練のお知らせ

○○年○月○日（○曜日）

9月1日は「防災の日」。いざというときのために、避難経路と避難場所を確認しておくことが重要です。
今年も上記の日程で防災訓練を実施します。
自分で身を守ること、落ち着いて避難することの大切さを伝えます。

避難時のお約束
お・おさない
は・はしらない
し・しゃべらない
も・もどらない

ポケットには
ハンカチを
忘れずに！

火事の際に、口や鼻を覆うのに使います。

この機会に、ご家庭でも、防災について話をしてみませんか。
いざというときのための準備も整えておきましょう。

＊ダンゴムシみたいに丸まる。
＊ハンカチで口と鼻を覆う。
＊リュックの中身は定期的に点検。

P121_01

重要なことは、
囲んだり、色を塗ったりすると
目を引きます。

ご家庭でやってほしいことも
伝えましょう。

運動会のお知らせ

B5・A4サイズ縦を想定

保護者各位

運動会のお知らせ

チャイルド保育園

日時　○○年○月○日（○曜日）
9：00〜14：30
（雨天の場合、○月○日（○）に延期）
場所　チャイルド保育園園庭

★白地のシャツを着用してください。
★紅白帽子も忘れずに。
★履き慣れた靴を履いてきてください。

プ ロ グ ラ ム

開会式

1	おひさま体操	3〜5歳児
2	かけっこ	3〜5歳児
3	玉入れ	5歳児
4	リズム	3歳児
5	親子でGO	3〜5歳児と保護者
6	組体操	4歳児5歳児
7	大玉転がし	4歳児
8	リレー	5歳児

閉会式

●お車での来園はご遠慮ください。
●保護者どうし譲り合いながらの応援をお願いします。
●写真・ビデオ撮影は、他の方のご迷惑にならないようご配慮ください。
SNSなどへのアップはご遠慮ください。
●親子競技の1つ前の競技になりましたら、入場門に集合してください。

P121_02

プログラムを明記して
当日の流れを伝えます。

吹き出し付きのイラストを
上手に利用しましょう。

文例 & フレーム

3～5歳児クラス向け

P000_00A フレームと文例

P000_00B フレームのみ

P000_00T 文例のみ

避難訓練がありました

9月1日は「防災の日」です。いざというときのために、避難経路と避難場所を確認しました。今回は消防署の方に、子どもたちの避難の様子を見てもらい、防災用語を教えてもらいました。「お（さない）・は（しらない）・し（ゃべらない）・も（どらない）」を覚えておきましょう。自分で身を守ること、落ち着いて避難することの大切さについて、今後も伝えていこうと思います。

P122_01A P122_01B P122_01T

交通安全を学ぼう

○○署の警察官2名による、交通安全教室を行いました。「信号の渡り方はもう知っているよ！」と話していた子どもたちでしたが、青信号で左右を見る際は、停まっている車の運転手さんの顔を見ること、トラックなど運転席が高い車からは、子どもたちが手をあげないと姿がまったく見えないことなど、あらためて知ることができました。

登降園時は、親子で交通ルールを確認する絶好の機会です。信号の渡り方、歩道の歩き方など、今一度確認しましょう。

P122_02A P122_02B P122_02T

敬老の日

園では「おじいちゃん、おばあちゃんと楽しむ会」を企画しています。一緒に昔の遊びをし、質問コーナーでお話をうかがう予定です。「どんなおやつを食べてたか聞くんだ！」「一緒におはじきするの楽しみ！」と、子どもたちもいろいろ考え、心待ちにしています。遠方やお仕事でいらっしゃることができないおじいちゃん、おばあちゃんには、手紙を書くなどして、なにかつながりをもつきっかけになるとよいなと思っております。

P122_03A P122_03B P122_03T

お月見をしよう

○月○日は、中秋の名月。十五夜を前に、5歳児は、お月見だんごクッキングをしました。夏の泥だんご作りで腕を磨いた子どもたちは、白玉を丸めるのもお手の物。おだんごに、きな粉や砂糖じょうゆをトッピングして、園長先生へおすそ分けにも行きました。「月のうさぎにも届けられたらいいのにね～」と、お月様に思いをはせる子どもたちでした。

P122_04A P122_04B P122_04T

9月の挨拶 P122_05T

- 久しぶりにクラス全員がそろって、うれしそうな表情の子どもたち。友達や先生に話したいことがたくさんあって、にぎやかな○○組、今学期もどうぞよろしくお願いいたします。
- 運動会、発表会など楽しいことがたくさんある2学期。一つひとつの経験が子どもの大きな成長につながるよう、職員で力を合わせていきます。今学期もどうぞよろしくお願いいたします。
- 小麦色に日焼けした子どもたちの笑顔がまぶしいですね。休み中、シーンとしていた園庭ですが、元気いっぱいのにぎやかな笑い声が響くと、園に活気が戻ったようです。
- 秋の草花や自然のなかでの遊びも思いきり楽しめる季節です。じっくり取り組む遊び、心も体も開放できる遊び、両方を楽しんでいきたいと思っています。

秋の虫と友達 P122_06T

- スズムシが、涼しげな羽音を奏でて楽しませてくれます。子どもたちは、10月の産卵成功を目標に飼育中です。
- 秋に鳴く虫は、羽をすり合わせて音を出します。ほんの少し立ち止まり、耳を澄ましてみると、「秋の虫音楽隊」の合奏が聞こえてくるかもしれません。

9月の子どもの様子 P122_07T

- 夏の思い出話が、あちこちで聞こえてきます。楽しかった体験がもとになって、海ごっこやホテルごっこ、温泉ごっこなど、新しい遊びが生まれています。
- まだまだ水遊びブームが終わらないようで、外に行くときは「靴下・帽子・水鉄砲」をセットで準備。水鉄砲に水を入れる腕前も、初めの頃はかなりこぼしていましたが、今ではプロ級です。
- 園庭を走り回っておにごっこ。「暑い～！」と言って、汗びっしょりの子どもたちは、残暑が厳しくても元気いっぱいです。
- 秋の虫を探しに原っぱへ行きました。息を潜め、虫の声に耳を傾けます。つかまえようとする子どもと、必死で逃げる虫の追いかけっこでした。

食育 P122_08T

- 夏の疲れが出てきているようで、全体的に給食の進みが遅かったり、残す量が増えたりしています。水分補給をこまめに行いながら、無理をせずに、食欲の秋を待ちたいと思います。
- きのこの旬の到来とともに、大好きなきのこの歌を子どもたちが口ずさみ始めました。給食でもいろいろなきのこが出るたびに「これはシメジ！ これはシイタケ！」と、お皿の中でもきのこ狩りをしています。

このメッセージが見えるまで開くときれいにコピーすることができます。

いよいよ運動会

○日は、いよいよ運動会です。これまで体をたくさん動かして練習してきた子どもたち。元気いっぱいな姿を保護者の皆様にもご覧いただけるといいなと思います。当日に向けて、戸外での練習が増えます。水筒の持参をお願いする日もありますので、ご用意ください。

また、当日の姿だけでなく、練習の様子なども伝えていけたらと思います。

P123_01A　P123_01B　P123_01T

小さい秋、見っけ！

聞こえてくるのがセミの声から秋の虫の声にだんだんと変わりつつありますね。保育室では、夕方、窓の外の鳴き声に耳を澄ませて「あれはなんの音？」「コオロギの鳴き声かな？」と、虫の声当てクイズ大会が開かれています。今は保育者も保護者の方も、本物の秋の虫をあまり見ない世代になってきています。一緒に耳を澄ませて本物の虫の音を楽しんだり、図鑑を開いたり、散歩中に草むらを探したりして、知らないことを学んでいけるとよいですね。

P123_02A　P123_02B　P123_02T

秋の運動会　P123_03T

- 初めて、最初から最後まで参加する運動会。おうちの方と一緒に走ったり踊ったりすることを楽しみにしています。５歳児がクラスまで教えに来てくれた○○体操は、３歳児もお気に入りです。
- いろいろな大きさのボールを投げる遊びを楽しんできた４歳児。「運動会の玉入れ、がんばるぞ！」が合言葉になっています。遊んでいくうちに、どの位置から、どうやって投げるとよいか、こつをつかんだ子もいます。たくさんの応援をお願いします。
- 園生活最後の運動会に気合い十分の５歳児。自分たちの種目に加え、進行のお手伝いも担当しています。体操の手本を見せたり、用具の出し入れをしたり、立派に活躍しています。
- 「できないことができるようになる」達成感を、しっかり味わえた運動会でした。キラキラ輝く金メダルのような子どもたちの笑顔がすてきでしたね。

秋分の日　P123_04T

- 秋分の日は、昼と夜の長さがほぼ同じになるといわれています。この頃から徐々に昼が短くなり、冬に向かっていくのですね。日本ならではの四季の移り変わりを、子どもたちと感じていきたいと思っています。
- 秋分の日を中日とし、その前後３日間の７日間を「お彼岸」と呼びます。家族でお墓参りなどをして、命のつながりについて再確認し、感謝できるとよいですね。

お月見　P123_05T

- お月様でウサギがお餅つきをしているかも、と聞いた子どもたち。夕方になり、窓から月が見えると、耳を澄ませて「あ、聞こえた！」「ほんとだ！」と、盛り上がっていました。
- おだんご作りに挑戦しました。同じ大きさに丸めることも、お湯に入れてゆでることも大苦戦！ でも、お月見集会で活動が紹介されると、とてもうれしそうに作り方を説明していました。

防災の日　P123_06T

- ４月から繰り返し行ってきた避難訓練。最初は泣いてしまう子もいましたが、少しずつ慣れてきました。この合図は「地震かな？」「火事かな？」と、放送や保育者の指示を聞いて、自分でも考えて動けるよう練習を重ねていきます。
- 「おかしも」（おさない、かけない、しゃべらない、もどらない）を緊急避難時の約束にしています。火事の際は、ハンカチで口や鼻を覆いますので、ポケットに必ず入れておきましょう。
- ２学期の初めには、災害時の引き渡し訓練を行います。園までの道順、電車やバスが動かなかったときの方法など、さまざまなケースを想定し、保護者の皆様も訓練に参加していただきたいと思っております。

交通安全　P123_07T

- お巡りさんに、道路を渡るときは、運転手さんと目を合わせて「ここにいますよ」と気づいてもらうことが大切だと教わりました。戸外では「ここにいまーす」と言いながら渡っています。
- 「青信号は渡る、赤信号は止まる、では青が点滅したら？」の質問に「走って渡る！」と元気よく答えた子どもたち。あらためて「渡る前に青が点滅したら止まる」と話しました。
- 園外保育では、「斜め横断はだめだよね」「あれは、自転車横断帯！」と、交通安全教室で学んだことを話しながら歩く子どもたち。交通安全への意識の高まりを感じ、頼もしくなりました。

敬老の日　P123_08T

- 敬老の日のプレゼント作りをしました。おじいちゃん、おばあちゃんの好きな物を思い出して絵を描いたり、あいうえお表を見ながら「だいすき」と書いたり。思いが詰まったプレゼントができました。
- おじいちゃん、おばあちゃんと触れ合う会では、一緒に遊んだりおやつを食べたりしました。おじいちゃん、おばあちゃんのあたたかい雰囲気に、子どもたちも笑顔いっぱいでした。ご参加いただいた皆様、ありがとうございました。

0~2歳児クラス向け

夏の疲れにご注意を！

日中は汗ばむ気候ですが、朝夕の涼しさや、ときおり吹く風が心地よく、季節の変わり目を感じています。また、この時期は夏の疲れが見られるようになってきます。暑さで眠れなかったり、食欲が落ちてきたりと、生活リズムが乱れやすい時期です。体調に気を配り、ゆったりとした園生活を送っていきたいと思います。ご家庭でも、早寝・早起き・朝ごはんを心がけながら、元気に過ごせるようご協力をお願いいたします。

P124_01A　P124_01B　P124_01T

☆運動遊び☆

水遊びやプール遊びでたくさん体を動かした子どもたち。体つきや表情からも成長を感じます。夏の日ざしが和らぎ、外で遊ぶのがより一層楽しい季節になり、子どもたちが見つけてくる虫の顔ぶれにも変化を感じます。大きいお兄さん、お姉さんが運動会の練習で太鼓やダンス、かけっこをする姿を多く見かけます。○○組の友達もそれを見て踊ったり、椅子を太鼓に見立ててたたいてみたり、少し大きくなった体をたくさん動かして遊んでいます。

P124_02A　P124_02B　P124_02T

9月の挨拶　P124_03T

- 先日は、夏祭りにご参加いただきありがとうございました。楽しそうに盆踊りに参加したり、いろいろなお店を巡ったり、ご家族で楽しいひとときを過ごされたことと思います。
- 夏が終わり、さまざまな経験をした子どもたちは、またひと回り成長したように感じられます。
- 小麦色に焼けた肌の子どもたちは「今日もお水で遊ぶの？」と、まだまだ水遊びがしたい様子。今日もせっせとじょうろで水を運んで、砂場を海にして遊んでいます。
- 残暑厳しい日が続いていますが、夏を元気に過ごした子どもたちは、日に焼けてたくましく感じられます。
- まだ残暑が続いているかと思っていましたが、朝晩は涼しくなってきました。少しずつ秋の訪れを感じながら、秋探しができたらいいなと思っています。どんな収穫があるか楽しみです。
- 夏の名残で蒸し暑い日と、秋の兆しを運ぶしのぎやすい日が交互に訪れるこの時期は、体調を崩しやすいため、十分に注意していきましょう。

運動会　P124_04T

- 大きいクラスの運動会の練習が始まり、最初は「なんだろう？」とびっくりしていた子どもたち。今では音楽が聞こえてくると立ち上がり、リズムをとって踊り始める姿も見られます。
- 運動会に向けて、靴を履いて戸外で体を動かす機会が増えています。乳幼児期は、骨や土踏まずが形成される大切な時期です。足にぴったり合った靴を選びましょう。
- 音楽が流れると踊り始める子どもたち。終わってしまうと「次は○○がいい！」とリクエスト。本番当日は、一生懸命な姿や、見られて緊張してしまう姿もあるかと思いますが、成長の一端です。あたたかく見守ってくださいね。
- 今年の運動会では「○○」の遊戯を親子で行う予定です。遊戯曲が流れると、自然と体を動かし始め、笑顔で行っています。当日も、普段通りの楽しんでいる姿が見られるとよいですね。

9月の子どもの様子　P124_05T

- 顔に水がかかると泣いていた子どもたちも、今は容器を上手に動かしながら水遊びを楽しめるようになりました。笑い声を聞きながら、日々成長する姿を頼もしく思っています。
- 輪になって遊んでいると、「入れてー」「いいよー」と自然に遊びの輪が広がり、大きな集団へと変化していきます。○○組での生活も半年経ち、仲間意識が芽生え始めています。
- 夏祭りが終わったあとも、かき氷屋さんや焼きそば屋さんなど、お店屋さんごっこが流行しています。「いらっしゃーい！」「イチゴ味ください！」など、言葉のやりとりも盛んに見られます。
- お座りが安定したり、伝い歩きができたりするようになってきました。動けることが楽しいようで、すてきな笑顔を見せてくれて、一人ひとりの成長を感じています。
- 夏の疲れが出てきたのか、室内の床でゴロゴロと寝転がりながら遊ぶ子の姿も見られます。

運動遊び　P124_06T

- 体操の曲が流れると、手拍子をしながら体を動かしている子どもたち。保育者とタッチをしたり、スキンシップを図ったりしながら、触れ合い遊びを楽しんでいます。
- 体を動かすのが大好きな○○組さん。はいはいで追いかけっこをしたり、マットでゴロゴロしたりと、元気に過ごしています。

食育　P124_07T

- 新米をはじめ、ブドウやナシ、クリなどの果物、サンマやきのこなどもおいしい季節ですね。体によい旬の食材をいただく喜びから、「いただきます」を伝えていきたいと思います。
- 保育者の「おいしいね」「○○食べたら大きくなれるよ！」のひと言で、モリモリ食べる子どもたち。気持ちに寄り添いながら、楽しい食事にしたいと思います。

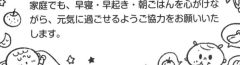

避難グッズの見直しを！

9月1日、「防災の日」には引き渡し訓練を行います。いざというときの避難手順を確認できるよう、ご協力をお願いいたします。先日お配りした引き渡しカードを持参のうえ、○時までに子どもの引き取りをお願いいたします。また、この機会に地域の避難場所も実際に歩いて確認し、避難グッズを見直してみましょう。飲料水、非常食、懐中電灯、充電器、ビニールシートなど、いざというときのためにしっかり備えておきたいですね。

P125_01A　P125_01B　P125_01T

9月9日は救急の日

「救急の日」は救急業務や医療に関する国民の正しい知識、認識を深め、救急医療関係者の意識向上を図ることが目的です。では、救急とはなんでしょう？ 急にたいへんなことが起こったときや、病気の人、けがをした人がいるときに応急手当てをすることです。知識をもっていれば、いざというとき、自分にできることがわかるため、地域や職場でも、救命講習などが実施されています。

P125_02A　P125_02B　P125_02T

敬老の日

毎年恒例となりました、近隣のおじいちゃんやおばあちゃんを招いての陶芸交流会を行います。みんなで一緒に土粘土の感触を楽しみたいと思います。子どもたちは、おじいちゃん、おばあちゃんと一緒に手形を押した置物を作る予定です。この交流で、子どもたちがおじいちゃんやおばあちゃんのゆったりとしたあたたかさや知識の豊かさを感じとってくれたらうれしいです。

P125_03A　P125_03B　P125_03T

秋分の日

秋分の日は、昼と夜の長さがほぼ同じになる日です。この日を境に、だんだんと夜の時間が長くなってきて、暑かった夏が終わりを告げ、徐々に秋らしさが感じられるようになってきます。澄んだ青空、心地よい空気、色づき始めた木の葉、ドングリなどの木の実、コオロギなどの虫の音…。戸外に目を向けて、子どもと一緒に、秋を探しに出かけてみてはいかがでしょうか。全身で秋の季節感を存分に味わいましょう！

P125_04A　P125_04B　P125_04T

敬老の日　P125_05T

- もうすぐ「敬老の日」です。○日には「元気で、いつまでも長生きしてください」という気持ちを込め、地域のおじいちゃん、おばあちゃんをお招きし、一緒に過ごす予定です。
- ２歳児クラスではおじいちゃん、おばあちゃんに、お手紙を送ります。作った作品とメッセージを封筒に入れ、実際にポストに投函に行きます。○日までに切手を貼った宛名入りの封筒をお持ち願います。

お月見　P125_06T

- 秋は空気が澄んで、夜空の月がさらに美しく見えます。子どもたちと砂場で「だーんごだんご、くっついた～」と歌いながら、おだんご作りを楽しみたいと思います。
- 「今日はウサギさんいるかな？」と、探し始める子どもたちは、最近の夕暮れどきが楽しみのようです。その日の月の形や色などについて話し、友達どうしの会話の広がりも感じます。

秋分の日　P125_07T

- 「秋のお彼岸」ともいわれる秋分の日。この頃から夜が長くなり、秋が深まっていきます。秋の夜長をのんびりと感じてみてはいかがでしょうか。

交通安全　P125_08T

- 交通安全教室が開催されます。横断歩道の渡り方や狭い道での歩き方など、交通安全について学びます。チャイルドシートの大切さについてのお話もあるので、保護者の皆様の参加もお待ちしています。
- 登降園時、駐車場から園までの移動の際は、必ずお子様と手をつないで歩いてください。

健康・生活　P125_09T

- ９月１日は「防災の日」です。いざというときのために、ご家庭でも防災用品や食料、水などの備蓄と点検をしてみてはいかがでしょうか。また、避難場所の確認も大切です。
- ９月９日は「救急の日」です。救急箱の中身を整理しましょう。ばんそうこう、ガーゼ、体温計、ピンセットなどの確認の他、薬品類は使用期限が切れていないかも点検しましょう。
- まだ、虫刺されの心配がありますので、戸外への散歩の場合は、しっかりと虫よけ対策をして出かけたいと思います。
- 疲れや寒暖の差から、体調を崩しやすい時期です。ほんの少しでも、お子様の体調に異変があったときは、必ずお知らせください。

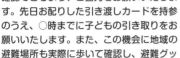

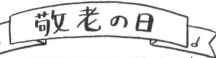

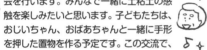

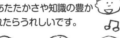

9月の行事

秋の運動会

P126_01

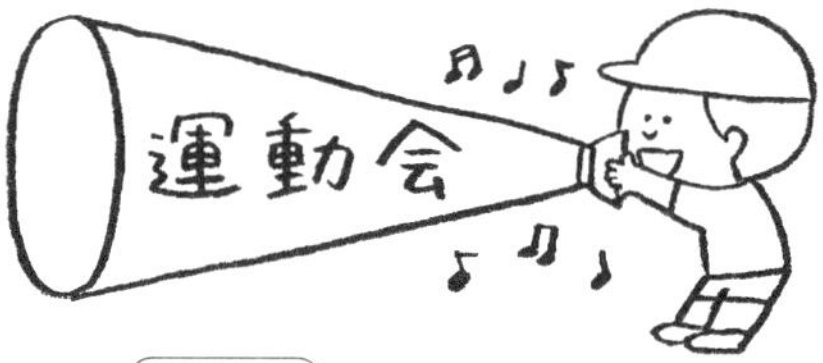

P126_02

P126_03

P126_04

P126_05

P126_06

P126_07

P126_08

P126_09

P126_10

P126_11

P126_12

P126_13

P126_14

P126_15

P126_16

P126_17

このメッセージが見えるまで開くときれいにコピーすることができます。

防災・避難訓練

P127_01

P127_02

P127_03

P127_04

P127_05

P127_06

P127_07

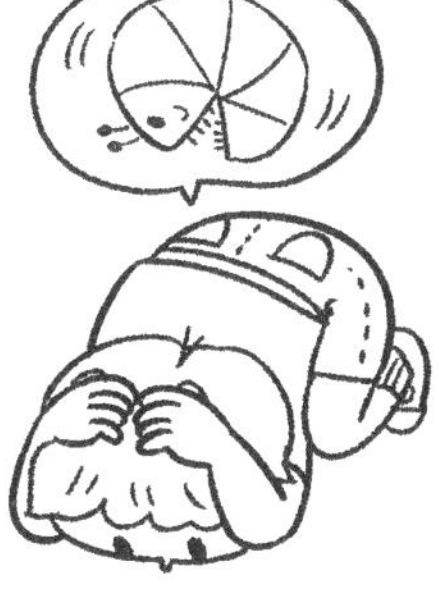
P127_08

P127_09

P127_10

P127_11

P127_12

お月見

P127_13

P127_14

P127_15

P127_16

P127_17

P127_18

P127_19

このメッセージが見えるまで開くときれいにコピーすることができます。

交通安全教室

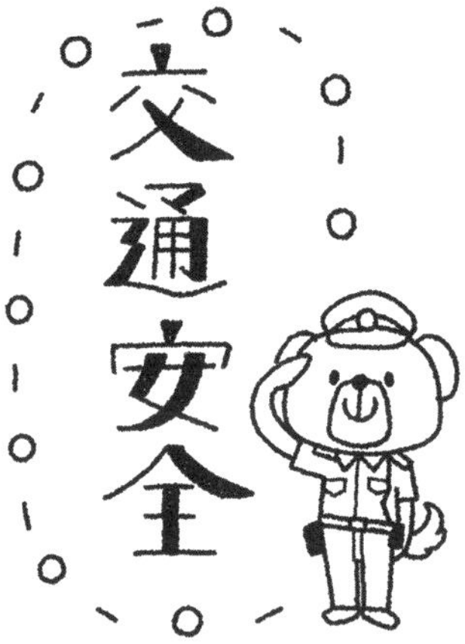

P128_01

P128_02

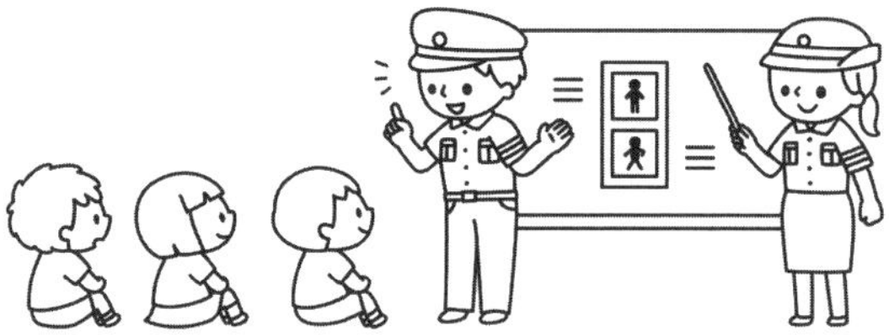

P128_03

P128_04

P128_05

P128_06

P128_07

P128_08

P128_09

P128_10

P128_11

P128_12

敬老の日

P128_13

P128_14

P128_15

P128_16

P128_17

P128_18

P128_19

このメッセージが見えるまで開くときれいにコピーすることができます。

このメッセージが見えるまで開くときれいにコピーすることができます。

誕生日

P129_01

P129_02

P129_03

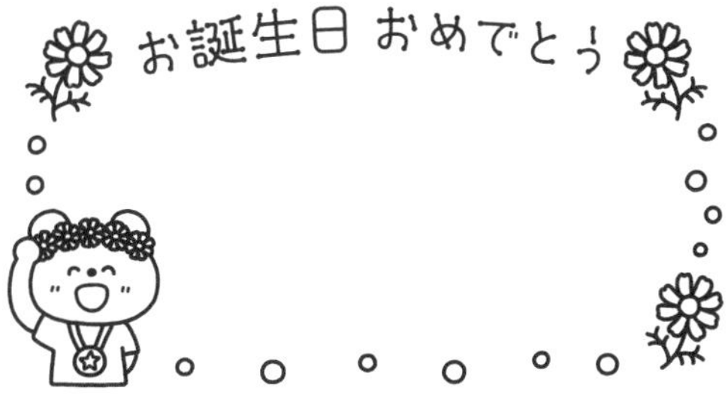

P129_04

P129_05

P129_06

P129_07

P129_08

P129_09

P129_10

P129_11

P129_12

P129_13

P129_14

P129_15

P129_16

P129_17

P129_18

P129_19

9月

子ども

3~5歳児

P130_01

P130_02

P130_03

P130_04

P130_05

P130_06

P130_07

P130_08

P130_09

P130_10

P130_11

P130_12

P130_13

P130_14

P130_15

P130_16

このメッセージが見えるまで開くときれいにコピーすることができます。

P131_01

P131_04

P131_02

P131_03

P131_07

P131_05

P131_06

P131_08

P131_09

P131_12

P131_10

P131_11

0～2歳児

P132_01

P132_02

P132_03

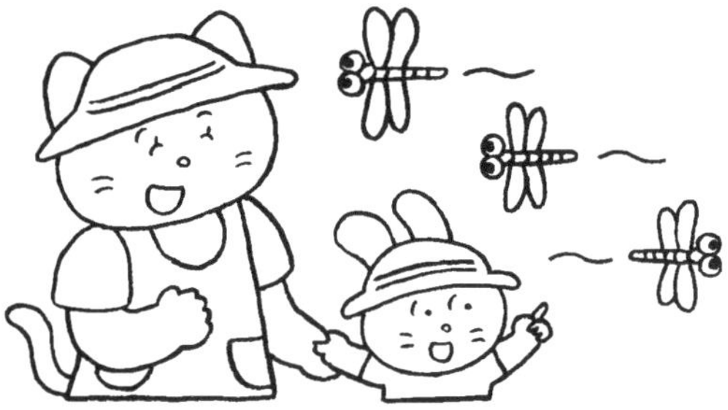
P132_04

P132_05

P132_06

P132_07

P132_08

P132_09

P132_10

P132_11

P132_12

P132_13

このメッセージが見えるまで開くときれいにコピーすることができます。

P133_01

P133_02

P133_03

P133_04

P133_05

P133_06

P133_07

P133_08

P133_09

P133_10

P133_11

P133_12

P133_13

P133_14

生活 健康

P134_01

P134_02

P134_03

P134_04

P134_05

P134_06

P134_07

P134_08

P134_09

P134_10

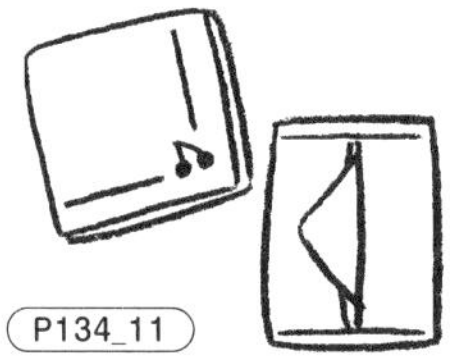
P134_11

P134_12

P134_13

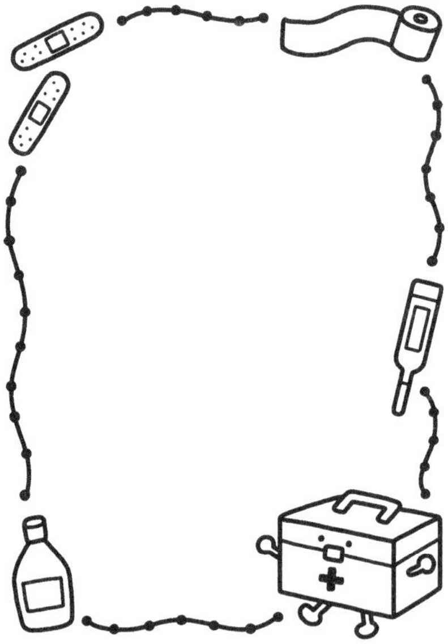
P134_14

P134_15

P134_16

タイトルフレーム

P135_01

P135_02

P135_03

P135_04

P135_05

P135_06

P135_07

P135_08

P135_09

P135_10

P135_11

P135_12

P135_13

P135_14

P135_15

P135_16

P135_17

P135_18

P135_19

P135_20

9月

このメッセージが見えるまで開くときれいにコピーすることができます。

P136_01

P136_02

P136_03

P136_04

P136_05

P136_06

P136_07

P136_08

P136_09

このメッセージが見えるまで開くときれいにコピーすることができます。

P137_01

P137_02

P137_03

P137_04

P137_05

P137_06

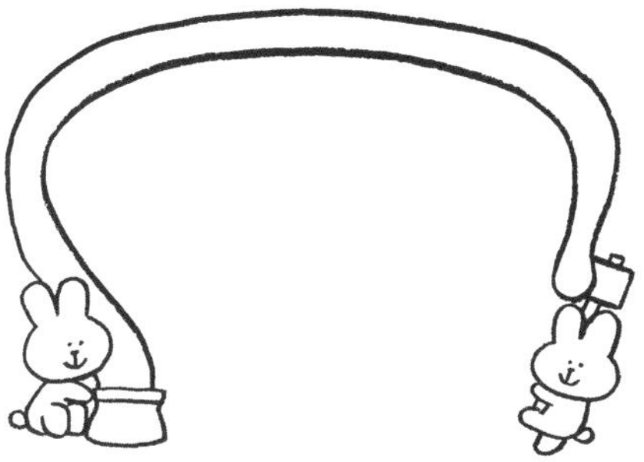
P137_07

P137_08

P137_09

P137_10

P137_11

P137_12

P137_13

P137_14

このメッセージが見えるまで開くときれいにコピーすることができます。

10月

テンプレート

10月のクラスだより

B4サイズ横を想定

行事は全て、
片側にまとめても。

文章やイラストで
季節感を伝えます。

10月 バンビぐみだより

令和◯◯年 10月

高くすがすがしい空の下で

夏にくらべて空気が乾燥しているので、空が高く澄んで見えますね。すがすがしい空の先まで届きそうなほど大きな子どもたちの笑い声が、園に響き渡っています。

お誕生日おめでとう

10月生まれのお友達

10月○日生まれ　○○○○さん
10月○日生まれ　○○○○さん
10月○日生まれ　○○○○さん

集めています

空き箱や紙袋、新聞紙などを集めています。ご協力よろしくお願いいたします。

10月の予定

- 10月○日　親子遠足
- 10月○日　スポーツの日
- 10月10日　目の愛護デー
- 10月○日　懇談会
- 10月○日　いも掘り
- 10月○日　ハロウィンお楽しみ会
- 10月31日　ハロウィン

秋の遠足

親子遠足が近づき、子どもたちがそわそわし始めました。「お弁当楽しみだね」「新しいリュックサックだよ」「大型バスってかっこいいね」と、話に花が咲いています。当日は、親子での触れ合い遊びやおやつとりゲームを予定しています。また、運動会を終え、仲間意識がぐんと高まってきた秋。友達の輪が広がり、関わり合いながら遊ぶ姿もお見逃しなく。

いも掘り

子どもたちがとても楽しみにしているいも掘り。「土の中に隠れているいもを見つけるぞ！」と、やる気満々です。土が硬かったり、幼虫が出てきて驚いたりと、数々の困難があると思います。それを乗り越え、たくさんのいもを掘りたいと思います。いもの形や大きさ、長さをくらべたり、重さを量ったりするのも、よい経験になるでしょう。

懇談会

○日○時より、バンビぐみの保育室で懇談会を行います。運動会以降の子どもたちの成長や今後の活動予定などについてお話しいたします。会の後半には、気軽なテーマでおしゃべりタイムを設ける予定です。「朝の起床や身支度」「食事」「おすすめの本」など身近な話題について話し合い、情報交換ができるといいなと思います。ご出席をよろしくお願いいたします。やむを得ずご欠席の場合は、担任までご連絡ください。

ハロウィン

街にハロウィンの飾りが増えてきました。オレンジ色、紫色、黒色など、普段、園では他の色に人気を奪われがち（!?）な色たちが主役になっています。子どもたちの間でも、紫色の人気が高まっていたり、色の組み合わせで「ハロウィンっぽい！」「オレンジと紫って、合うね」と気づいたりしています。季節や行事をきっかけに、色との出合いを楽しみながら、色彩感覚が豊かになるといいなと思っています。

P138_01

ご協力のお願いは、
吹き出しやフレームを利用して
目立たせて。

このメッセージが見えるまで開くときれいにコピーすることができます。

いも掘りのお知らせ

A4 サイズ縦を想定

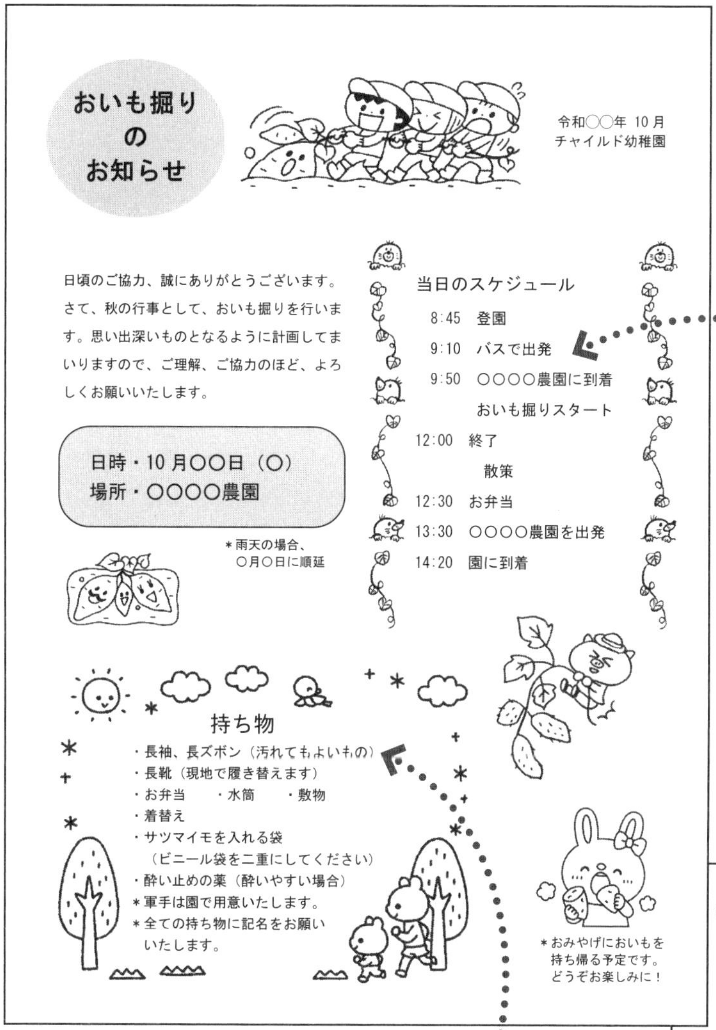

おいも掘り の お知らせ

令和◯◯年 10 月
チャイルド幼稚園

日頃のご協力、誠にありがとうございます。さて、秋の行事として、おいも掘りを行います。思い出深いものとなるように計画してまいりますので、ご理解、ご協力のほど、よろしくお願いいたします。

日時・10 月〇〇日（〇）
場所・〇〇〇〇農園

＊雨天の場合、〇月〇日に順延

当日のスケジュール

8:45　登園
9:10　バスで出発
9:50　〇〇〇〇農園に到着
　　　おいも掘りスタート
12:00　終了
　　　散策
12:30　お弁当
13:30　〇〇〇〇農園を出発
14:20　園に到着

持ち物

・長袖、長ズボン（汚れてもよいもの）
・長靴（現地で履き替えます）
・お弁当　・水筒　・敷物
・着替え
・サツマイモを入れる袋
（ビニール袋を二重にしてください）
・酔い止めの薬（酔いやすい場合）
＊軍手は園で用意いたします。
＊全ての持ち物に記名をお願いいたします。

＊おみやげにおいもを持ち帰る予定です。どうぞお楽しみに！

P139_01

当日の予定が明記してあると
安心感につながります。

どんなものを用意するか
書いておくと
伝わりやすくなります。

遠足のお知らせ

B5・A4 サイズ縦を想定

保護者各位

令和◯◯年 10 月
チャイルド保育園

遠足のお知らせ

10 月〇〇日（〇）
（雨天時は〇月〇日に順延）
空が高くなり、外遊びにぴったりの時期になりました。秋を探しに、友達と手をつないで〇〇〇公園に出かけます。
みんなでいろいろな秋を見つけましょう。

当日の予定

8:45　登園
9:00　徒歩で出発
9:30　〇〇〇公園に到着
　　　異年齢で秋探し
12:00　お弁当
12:30　同年齢で秋探し
　　　収穫物で製作
14:30　〇〇〇公園を出発
15:00　園に到着

持ち物

・動きやすい服装
・履き慣れた靴
・お弁当　・水筒
・お手拭き
・収穫物を入れる袋
・雨具

P139_02

当日の様子が
イメージできる
イラストを
配置しましょう。

忘れ物のないように
しっかり明記します。

文例&フレーム

3~5歳児クラス向け

P000_00A フレームと文例

P000_00B フレームのみ

P000_00T 文例のみ

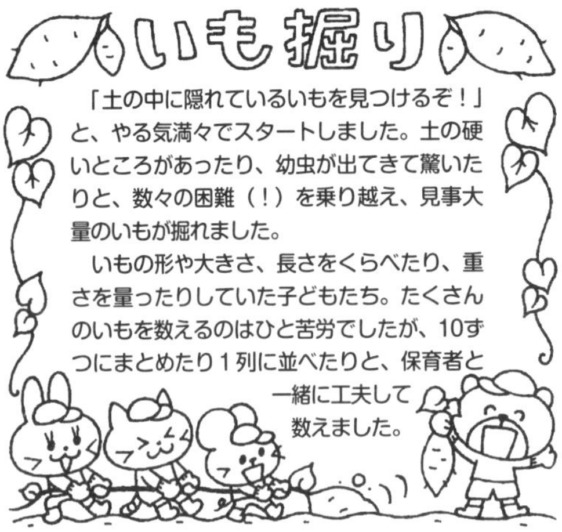
いも掘り
「土の中に隠れているいもを見つけるぞ！」と、やる気満々でスタートしました。土の硬いところがあったり、幼虫が出てきて驚いたりと、数々の困難（！）を乗り越え、見事大量のいもが掘れました。
いもの形や大きさ、長さをくらべたり、重さを量ったりしていた子どもたち。たくさんのいもを数えるのはひと苦労でしたが、10ずつにまとめたり1列に並べたりと、保育者と一緒に工夫して数えました。

P140_01A P140_01B P140_01T

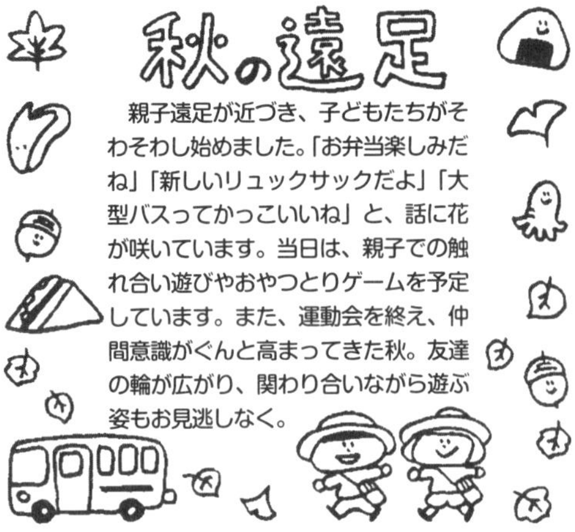
秋の遠足
親子遠足が近づき、子どもたちがそわそわし始めました。「お弁当楽しみだね」「新しいリュックサックだよ」「大型バスってかっこいいね」と、話に花が咲いています。当日は、親子での触れ合い遊びやおやつとりゲームを予定しています。また、運動会を終え、仲間意識がぐんと高まってきた秋。友達の輪が広がり、関わり合いながら遊ぶ姿もお見逃しなく。

P140_02A P140_02B P140_02T

10月の挨拶 P140_03T

- 食欲の秋、読書の秋、スポーツの秋、さまざまな秋がありますね。「先生は食欲の秋！」「やっぱり～！」「ぼくはスポーツの秋！」と、子どもたちと盛り上がりました。今年はどんな秋にしましょうか？
- 園庭で遊ぶ子どもたちの元気な声が、晴れた空に響き渡ります。外遊びが満喫できる秋は、運動遊びが充実する季節です。
- 吹く風に秋の気配が感じられるようになってきました。体を動かすのに心地よい季節ですね。運動会での経験が土台となり、子どもたちはさまざまに体を動かして遊んでいます。
- 夏にくらべて空気が乾燥しているので、空が高く澄んで見えますね。すがすがしい空の先まで届きそうなほど大きな子どもたちの笑い声が、園に響き渡っています。
- 秋を感じる歌には、食べ物が登場する歌が多く、みんなで歌うと「おなかがすいたね」という声が聞かれます。秋の味覚で栄養をたっぷりとって、元気に過ごせるといいですね。
- ナシ・カキ・リンゴ・イチジク・ブドウにキウイなど、秋はおいしい果物がいっぱいです。旬の食材を味わうことで、子どもの味覚は発達します。食欲の秋を満喫するのもよいですね。
- ひと雨ごとに気温が低くなり、秋から冬への移り変わりを肌で感じます。かぜをひく子も増えてきたので、こまめな手洗いやうがいで体調管理に留意したいと思います。

いも掘り P140_04T

- 3歳児は、5歳児が土だらけのいもを見せてくれると、「うわっ」「これなに？」とびっくりしたり、「本当にサツマイモかなあ？」と疑って（！）みたり…。「食べたいね」と、ちゃっかりおすそ分けを楽しみにしています。
- サツマイモといえば、長いつる！　葉を取って、縄跳びをしたり、綱引きをしたりしました。最後には、自分の顔くらいの輪にまとめて、リース作りをしました。しばらく干したあと、飾り付けをします。サツマイモを堪能した1日でした。

10月の子どもの様子 P140_05T

- 不安と期待にあふれていた春から、半年が過ぎました。「自分のことは自分で」を合言葉に、今では保育者が次の行動を伝えなくても進んで行動していて、頼もしい限りです。
- 白熱した5歳児のリレーをあこがれのまなざしで見ていた4歳児。運動会後は、リレー遊びが大人気です。バトンを持って力いっぱい走っています。
- 先日は、公園の坂道をコロコロ転がって遊びました。草だらけになりながら、何度も何度も繰り返す子どもたち。自然との触れ合いを大切にしながら、たくさん体を動かして遊んでいこうと思っています。
- 小さいクラスの友達の手を引いて散歩に出かけることが大好きな子どもたち。「車が通るから、こっちね」と、自分が車道側に移動して手をつなぎ直すなど、小さい子への思いやりが芽生えています。
- 「これはなんのドングリかな？」と、机の上にドングリ図鑑を開き、頭を突き合わせている子どもたち。自ら興味をもち、調べて理解する、という経験を大切にしたいですね。
- なんといっても○○組さんは食欲の秋！ 散歩の帰り道の話題は「今日の給食はなにかな？」。園についても「ただいま」の前に「おなかすいた！」。もりもり食べて心も体も健康そのものです。
- 折り紙のカボチャを飾ってのハロウィンパーティー。おばけが住んでいる家作りなど、ハロウィンのイメージから遊びが広がっています。作品展の経験も生きて、工夫して作る楽しさを味わっています。

食育 P140_06T

- 夏の収穫で落ちた種から新たに伸びたエダマメの芽を発見。寒くなると育たないかもしれないと伝えましたが、子どもたちの希望により育てることにしました。大切そうに水をあげる優しさにほっこりします。
- 河川敷の夏ミカンが黄色く色づいてきました。「どうして夏ミカンっていうのに今あるの？」と不思議そうな子どもたち。一緒に調べると「夏においしくなるから」だと判明しました。

このメッセージが見えるまで開くときれいにコピーすることができます。

ハロウィン

街にハロウィンの飾りが増えてきました。
オレンジ色、紫色、黒色など、普段、園では他の色に人気を奪われがち（!?）な色たちが主役になっています。子どもたちの間でも、紫色の人気が高まっていたり、色の組み合わせで「ハロウィンっぽい！」「オレンジと紫って、合うね」と気づいたりしています。季節や行事をきっかけに、色との出合いを楽しみながら、色彩感覚が豊かになるといいなと思っています。

P141_01A P141_01B P141_01T

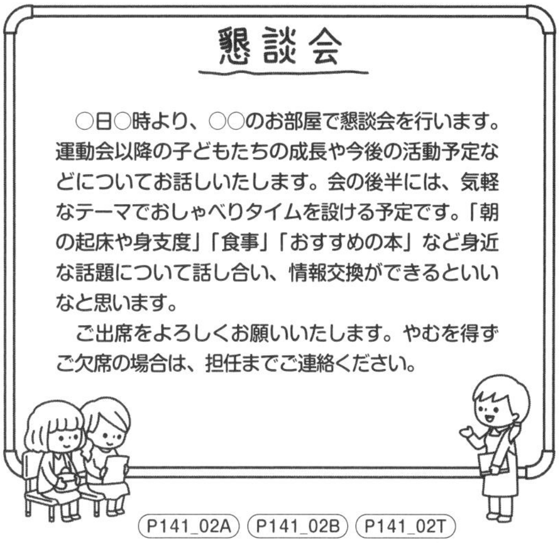

懇談会

○日○時より、○○のお部屋で懇談会を行います。運動会以降の子どもたちの成長や今後の活動予定などについてお話しいたします。会の後半には、気軽なテーマでおしゃべりタイムを設ける予定です。「朝の起床や身支度」「食事」「おすすめの本」など身近な話題について話し合い、情報交換ができるといいなと思います。
ご出席をよろしくお願いいたします。やむを得ずご欠席の場合は、担任までご連絡ください。

P141_02A P141_02B P141_02T

ハロウィン P141_03T

- ハロウィンが近づいてきました。今年は近くの老人施設に遊びに行く予定です。おじいちゃん・おばあちゃんにお菓子をもらっちゃおう！と、空き箱でお菓子バッグを作りました。当日はお菓子でいっぱいになるかな？
- ハロウィンに向け、仮装パーティーの準備をしています。カラーポリ袋をドレスにしたり、新聞紙でマントを作ったり！「○○ちゃんとおそろいにするの」とか「色違いにする？」と相談する姿も。楽しみですね！

秋の遠足 P141_04T

- バスの中ではクイズをしたり、歌を歌ったりして過ごしました。「この道、知っている！」「あ、○○のある所だ」と、窓からの景色も楽しんだ子どもたちです。
- 楽しみにしていた遠足。アスレチックでは難しいものにも挑戦し、「できた！」と満面の笑み。尻込みしている友達にも「一緒にやろう！」と、声をかける姿が見られました。

秋の味覚 P141_05T

- 秋といえば柿！ かぜ予防、美肌、疲労回復の効果があるといわれています。甘柿や干し柿のような実だけでなく、5～6月にとれた柿の葉茶はビタミンCが豊富で老化を防ぐ働きもあります。

読書週間 P141_06T

- 絵本が大好きな子どもたち。最近では小さい友達に先生のように読み聞かせをする姿も見られます。たまにはお子さんに読み聞かせをしてもらって、読書の秋を楽しんでみましょう。
- ひらがなが読めるようになってきた子もいて、絵本コーナーで過ごすことが多くなりました。ゆっくり絵本を読む習慣は就学後にも役立ちます。家族で読書タイムを設けてみましょう。

秋の自然遊び P141_07T

- ドングリや落ち葉を使って地面に絵を描いて遊びました。なかにはドングリでドングリの絵を描く子もいて、ちびっこ画伯たちは道具なんて選ばず、才能を爆発させていました。
- 秋の葉っぱを使い、こすり出しをして遊びました。「見て！ 模様が違うよ！」と、葉脈が植物の種類によって違うことに気づいた子どももいました。子どもの発見力はさすがです。
- 色づいた落ち葉や木の実、枝を集めてお店屋さんごっこ。きれいな葉は高価なようでも、「安くしてもらえませんか？」と交渉すると、「じゃあ1円でいいよ」と良心的なお店ばかりでした。

衣替え P141_08T

- 大人は寒くても子どもたちはまだ暑いようで、散歩で公園に着くと上着を脱いでしまうほどです。薄手の伸縮性がある衣類の着用と、汗をかいた際の着替えのご用意もお願いします。
- 去年は大きかった衣服も、もしかしたら小さくなっているかもしれません。園にストックする衣類は、一度ご家庭で試してからお持ちくださると助かります。
- 「先生、寒～い」と、半袖で遊んでいた○○組さん。「着替えておいで」と促しましたが、袋の中は半袖ばかり…。薄手の長袖や軽めの上着を入れておいていただけるとたいへん助かります。長ズボンのご用意もお願いします。

健康・生活 P141_09T

- クリ・カボチャ・キノコ・果物と、秋はおいしい物がたくさん。旬の食材を体に入れると元気になりますね。いつでもどんな物でも手に入る時代だからこそ、「旬」を大切にしたいですね。
- 10月10日は「目の愛護デー」。ゲーム機やスマートフォンの画面を見るのが日常化している現代ですが、子どもの目を守るためにも明るい場所で目を使うなど、生活を見直しましょう。

0~2歳児クラス向け

秋の遠足

普段の散歩で慣れ親しんでいる公園でも、ちょっとした工夫で、遠足気分を味わうことができます。

先日、葉っぱや木の実を拾いながら、いつもより長い道のりを歩きました。目的地の公園に到着した頃には疲れてしゃがみ込んでしまう子もいましたが、おやつが出てくると満面の笑みを浮かべ、元気を取り戻していました。子どもたちがおやつを食べている間に、保育者がひそかに拾った葉っぱや木の実で冠を作ると、「わーっ」と歓声が。帰り道はその冠をかぶり、足取りも軽やかに歩くことができました。

P142_01A P142_01B P142_01T

秋の自然遊び

青い空に、いわし雲。そして、街路樹の葉も色づき、いろいろな木の実も見られるようになり、戸外で遊ぶのに適した気候となりました。園庭にはトンボが空を舞い、子どもたちも「おーい！」「待ってー！」と、トンボと追いかけっこをしています。公園に遊びに行くと、落ち葉やススキに興味を示し、たくさんの秋を体中で味わっています。ぜひ、親子で散歩に出かけ、移り変わっていく秋を満喫してください。

P142_02A P142_02B P142_02T

製作遊び

子どもは遊びの天才です。絵の具を指につけたら紙にペタリ。楽しくなって両手でペタリ。足でペタリ。いつの間にかひげも生えていて、友達と顔を見合わせて笑っています。紙を破るのも大好きで「せんせー、わんわん」「バナナ！」と、なんにでも見えてきます。大人にとってはなんでもない物も、子どもたちにとっては作品です。一つひとつをじっくり見ていきたいですね。額に入れるとすてきなアート作品になりそうです。

P142_03A P142_03B P142_03T

絵本大好き

子どもたちは、絵本が大好きです。お気に入りの絵本に出会うと、毎日のように、「読んでー」と絵本を持ってきます。そして、読み聞かせが始まると、それまで泣いていた子もいつの間にか泣きやみ、お話の中に引き込まれたかのように目を輝かせて見ています。

読書の秋といわれているこの時期に、ご家庭でもぜひ、親子で一緒にお気に入りの絵本を探して、読んでみてはいかがでしょうか。

P142_04A P142_04B P142_04T

10月の挨拶 P142_05T

- 10月に入り、一段と空が高くなりました。過ごしやすい季節となり、子どもたちは園庭で思いきり体を動かしています。
- 「赤！」「黄色～」と、葉っぱや木の実の宝物集めをしたり、「よーいどん！」とかけっこをしたり。暑さが落ち着き、外で思いきり遊ぶ子どもたちは体力もついて、ますます元気いっぱいです。
- 過ごしやすいこの時期から薄着の習慣をつけて、冬に向けての健康づくりを行いたいと思います。
- 朝夕の送迎時と日中の活動時とでは気温差がありますので、健康面には十分注意していきたいと思います。
- 読書の秋、食欲の秋、スポーツの秋。お子さんと一緒にどんな秋を過ごすか、考えてみてはいかがでしょうか。
- 暑さも和らぎ、気持ちのよい秋晴れが続いています。一人ひとりに実りの秋の到来です。
- 実りの秋はおいしい食材がたくさん収穫されます。たくさん食べて、体をたくさん動かして、心も体も大きくなるこの時期の子どもたちと、今月もたくさん遊びたいと思います。

10月の子どもの様子 P142_06T

- 子どもたちは、公園の落ち葉のじゅうたんの上で寝転がったり、葉っぱが舞う様子を見たりして、秋の自然を満喫しています。
- 歩行が少しずつ安定し、園庭でも歩いて遊ぶようになりました。自分が興味を示した物に向かって一直線！ たくさんの刺激を受けています。
- あれこれおしゃべりをしながら遊ぶ2歳児さん。自分でやってみたいとチャレンジする1歳児さん。こんなこともできちゃうよと体を動かす0歳児さん。心も体も大きくなっていますね。
- 「○○したいのかな？」と相手の気持ちを考える2歳児さんの姿に驚きました。一緒に過ごしてきた仲間との関わりが深まり、毎日すてきな成長を見せてくれています。
- 今月はいよいよ運動会です。2歳児クラスは、かけっこ、お遊戯、親子競技と盛りだくさん！ 当日は、子どもたち、保護者の皆様が、笑顔で元気に来てくださることを楽しみに待っています。

このメッセージが見えるまで開くときれいにコピーすることができます。

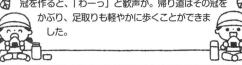

10月10日は目の愛護デー

子どもの目は、6～7歳になる頃まで成長し続けます。発育途中のこの時期には見る力を育てるポイントがあります。（1）日中は日の光を浴び、夜は暗くして眠ることで、明るさと暗さのメリハリをつける。（2）広い空間で体と目を動かすことで、眼球・視神経・脳の発達を促す。（3）動き、サイズ、遠近感などを感じられるいろいろな物を見る体験をして刺激を受ける。お子さんと一緒に、普段の生活を見直してみましょう。

P143_01A　P143_01B　P143_01T

ハロウィン

お散歩中や園内でハロウィンの飾りを見つけると「カボチャ」「おばけ、いた」と教えてくれます。また、絵本を読んでいるうちに、「トリック・オア・トリート」の合言葉も覚えました。当日はみんなで作ったお面と、かぼちゃのおばけの仮装をして園長のもとへ。保育者と一緒に「トリック・オア・トリート！」と元気よく言えました。「驚かすの上手だね」とお菓子をもらえて、うれしそうな子どもたちでした。

P143_02A　P143_02B　P143_02T

秋の行事　P143_03T

- いつもの散歩先に「お弁当を持って行こう！」と提案すると、子どもたちは大喜び。「お弁当なにかな～？」「どうやって食べるのー？」とわくわく。外で食べるごはんは特別でした。
- 「うんとこしょ、どっこいしょ」「大きいね～」「できな～い」と、あちこちで聞こえる声。友達と協力し合う子。抜いた所をずっと掘っている子。どの子も楽しみながら、真っ黒になっておいもを収穫しました。

秋の遠足　P143_04T

- 保育者や友達と手をつないで歩くことが上手になった子どもたち。遠足の行き帰りもおしゃべりや道草を楽しんでいました。
- 親子遠足への参加とお弁当の準備をありがとうございました。秋晴れのなかのレクリエーションはいかがでしたか？ お父さん、お母さんの白熱する姿と子どもたちの笑顔は最高でした。

製作遊び　P143_05T

- 運動会に向けて、万国旗を製作しました。好きな色や形のシールをぺたぺた！ みんなで作った万国旗が、青空に映えて運動会をさらに盛り上げてくれるでしょう。
- 素材に触れる、音や匂いを感じる、ただ見つめる。0～2歳の子どもたちの「これなんだろう？」という興味・関心は、すてきな発見の始まりです。

異年齢保育　P143_06T

- 4・5歳児が中心になって行う「お店屋さんごっこ」に参加しました。撮影スタジオでは、ヒーローやお姫様の衣装を着て、かわいいポーズをとっていました。
- 3歳児や4歳児と手をつないでの散歩は、いつもより足取りが軽くなるようで、坂道も楽しんで歩いています。
- 大きい子たちはあこがれの存在です。散歩の準備をまねてみたり、虫を一緒に観察してみたり、大きい椅子に座ろうとしたり…。一緒にいる時間が子どもたちを成長させてくれます。

ハロウィン　P143_07T

- 布をかぶるとおばけに、ステッキを持つと魔女にと、思い思いに変身。「トリック・オア・トリート！」の声とともに、ハロウィンパーティーが始まりました。お兄さん、お姉さんにお菓子をもらい、大満足の表情でしたよ。

秋の自然物遊び　P143_08T

- 拾ってきたいろいろな形の葉っぱを見せ、「なにに見える？」と尋ねると、動物、虫、乗り物など、さまざまなかわいらしい答えが返ってきます。
- ペットボトルにドングリを入れたマラカスが大人気！ 音楽に合わせて、元気いっぱいに演奏をしています。

衣替え　P143_09T

- 朝夕は少し涼しくなってきましたね。保育室は暖かいので薄着で過ごせますが、外に出るときは薄い上着で調節をしていきますので、ご準備をお願いします。
- 汗をかきやすい子どもたちの様子に合わせ、体温調節ができるよう、半袖と長袖の準備をお願いします。あわせて、名前が消えていないかの確認もお願いします。

食育　P143_10T

- 秋といえば「食欲の秋」！ 自分でスプーンを使って、もりもり食べています。お皿に残ったごはんを「集まれー」と寄せ集めて食べ、ピカピカのお皿をうれしそうに見せてくれます。
- 2歳児さんを中心に、夏から育てた野菜をとりに行きました。自分で食べることが上手になった0・1歳児さんにも「おいしいよ～」と分けてあげていました。
- 4・5歳児が育てたお米の収穫祭がありました。ラップフィルムに包まれたおにぎりをおいしそうに食べ、いつも以上に食欲旺盛な様子が見られました。

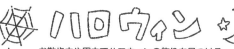

10月の行事

秋の遠足

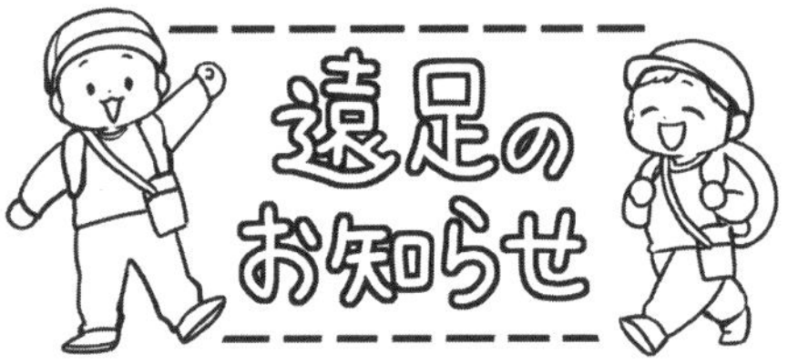

P144_01

P144_02

P144_03

P144_04

P144_05

P144_06

P144_07

P144_08

P144_09

P144_10

P144_11

P144_12

P144_13

P144_14

P144_15

このメッセージが見えるまで開くときれいにコピーすることができます。

ハロウィン

P145_01

P145_02

P145_03

P145_04

P145_05

P145_06

P145_07

P145_08

P145_09

P145_10

P145_11

P145_12

P145_13

P145_14

P145_15

P145_16

P145_17

P145_18

P145_19

このメッセージが見えるまで開くときれいにコピーすることができます。

いも掘り

P146_01

P146_02

P146_03

P146_04

P146_05

P146_06

P146_07

P146_08

P146_09

スポーツ・読書の秋

P146_10

P146_11

P146_12

P146_13

P146_14

P146_15

P146_16

P146_17

このメッセージが見えるまで開くときれいにコピーすることができます。

誕生日

P147_01

P147_02

P147_03

P147_04

P147_05

P147_12

P147_13

P147_06

P147_07

P147_08

P147_09

P147_10

P147_11

P147_14

P147_15

P147_16

P147_17

子ども

3~5歳児

P148_01

P148_02

P148_03

P148_04

P148_05

P148_06

P148_07

P148_08

P148_09

P148_10

P148_11

P148_12

P148_13

P148_14

P149_01

P149_02

P149_03

P149_04

P149_05

P149_06

P149_07

P149_09

P149_08

P149_11

P149_10

P149_12

P149_13

0～2歳児

P150_01

P150_02

P150_03

P150_04

P150_05

P150_08

P150_06

P150_07

P150_09

P150_10

P150_11

P150_12

P150_13

このメッセージが見えるまで開くときれいにコピーすることができます。

このメッセージが見えるまで開くときれいにコピーすることができます。

P151_01

P151_02

P151_03

P151_04

P151_05

P151_06

P151_07

P151_08

P151_09

P151_10

P151_11

P151_12

P151_13

生活 健康

P152_01

P152_02

P152_03

P152_04

P152_05

P152_06

P152_07

P152_08

P152_09

P152_10

P152_11

P152_12

P152_13

P152_14

P152_15

P152_16

P152_17

このメッセージが見えるまで開くときれいにコピーすることができます。

タイトルフレーム

10月
P153_01

10月
P153_02

10月の予定
P153_03

10月の予定
P153_04

だより
P153_05

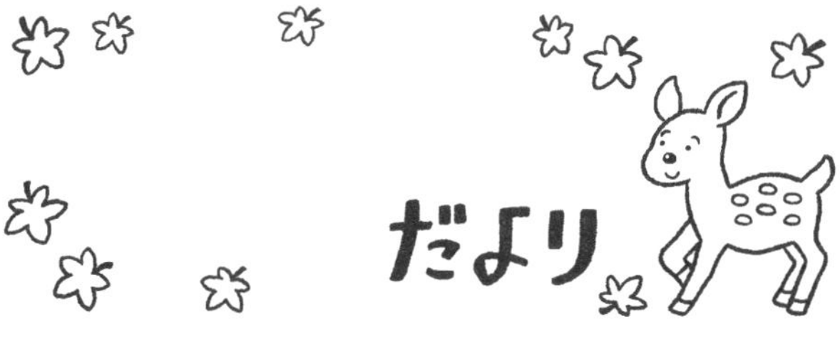
だより
P153_06

衣替え
P153_07

P153_08

P153_09

お知らせ
P153_10

お知らせ
P153_11

お知らせ
P153_12

今月のこんだて
P153_13

集めています
P153_14

集めています
P153_15

ご協力ください!
P153_16

お知らせください
P153_17

乞うご期待!
B
P153_18

わくわく!
P153_19

ぜひ
ご家庭でも!
P153_20

おすすめです
P153_21

このメッセージが見えるまで開くときれいにコピーすることができます。

10月

P154_01

P154_02

P154_03

P154_04

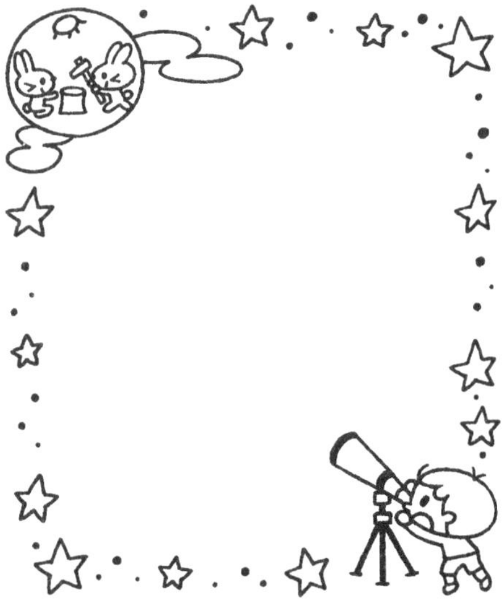

P154_05

P154_06

P154_07

P154_08

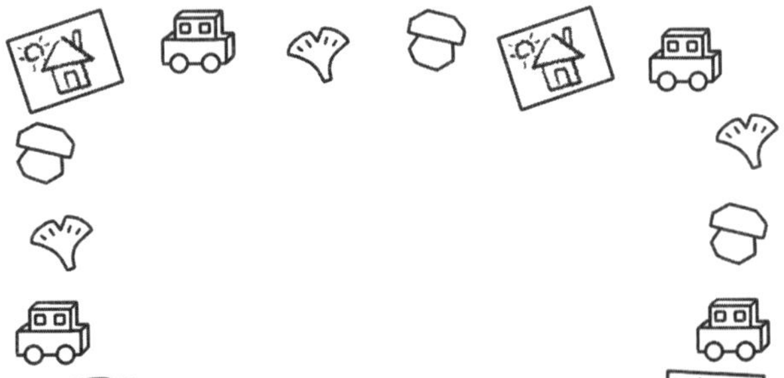

P154_09

このメッセージが見えるまで開くときれいにコピーすることができます。

P155_01

P155_02

P155_03

P155_04

P155_05

P155_06

P155_07

P155_08

P155_09

P155_10

P155_11

P155_12

P155_13

P155_14

P155_15

11月

テンプレート

行事の予定と主な内容を、
まとめて掲載すると
伝わりやすくなります。

11月のクラスだより

B4サイズ横を想定

文章に合うイラストを
配置しましょう。

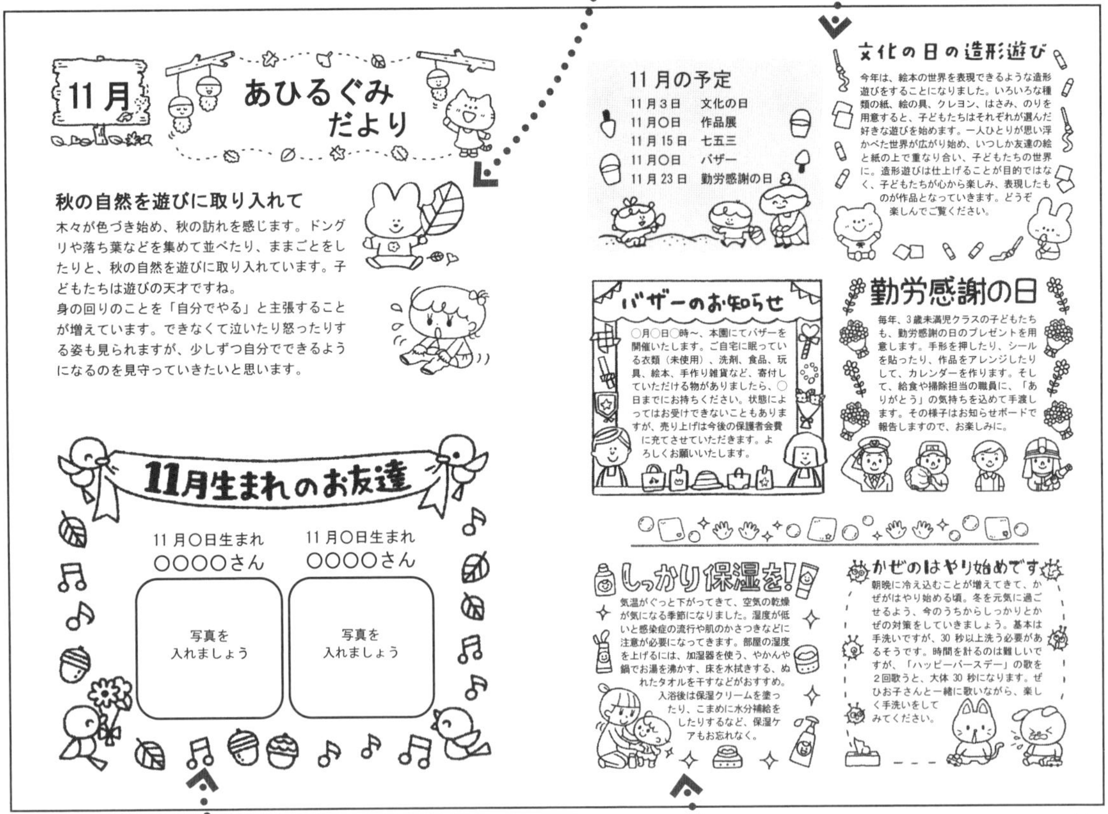

11月 あひるぐみ だより

秋の自然を遊びに取り入れて

木々が色づき始め、秋の訪れを感じます。ドングリや落ち葉などを集めて並べたり、ままごとをしたりと、秋の自然を遊びに取り入れています。子どもたちは遊びの天才ですね。
身の回りのことを「自分でやる」と主張することが増えています。できなくて泣いたり怒ったりする姿も見られますが、少しずつ自分でできるようになるのを見守っていきたいと思います。

11月生まれのお友達

11月〇日生まれ
〇〇〇〇さん
写真を
入れましょう

11月〇日生まれ
〇〇〇〇さん
写真を
入れましょう

11月の予定

11月3日　文化の日
11月〇日　作品展
11月15日　七五三
11月〇日　バザー
11月23日　勤労感謝の日

文化の日の造形遊び

今年は、絵本の世界を表現できるような造形遊びをすることになりました。いろいろな種類の紙、絵の具、クレヨン、はさみ、のりを用意すると、子どもたちはそれぞれが選んだ好きな遊びを始めます。一人ひとりが思い浮かべた世界が広がり始め、いつしか友達の絵と紙の上で重なり合い、子どもたちの世界に。造形遊びは仕上げることが目的ではなく、子どもたちが心から楽しみ、表現したものが作品となっていきます。どうぞ楽しんでご覧ください。

バザーのお知らせ

〇月〇日〇時～、本園にてバザーを開催いたします。ご自宅に眠っている衣類（未使用）、洗剤、食品、玩具、絵本、手作り雑貨など、寄付していただける物がありましたら、〇日までにお持ちください。状態によってはお受けできないこともありますが、売り上げは今後の保護者会費に充てさせていただきます。よろしくお願いいたします。

勤労感謝の日

毎年、3歳未満児クラスの子どもたちも、勤労感謝の日のプレゼントを用意します。手形を押したり、シールを貼ったり、作品をアレンジしたりして、カレンダーを作ります。そして、給食や掃除担当の職員に、「ありがとう」の気持ちを込めて手渡します。その様子はお知らせボードで報告しますので、お楽しみに。

しっかり保湿を！

気温がぐっと下がってきて、空気の乾燥が気になる季節になりました。湿度が低いと感染症の流行や肌のかさつきなどに注意が必要になってきます。部屋の湿度を上げるには、加湿器を使う、やかんや鍋でお湯を沸かす、床を水拭きする、ぬれたタオルを干すなどがおすすめ。入浴後は保湿クリームを塗ったり、こまめに水分補給をしたりするなど、保湿ケアもお忘れなく。

かぜのはやり始めです

朝晩に冷え込むことが増えてきて、かぜがはやり始める頃。冬を元気に過ごせるよう、今のうちからしっかりとかぜの対策をしていきましょう。基本は手洗いですが、30秒以上洗う必要があるそうです。時間を計るのは難しいですが、「ハッピーバースデー」の歌を２回歌うと、大体30秒になります。ぜひお子さんと一緒に歌いながら、楽しく手洗いをしてみてください。

P156_01

誕生児の写真を入れると
いきいきとした印象に。

3歳未満児クラスには、特に
健康・衛生に関することを
伝えていきましょう。

このメッセージが見えるまで開くときれいにコピーすることができます。

11月のクラスだより

A4サイズ縦を想定

11月

きりんぐみだより

令和〇〇年11月〇日
チャイルド保育園
担当：〇〇〇〇〇

秋の実りを遊びに取り入れて

ドングリや落ち葉、まつぼっくりなど、秋の自然物が豊かになりました。まつぼっくり人形作り、落ち葉アートやフロッタージュなど、遊びの幅が広がり、保育にワクワク感を添えています。

11月の行事

11月3日　文化の日
11月〇日　作品展
11月〇日　七五三パーティー
11月〇日　バザー
11月23日　勤労感謝の日

冬が始まりました

11月〇日は「立冬」で、暦の上では冬が始まります。朝晩、戸外に出ると手の冷たさを感じる日が増えてきました。とはいえ、日中、たくさん運動遊びをすると、子どもたちからは「なんだか暑い！」という声が聞こえてきます。調節できる衣服の着用にご協力をお願いいたします。また、長いタイツやスパッツなどは、お子さんによって、活動しにくいことがあります。寒さに負けない体づくりのために、厚着をしすぎないようにしましょう。

七五三

〇月〇日に、七五三のお祝いパーティーをします。顔写真を貼った画用紙に、自分が着たい着物、ドレス、好きなヒーローのスーツなどの絵を描き、夢がいっぱい詰まった衣装を完成させます。記念撮影会は、思い思いのポージングで。七五三は、元気に大きくなってくれたことに感謝するお祝いです。これからも、健やかな成長を全力でサポートしていきます。

絶賛準備中！
お店屋さんごっこ

毎年、お店屋さんごっこが盛り上がるシーズンです。どんなお店にするかみんなで話し合って決め、商品を作っていきます。おすし屋さんやピザ屋さん、ケーキ屋さん、花屋さん、おもちゃ屋さん…。品物が本物さながらの出来栄えになります。廃材を商品に変身させる発想力はすてきですね。段ボールで、お店の看板も作ります。近くにお越しの際は、ぜひお立ち寄りください。

お誕生日おめでとう
11月生まれのお友達
11月〇日生まれ
〇〇〇〇さん
11月〇日生まれ
〇〇〇〇さん

P157_01

この年齢ならではの行事についても紹介しましょう。

盛り上がっている遊びのことを伝えましょう。

作品展のご案内

B5・A4サイズ縦を想定

保護者各位

令和〇〇年 11月
チャイルド幼稚園

作品展ご案内

日時・11月〇日（〇曜日）
9時～12時
場所・チャイルド幼稚園ホール

今年度は「〇〇〇〇」をテーマに作品作りをしました。みんなの知識が大集結した〇〇〇〇を、ぜひお子さまと一緒にご覧ください。

グループ製作では、色や形、作り方を相談して、大きな段ボールを組み合わせて作りました。相談や協力することの大変さも楽しさも感じられたようです。

おねがい

＊靴は、袋に入れてお持ちください。
ビニール袋の持参をお願いします。
＊園には駐車場がありません。車でのご来園はご遠慮ください。
（車でご来場の際は、近くのコインパーキングをご利用ください）
＊ご家庭で必ず検温してきてください。
＊体調が悪い方は、来園を控えてくださいますようお願いします。

ありがとうございました
空き箱や紙袋、新聞紙などの収集へのご協力、ありがとうございました。おかげさまで、たくさんの材料のなかから子どもたちが必要な物を選び、試行錯誤しながら作る経験ができました。またお声がけした際には、よろしくお願いいたします。

P157_02

テーマ、内容について事前にお伝えします。

感謝の気持ちもしっかり伝えましょう。

3~5歳児クラス向け

文例&フレーム

P000_00A フレームと文例
P000_00B フレームのみ
P000_00T 文例のみ

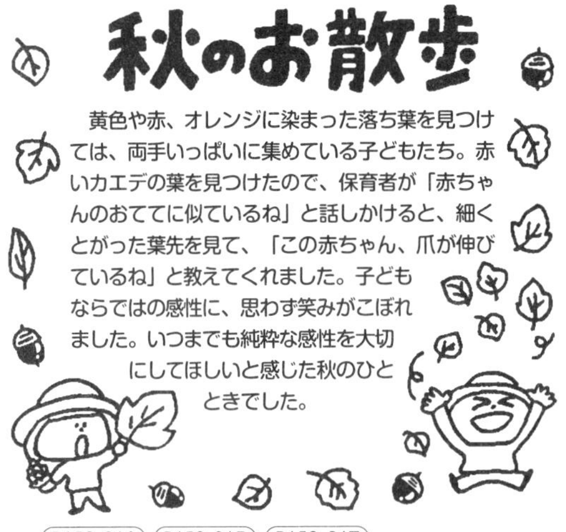

秋のお散歩

黄色や赤、オレンジに染まった落ち葉を見つけては、両手いっぱいに集めている子どもたち。赤いカエデの葉を見つけたので、保育者が「赤ちゃんのおててに似ているね」と話しかけると、細くとがった葉先を見て、「この赤ちゃん、爪が伸びているね」と教えてくれました。子どもならではの感性に、思わず笑みがこぼれました。いつまでも純粋な感性を大切にしてほしいと感じた秋のひとときでした。

P158_01A P158_01B P158_01T

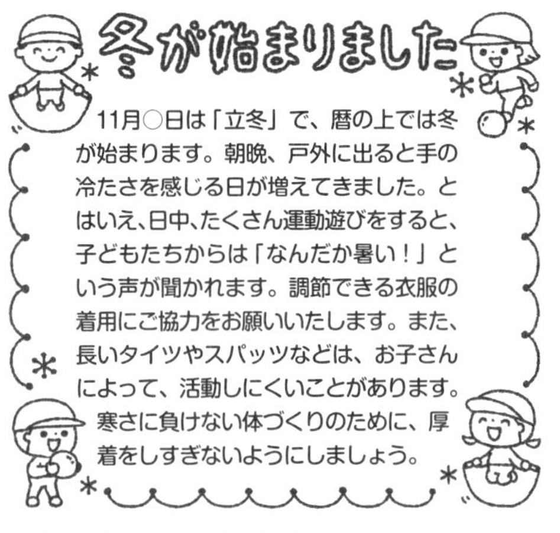

冬が始まりました

11月○日は「立冬」で、暦の上では冬が始まります。朝晩、戸外に出ると手の冷たさを感じる日が増えてきました。とはいえ、日中、たくさん運動遊びをすると、子どもたちからは「なんだか暑い！」という声が聞かれます。調節できる衣服の着用にご協力をお願いいたします。また、長いタイツやスパッツなどは、お子さんによって、活動しにくいことがあります。寒さに負けない体づくりのために、厚着をしすぎないようにしましょう。

P158_02A P158_02B P158_02T

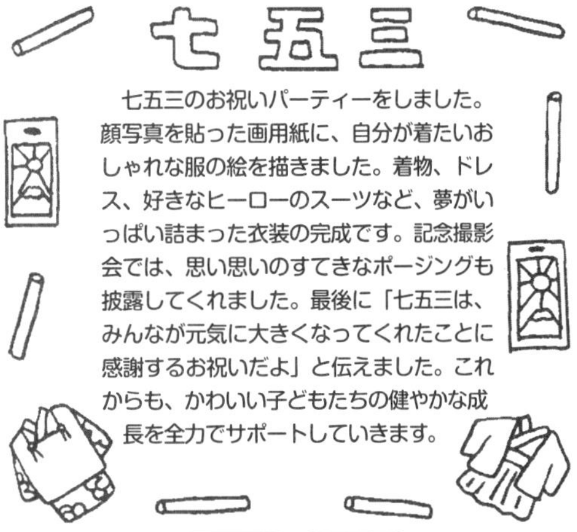

七五三

七五三のお祝いパーティーをしました。顔写真を貼った画用紙に、自分が着たいおしゃれな服の絵を描きました。着物、ドレス、好きなヒーローのスーツなど、夢がいっぱい詰まった衣装の完成です。記念撮影会では、思い思いのすてきなポージングも披露してくれました。最後に「七五三は、みんなが元気に大きくなってくれたことに感謝するお祝いだよ」と伝えました。これからも、かわいい子どもたちの健やかな成長を全力でサポートしていきます。

P158_03A P158_03B P158_03T

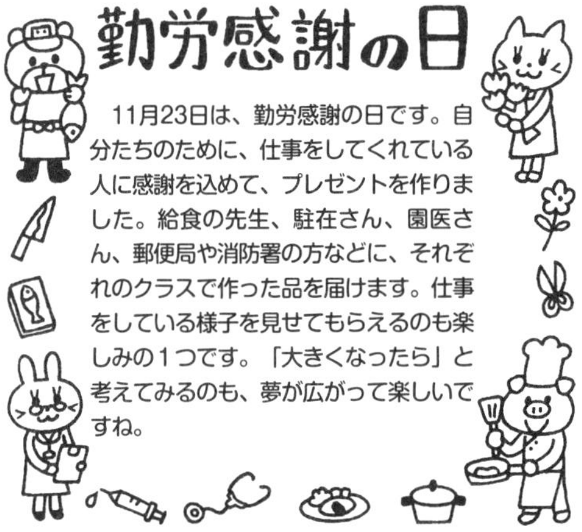

勤労感謝の日

11月23日は、勤労感謝の日です。自分たちのために、仕事をしてくれている人に感謝を込めて、プレゼントを作りました。給食の先生、駐在さん、園医さん、郵便局や消防署の方などに、それぞれのクラスで作った品を届けます。仕事をしている様子を見せてもらえるのも楽しみの1つです。「大きくなったら」と考えてみるのも、夢が広がって楽しいですね。

P158_04A P158_04B P158_04T

11月の挨拶 P158_05T

- 木の葉がはらはらと舞い落ち、秋らしさを目でも楽しめる季節になってきました。散歩へ行くたびに落ちる葉を見てつかまえようとする子どもたちは、まるで踊っているようです。
- ドングリや落ち葉、まつぼっくりなど、秋の自然物が豊かになりました。まつぼっくり人形作り、落ち葉アートやフロッタージュなど、遊びの幅が広がり保育にワクワク感を添えています。
- 冬の入り口ですね。園では学年問わず、運動会で見た５歳児クラスのリレーが大はやり。これからの季節、体が温かくなる遊びをたくさん取り入れていきたいと思っています。

11月の子どもの様子 P158_07T

- 日ざしの和らぎとともに、子どもたちの運動量はぐんと増えています。縄跳びやおにごっこ、ドッジボールなど、園庭を走り回って元気いっぱいです。
- 少し長い話を聞けるようになりました。途中で言葉を挟まず、話の展開に目を輝かせて聞いている姿を見ると、絵本の読み聞かせにも力が入ります。
- 昼食のあとに、発表会で歌う曲のＣＤを流すと、全員での大合唱が始まりました。子どもたちの生活のなかに入ってきたとうれしくなりました。発表会では、すてきな歌声をお届けします。

七五三 P158_06T

- 「赤い着物を着たよ」「竜が描いてあった！」と、七五三のお参りや写真撮影の話でもちきりです。日々健康に過ごせていることに、あらためて感謝したいですね。
- 最近は「ちとせあめ作り」がブーム！ 画用紙を長い筒状にしてあめを作ったり、封筒に千代紙を貼って袋を作ったり。七五三のお祝いをする意味も、しっかりと理解しているようです。

勤労感謝の日 P158_08T

- 「働いている人への感謝の気持ちをもつ日」と子どもたちに伝えると、保護者の方への「ありがとう」の気持ちがたくさん出てきました。「おうちの人に伝えられるといいね」と話しましたので、子どもたちの言葉を聞いてみてください。
- 家族の仕事について話し合いをしました。おうちの方がどんな仕事をしているかを理解していてびっくり！ 最後に「みんなのお仕事は元気に園に来ることだよ」と話しました。

このメッセージが見えるまで開くときれいにコピーすることができます。

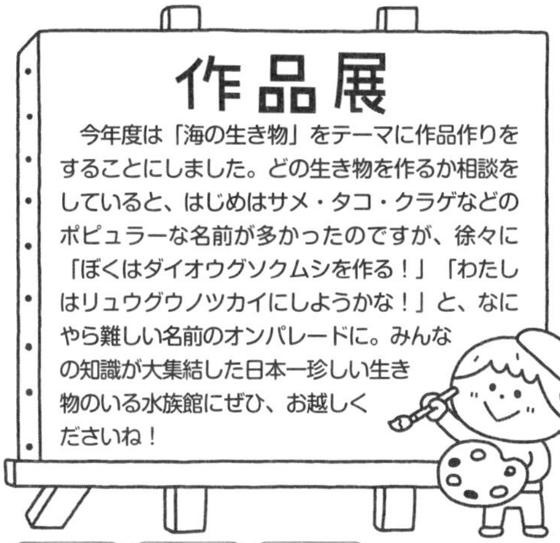
作品展
今年度は「海の生き物」をテーマに作品作りをすることにしました。どの生き物を作るか相談をしていると、はじめはサメ・タコ・クラゲなどのポピュラーな名前が多かったのですが、徐々に「ぼくはダイオウグソクムシを作る！」「わたしはリュウグウノツカイにしようかな！」と、なにやら難しい名前のオンパレードに。みんなの知識が大集結した日本一珍しい生き物のいる水族館にぜひ、お越しくださいね！

P159_01A　P159_01B　P159_01T

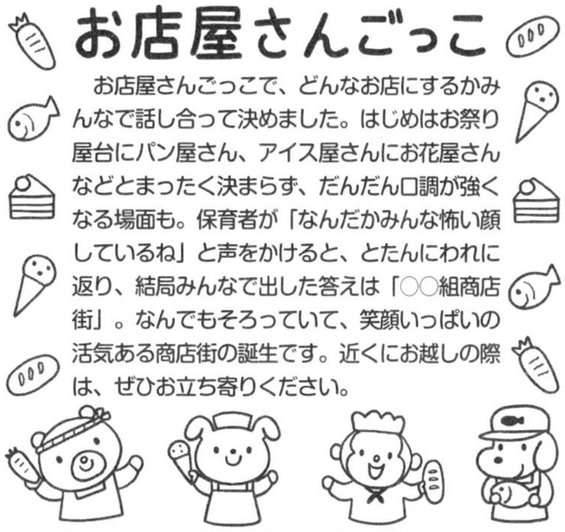
お店屋さんごっこ
お店屋さんごっこで、どんなお店にするかみんなで話し合って決めました。はじめはお祭り屋台にパン屋さん、アイス屋さんにお花屋さんなどとまったく決まらず、だんだん口調が強くなる場面も。保育者が「なんだかみんな怖い顔しているね」と声をかけると、とたんにわれに返り、結局みんなで出した答えは「○○組商店街」。なんでもそろっていて、笑顔いっぱいの活気ある商店街の誕生です。近くにお越しの際は、ぜひお立ち寄りください。

P159_02A　P159_02B　P159_02T

発表会に向けて
発表会に向けてクラスで話し合いを始めました。「みんなで踊りたい！」「絵本の○○がおもしろかったから、その劇はどう？」など、さまざまな意見が出ています。自分たちで話し合って決めたから、みんなで力を合わせよう、と臨めるよう見守っています。「このお話に決まったら台本作りをがんばらなきゃ…！」と、担任も意気込んでいます。子どもたちが決めたことを精いっぱいサポートし、一緒に楽しんで創り上げたいと思っています。

P159_03A　P159_03B　P159_03T

バザーのお知らせ
○～○日は、バザーです。品物の持ち寄りや陳列のご協力、ありがとうございます。今年も掘り出し物がいっぱいありそうです！ 園内掲示をよくご覧になり、ご参加ください。当日は、大勢の方の来園が予想されます。駐輪スペースの確保が困難なため、自転車での来園はご遠慮ください。また、小さいお子さまの安全管理もよろしくお願いいたします。

P159_04A　P159_04B　P159_04T

作品展　P159_05T

- グループ製作では、動物やバスを作りました。色や形、作り方を相談して設計図を描き、大きな段ボールを組み合わせていきました。相談や協力することのたいへんさも楽しさも感じられたようです。
- 空き箱や紙袋、新聞紙などの収集に、ご協力ありがとうございました。おかげさまで、たくさんの材料のなかから子どもたちが必要な物を選び、試行錯誤しながら作る経験ができました。またお声がけした際には、よろしくお願いいたします。

発表会に向けて　P159_06T

- 練習時間を作り、担当楽器を決めるオーディションをしました。みんなが納得して合奏できるよう話し合いもしました。本番に向け、より一層練習に力が入る子どもたちです。
- 段ボールに色を塗り、画用紙の葉っぱを切り、劇の大道具を子どもと一緒に製作中！ 主体的な活動が子どもを大きく成長させます。当日は、感動すること間違いなしです！

お店屋さんごっこ　P159_07T

- おすし屋さんやピザ屋さん、ケーキ屋さん、花屋さん、おもちゃ屋さん…。品物が本物さながらの出来栄えです。廃材を商品に変身させる、子どもの発想力はすてきですね。
- 「お店の看板もいるよね！」と、段ボールを探す子どもたち。「お客さん、いっぱい来るかな」と話す笑顔がすてきです。

食育　P159_08T

- かぜの予防に効果があるのはビタミンCとビタミンA。ビタミンAはカボチャやホウレンソウに、ビタミンCはリンゴやキウイなどに多く含まれています。体を温めるネギやショウガもおすすめ！ おいしく食べて元気に過ごしましょう。

健康・生活　P159_09T

- 空気が乾燥する季節。園でも加湿器を利用し、50～60%の湿度を心がけています。うがい・手洗い、マスク着用などでウイルスの感染予防対策をしながら、みんなが元気に過ごせるよう努めております。

このメッセージが見えるまで開くときれいにコピーすることができます。

0~2歳児クラス向け

文化の日の造形遊び

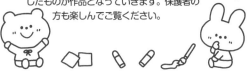

今年は、絵本の世界を表現できるような造形遊びをすることになりました。いろいろな種類の紙、絵の具、クレヨン、はさみ、のりを用意すると、子どもたちはそれぞれが選んだ好きな遊びを始めました。「あのお話の□□だよ」「△△作るよ」と、一人ひとりが思い浮かべた世界が広がり始め、いつしか友達の絵と紙の上で重なり合い、子どもたちの世界に。造形遊びは仕上げることが目的ではなく、子どもたちが心から楽しみ、表現したものが作品となっていきます。保護者の方も楽しんでご覧ください。

P160_01A P160_01B P160_01T

勤労感謝の日

毎年、3歳未満児クラスの子どもたちも、勤労感謝の日のプレゼントを用意しています。手形を押したり、シールを貼ったり、子どもの作品をアレンジしたりして、カレンダーを作ります。愛情いっぱいに作ってくれる給食の先生やお掃除をしてくれる先生に、「ありがとう」の気持ちを込めて手渡します。子どもたちの様子はお知らせボードで報告しますので、お楽しみに。

P160_02A P160_02B P160_02T

秋のお散歩

天気のよい日は園外へ出発！ 散歩の途中には、工事車両やさまざまな色の落ち葉を見つけて大興奮の様子でした。遊歩道に到着すると一目散に歩き始め、にこにこ笑顔でいっぱいになります。たくさんのドングリを拾っては、保育者に「見て～」と、見せに来てくれました。園に戻ると給食をもりもり食べ、ぐっすり眠る○○組さん。健康そのものです！ 今月もたくさん散歩に出かけていきたいと思います。

P160_03A P160_03B P160_03T

・保育参観・

秋を迎え、子どもたちの心も体も大きく成長しました。保育者や友達と大好きな遊びを楽しみながら生活している様子や、片づけの様子などを見てもらいたいと思っています。保育参観では甘えたい気持ちでいっぱいなので、いつもの姿は見てもらえないかもしれませんが、親子で取り組める触れ合い遊びや製作遊びで、一緒に楽しんでくださいね。

P160_04A P160_04B P160_04T

11月の挨拶 P160_05T

● 木々が色づき始め、秋の深まりを感じます。ドングリや落ち葉などを集めて並べたり、ままごとをしたりと、秋の自然を遊びに取り入れています。子どもたちは遊びの天才ですね。

● 朝晩が肌寒くなりましたが、園庭を走り回る子どもたちの額には、うっすらと汗が光っています。

● 立冬を迎え、暦の上では冬の季節となりましたが、気持ちのよい秋晴れが続いています。少しずつ寒さが増してくると思いますが、体調をしっかり整え、元気に過ごしていきましょう！

保育参観 P160_06T

● 参観日に、園でよく楽しんでいる触れ合い遊びを取り入れてみました。準備も不要で、遊びながらスキンシップがとれるので、ちょっとした待ち時間や夜寝る前などにもおすすめです。

● 当日は、保護者と一緒なのがうれしくて甘えたり、だっこを求めたりするかもしれません。無理に活動に加わらなくても大丈夫です。だっこをしながらなど、自由にご参加ください。

11月の子どもの様子 P160_07T

● 登園すると見に行ったり、泣いていると顔をのぞき込んだりと友達の姿が気になる様子。「タッチ」と手を合わせたり、「バイバイ」と手を振ったりと、やりとりも増えてきています。

● 保育者のまねをしながら、歌遊び、手遊びを楽しんでいます。リズムに乗って体を縦に揺らしたり、横に揺らしたりと、一人ひとりの動きがとても愛らしい子どもたちです。

● 簡単なルールのあるおにごっこを喜んでしています。捕まるとがっかりして涙が出ることもありますが、また、次の一歩へと走り出せる場面が多くなりました。遊びのなかで「がんばるぞ」の心が育っています。

● お花紙は低年齢児にも扱いやすく、色もきれいです。色とりどりのお花紙を丸めて袋に詰め、空気を入れて膨らますと「ふわふわバルーン」のできあがり！ ポンポンと飛ばして楽しみました。

● 身の回りのことを「自分でやる」と主張することが増えています。できなくて泣いたり怒ったりする姿も見られますが、少しずつ自分でできるようになるのを見守っていきたいと思います。

このメッセージが見えるまで開くときれいにコピーすることができます。

お店屋さんごっこ

今年度のお店は、○○屋さんと△△屋さん。店員になったお兄さん、お姉さんと紙のお金でやりとりをしながら、キラキラしたあこがれのまなざしで見つめている子どもたちでした。翌日から、○○組でもお店屋さんごっこが大流行！「いらっしゃいませー」と、店員になりきっています。経験したことを、すぐに遊びに取り入れられるほど、観察力が高まっています。おうちでもぜひ、お店屋さんごっこを楽しんでみてください。

(P161_01A) (P161_01B) (P161_01T)

バザーのお知らせ

○月○日○時～、本園にてバザーを開催いたします。おうちに眠っている不用品など、寄付していただける物がありましたら、○日までにお持ちください。例として、衣類（未使用）、洗剤、食品、玩具、絵本、手作り雑貨などがありますが、品物の状態によってはお受けできないこともあります。売り上げは、今後の保護者会費に充てさせていただきます。よろしくお願いいたします。

(P161_02A) (P161_02B) (P161_02T)

かぜのはやり始めです

朝晩に冷え込むことが増えてきて、かぜがはやり始める頃。冬を元気に過ごせるよう、今のうちからしっかりとかぜの対策をしていきましょう。基本は手洗いですが、30秒以上洗う必要があるそうです。時間を計るのは難しいですが、「ハッピーバースデー」の歌を２回歌うと、大体30秒になります。ぜひ保護者の方も、お子さんと一緒に歌いながら楽しく手洗いをしてみてください。

(P161_03A) (P161_03B) (P161_03T)

しっかり保湿を！

気温がぐっと下がってきて、空気の乾燥が気になる季節になりました。湿度が低いと感染症の流行や肌のかさつきなどに注意が必要になってきます。部屋の湿度を上げるには、加湿器を使う、やかんや鍋でお湯を沸かす、床を水拭きする、ぬれたタオルを干すなどがおすすめです。入浴後は保湿クリームを塗ったり、こまめに水分補給をしたりするなど、体の保湿ケアもお忘れなく。

(P161_04A) (P161_04B) (P161_04T)

お店屋さんごっこ (P161_05T)

- お店屋さんごっこをした日から、バッグを持って「行ってきまーす」と出かけて、おもちゃの野菜や絵本を入れて遊ぶようになりました。ブームはまだまだ続きそうです。
- 恥ずかしそうにしながらも、保育者と一緒に「くださいな」と５歳児さんに手作りのお金を渡しました。品物をもらうとぺこりと頭を下げて、「ありがとう」とお礼も言えました。

かぜ予防 (P161_06T)

- 乾燥はのどの大敵！ こまめに水分補給をし、のどを潤しています。また、室内の水拭きをしています。清潔＆消毒はもちろんですが、加湿の効果も期待できます。

健康・生活 (P161_07T)

- 秋から冬にかけて注意したい感染症は、「マイコプラズマ感染症」「RSウイルス感染症」「溶連菌感染症」「気管支炎」などです。たかが咳、と軽く考えず、早めに受診しましょう。

異年齢交流 (P161_08T)

- はじめは緊張していた子も、お兄さんやお姉さんに優しく笑いかけてもらったり、おもちゃを渡してもらったりして徐々に笑顔に。あたたかいやりとりを見て、ほほえましく思いました。
- ○○組さんとしっぽとりゲームをしました。年上の○○組さんにおに役をお願いし、ゆっくり追いかけてもらうと、「キャー！」と大はしゃぎ！ 逃げるのもつかまるのも楽しそうでした。

食育 (P161_09T)

- 秋は実りの季節。きのこやいも、果物、魚など、おいしい食材がたくさんあり、旬の食材は栄養も豊富です。食欲が増して成長する時期の子どもたちに味わってもらいたいと思います。
- 遊び食べに困っているご家庭も多いのではないでしょうか。食事を少量ずつ出して食べきる経験をしたり、一緒に楽しく盛りつけをしてみたりするのがおすすめです。
- 今まで食べていた物を食べなくなってきていませんか？ 好き嫌いは、味覚が発達してくると出てきます。絵本を読んだり、一緒に食べたりすることで興味をもてるように促したいですね。

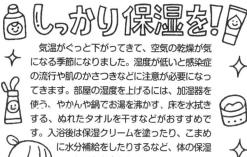

11月の行事

作品展

P162_01

P162_04

P162_02

P162_03

P162_05

P162_06

P162_07

P162_08

P162_09

P162_10

P162_11

P162_12

P162_13

お店屋さんごっこ

P163_01

P163_02

P163_03

P163_04

P163_05

P163_06

P163_07

P163_08

P163_09

P163_10

P163_11

P163_12

P163_13

P163_14

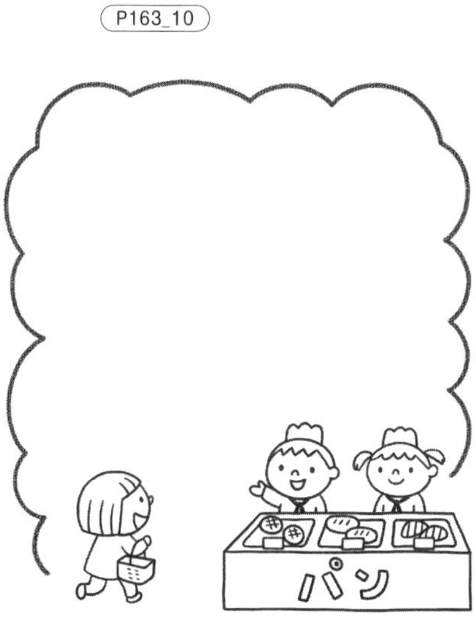

P163_15

P163_16

11 月

七五三

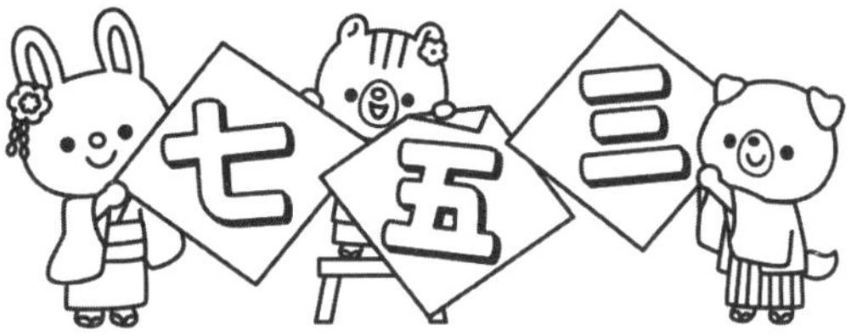

P164_01

P164_02

P164_03

P164_04

P164_05

P164_06

P164_07

P164_08

P164_09

P164_10

P164_11

P164_12

勤労感謝の日

P164_13

P164_14

P164_15

P164_16

P164_17

P164_18

誕生日

お誕生日
おめでとう
P165_01

お誕生日
おめでとう
P165_02

おめでとう
P165_03

11月生まれのお友達
P165_04

11月生まれのお友達
P165_05

P165_06

P165_07

P165_08

P165_09

P165_10

P165_11

P165_12

P165_13

しんちょう
cm
P165_14

たいじゅう
kg
P165_15

しんちょう
cm
P165_16

たいじゅう
kg
P165_17

P165_18

3~5歳児

子ども

P166_01

P166_02

P166_03

P166_04

P166_05

P166_06

P166_07

P166_08

P166_09

P166_10

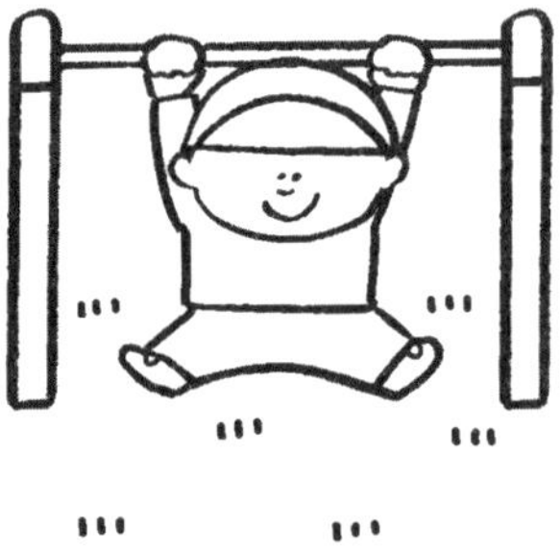

P166_11

P166_12

P166_13

P166_14

P166_15

このメッセージが見えるまで開くときれいにコピーすることができます。

P167_01

P167_02

P167_03

P167_04

P167_05

P167_06

P167_07

P167_08

P167_09

P167_10

P167_11

P167_12

0~2歳児

P168_01

P168_02

P168_03

P168_04

P168_05

P168_06

P168_07

P168_08

P168_09

P168_10

P168_11

このメッセージが見えるまで開くときれいにコピーすることができます。

P169_01

P169_02

P169_03

P169_04

P169_05

P169_09

P169_06

P169_07

P169_08

P169_10

P169_11

P169_12

生活健康

P170_01

P170_04

P170_02

P170_03

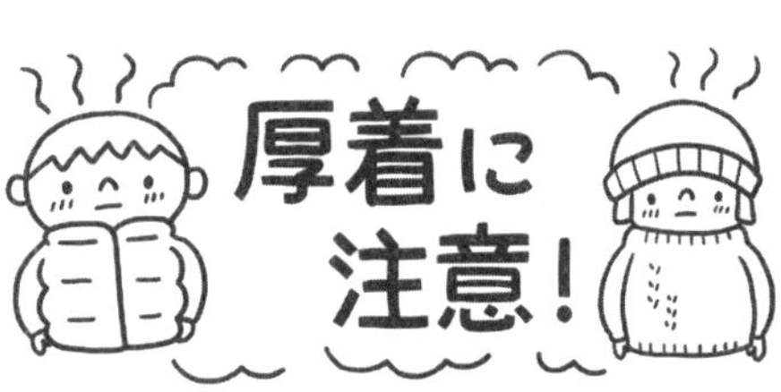

P170_05

P170_06

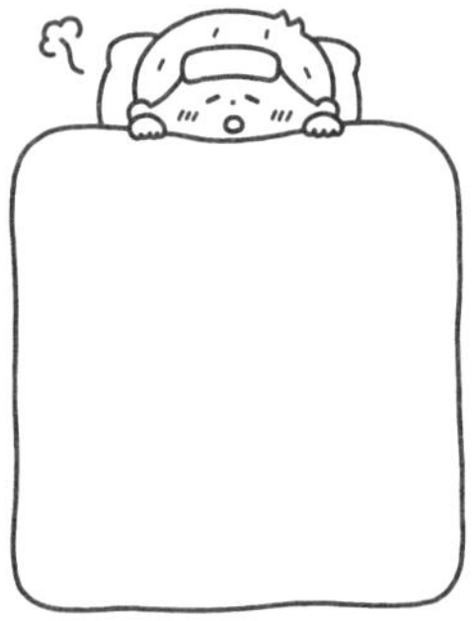

P170_07

P170_08

P170_09

P170_10

P170_11

P170_12

P170_13

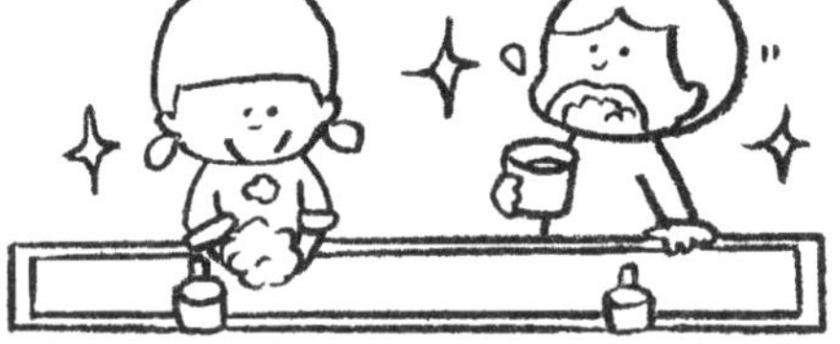

P170_14

P170_15

P170_16

P170_17

タイトルフレーム

P171_01

P171_02

P171_03

P171_04

P171_05

P171_06

P171_07

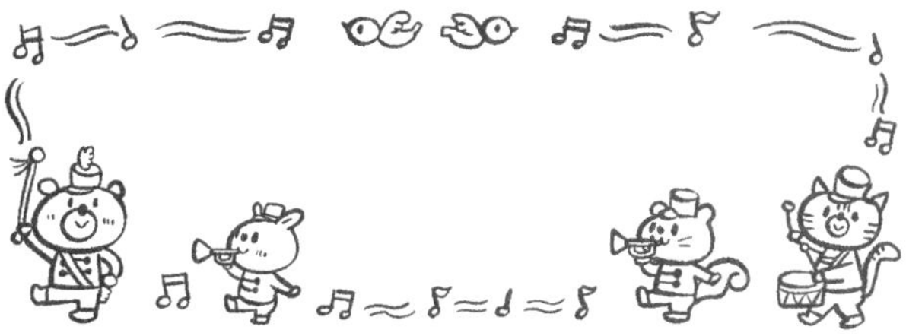

P171_08

P171_09

P171_10

P171_11

P171_12

P171_13

P171_14

P171_15

P171_16

P171_17

P171_18

P171_19

P171_20

このメッセージが見えるまで開くときれいにコピーすることができます。

12月

テンプレート

スケジュール形式で
わかりやすい
行事予定。

12月の園だより

B4サイズ横を想定

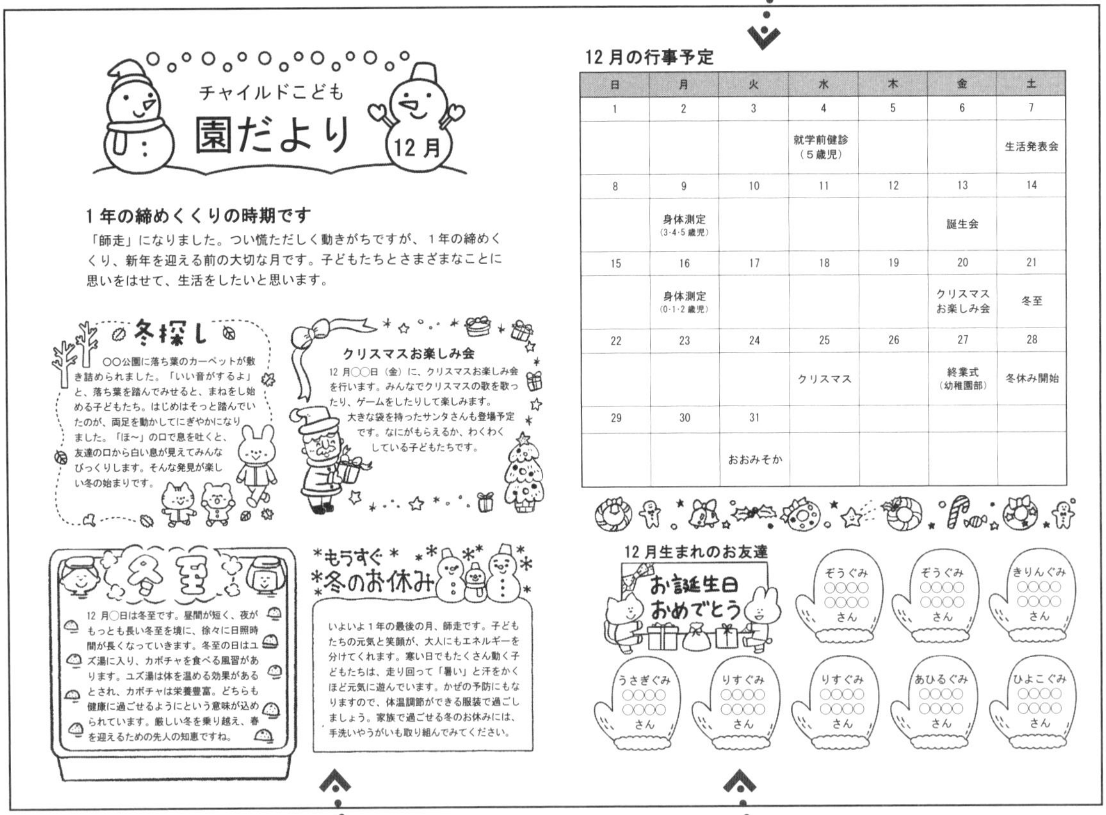

チャイルドこども
園だより
12月

1年の締めくくりの時期です

「師走」になりました。つい慌ただしく動きがちですが、1年の締めくくり、新年を迎える前の大切な月です。子どもたちとさまざまなことに思いをはせて、生活をしたいと思います。

冬探し

○○公園に落ち葉のカーペットが敷き詰められました。「いい音がするよ」と、落ち葉を踏んでみせると、まねをし始める子どもたち。はじめはそっと踏んでいたのが、両足を動かしてにぎやかになりました。「ほ～」の口で息を吐くと、友達の口から白い息が見えてみんなびっくりします。そんな発見が楽しい冬の始まりです。

クリスマスお楽しみ会

12月○○日（金）に、クリスマスお楽しみ会を行います。みんなでクリスマスの歌を歌ったり、ゲームをしたりして楽しみます。
大きな袋を持ったサンタさんも登場予定です。なにがもらえるか、わくわくしている子どもたちです。

冬至

12月○日は冬至です。昼間が短く、夜がもっとも長い冬至を境に、徐々に日照時間が長くなっていきます。冬至の日はユズ湯に入り、カボチャを食べる風習があります。ユズ湯は体を温める効果があるとされ、カボチャは栄養豊富。どちらも健康に過ごせるようにという意味が込められています。厳しい冬を乗り越え、春を迎えるための先人の知恵ですね。

＊もうすぐ＊冬のお休み

いよいよ1年の最後の月、師走です。子どもたちの元気と笑顔が、大人にもエネルギーを分けてくれます。寒い日でもたくさん動く子どもたちは、走り回って「暑い」と汗をかくほど元気に遊んでいます。かぜの予防にもなりますので、体温調節ができる服装で過ごしましょう。家族で過ごせる冬のお休みには、手洗いやうがいも取り組んでみてください。

12月の行事予定

日	月	火	水	木	金	土
1	2	3	4	5	6	7
			就学前健診（5歳児）			生活発表会
8	9	10	11	12	13	14
	身体測定（3･4･5歳児）				誕生会	
15	16	17	18	19	20	21
	身体測定（0･1･2歳児）				クリスマスお楽しみ会	冬至
22	23	24	25	26	27	28
			クリスマス		終業式（幼稚園部）	冬休み開始
29	30	31				
		おおみそか				

12月生まれのお友達

お誕生日おめでとう

ぞうぐみ ○○○○○○○○さん
ぞうぐみ ○○○○○○○○さん
きりんぐみ ○○○○○○○○さん
うさぎぐみ ○○○○○○○○さん
りすぐみ ○○○○○○○○さん
りすぐみ ○○○○○○○○さん
あひるぐみ ○○○○○○○○さん
ひよこぐみ ○○○○○○○○さん

P172_01

冬休みの生活のことにも
触れておきましょう。

季節感あふれるイラストや
フレームを使うと
かわいいです。

このメッセージが見えるまで開くときれいにコピーすることができます。

このメッセージが見えるまで開くときれいにコピーすることができます。

12月のクラスだより

A4サイズ縦を想定

きりんぐみ だより

12月

令和○○年

キラキラ光る華やかな季節の到来です

秋から冬にかけて寂しい景色だった町が、ツリーやネオンランプに飾られて、華やかさを取り戻しましたね。キラキラ光る飾りを見つけては、子どもたちも負けないくらい瞳を輝かせています。

12月の行事

12月7日　生活発表会
12月20日　クリスマス お楽しみ会
12月21日　冬至
12月27日　終業式
12月28日　冬休み開始

発表会のお知らせ

○日は、発表会です。リハーサルでは、子どもどうしで劇や合奏を見せ合いました。拍手をしてもらううれしさを感じ、他クラスの演目にもたくさんの拍手を送っていました。楽しく、自信をもって表現できるようになり、「今度はおうちの人にも見てもらおう」「ドキドキするけど、みんなと一緒だから大丈夫」と張りきっています。当日は緊張する姿もあると思いますが、あたたかく見守っていただき、たくさんの拍手をお願いいたします。

クリスマス会

○日に、クリスマス会を行います。みんなでクリスマスツリーに飾りつけをしたり、クリスマスのリースを作ったりして準備します。サンタさんが来てくれるかどうか、楽しみにしている子どもたちです。ご家庭でも話題にして、子どもたちのわくわくを盛り上げていただければ幸いです。

大掃除

冬休みに入る前に園内の大掃除をします。「年神様が来るから、部屋をきれいにする」と話をして、クラスで話し合って誰がどこの掃除を担当するか決めます。最後には、全員で床の雑巾がけレースをしてフィニッシュとなります。みんなで力を合わせて、ピカピカにします。ご家庭でも、ぜひ親子一緒にお掃除をしてみてください。

おめでとう 12月生まれのお友達

○○○○○○○○さん
○○○○○○○○さん

P173_01

季節感あふれる行事の内容を伝えます。

ご家庭でもできることを上手に伝えましょう。

生活発表会のご案内

B5・A4サイズ縦を想定

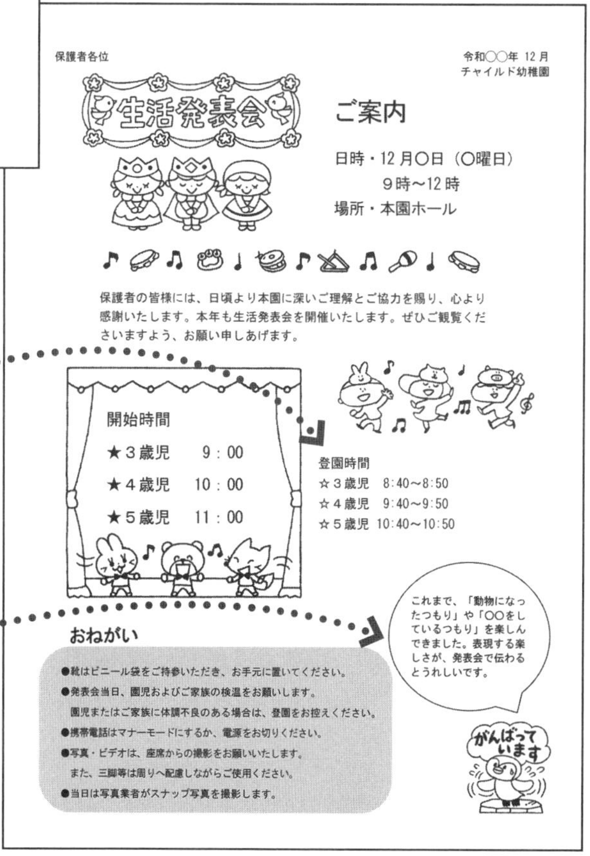

保護者各位

令和○○年 12月
チャイルド幼稚園

生活発表会 ご案内

日時・12月○日（○曜日）
9時〜12時
場所・本園ホール

保護者の皆様には、日頃より本園に深いご理解とご協力を賜り、心より感謝いたします。本年も生活発表会を開催いたします。ぜひご観覧くださいますよう、お願い申しあげます。

開始時間
★３歳児　9：00
★４歳児　10：00
★５歳児　11：00

登園時間
☆３歳児　8:40〜8:50
☆４歳児　9:40〜9:50
☆５歳児　10:40〜10:50

おねがい

●靴はビニール袋をご持参いただき、お手元に置いてください。
●発表会当日、園児およびご家族の検温をお願いします。
園児またはご家族に体調不良のある場合は、登園をお控えください。
●携帯電話はマナーモードにするか、電源をお切りください。
●写真・ビデオは、座席からの撮影をお願いいたします。
また、三脚等は周りへ配慮しながらご使用ください。
●当日は写真業者がスナップ写真を撮影します。

これまで、「動物になったつもり」や「○○をしているつもり」を楽しんできました。表現する楽しさが、発表会で伝わるとうれしいです。

がんばっています

P173_02

開始時間とともに、登園時間も明記しておきます。

担任としての思いも伝えていきましょう。

12月

文例 & フレーム

3～5歳児クラス向け

P000_00A フレームと文例

P000_00B フレームのみ

P000_00T 文例のみ

発表会のお知らせ

○日は、発表会です。リハーサルでは、子どもどうしで劇や合奏を見せ合いました。拍手をしてもらううれしさを感じ、他クラスの演目にもたくさんの拍手を送っていました。楽しく、自信をもって表現できるようになり、「今度はおうちの人にも見てもらおう」「ドキドキするけれど、みんなと一緒だから大丈夫」と張りきっています。当日は緊張する姿もあると思いますが、あたたかく見守っていただき、たくさんの拍手をお願いいたします。

P174_01A P174_01B P174_01T

発表会を終えて

発表会はいかがでしたか？ 緊張もなく、「楽しみ～」と舞台に上がる3歳児。人から見られる自分を意識してちょっぴりふざけたり照れたりの4歳児。堂々と自分の役を演じ、クラスの劇をつくり上げようとする5歳児。そんな年齢の違いも感じていただけたのではないかと思います。発表会は当日までに何度もクラスで話し合い、考え、さまざまな経験をします。また1つ行事を終え、心が成長した子どもたち。今後が楽しみです！

P174_02A P174_02B P174_02T

12月の挨拶 P174_03T

●「師走」になりました。つい慌ただしく動きがちですが、1年の締めくくり、新年を迎える前の大切な月です。子どもたちとさまざまなことに思いをはせて、生活をしたいと思います。

●秋から冬にかけて寂しい景色だった町が、ツリーやネオンランプに飾られて、華やかさを取り戻しましたね。キラキラ光る飾りを見つけては、子どもたちも負けないくらい瞳を輝かせています。

●「おはようって言ったら、口から湯気が出た！」と○○ちゃん。マラソンごっこや縄跳びでは、「体から湯気が出そう！」と弾んだ声で教えてくれました。寒さに負けず、元気に遊んでいます。

●朝、布団から離れられない子どもたちに悩まされる季節。「園で先生が待ってるよ」の言葉で気持ちよく起きられるよう、今日という日に期待がもてる保育を心がけていきます。

生活発表会 P174_04T

●これまで、「動物になったつもり」や「○○をしているつもり」を楽しんできました。あるとき、絵本に合わせた動きを取り入れると、「他の絵本もやりたい！」「劇みたい」と盛り上がりました。表現する楽しさが、発表会で伝わるとうれしいです。

●緊張感で胸が潰れそうになりながら迎えた当日。控え室での不安そうな表情と、舞台上の堂々とした表情があまりにも違い、成長に涙がこぼれました。また1つ、大切な経験が増えましたね。

●発表会が終わり、最近のブームは他のクラスの劇とダンスごっこ。数回しか見せ合っていないのに、せりふも動きも完璧なんです！ 子どもたちの記憶力には脱帽です。

冬の外遊び P174_05T

●白い吐息を出して「雲ができた！」と楽しんだり、手をつないで互いのぬくもりを感じ合ったり。日常のなかにも冬ならではの遊びや発見がたくさん！ みんなで気づきを共有して楽しんでいます。

●ドロケイやおにごっこ。寒いからこそ、ずっと追ったり逃げたりするゲームが大人気です。保育室に帰るときには汗びっしょり！ 冬でも汗拭きタオルが欠かせない○○組です。

12月の子どもの様子 P174_06T

●冬の体力づくり、朝活のスタートです。元気に体操したあとは、年齢別に園庭をコース分けしてマラソン！ 白い息を吐きながら「ファイト！ ファイト！」と走っています。子どもたちの熱量で、園全体がポカポカです。

●「雪降るかなぁ？」と空を見上げ、「氷、できているかな !?」と水たまりをのぞき込んでいる子どもたち。大人にとっては寒くてつらい冬も、子どもにとっては楽しみがいっぱいの季節ですね。

●クリスマスにお正月。想像するだけで楽しいことが盛りだくさんで、ウキウキする話や歌声にあふれています。五感をフルに使って、季節を肌で感じている様子が伝わります。

●手が出るけんかが少なくなり、やめてほしいこと、困っていることを、言葉で伝えられるようになってきました。自分たちで解決しようとする姿も見られ、成長に胸が熱くなります。

冬探し P174_07T

●「先生見て！ すごーい！」登園すると、園庭の水道にできたつららに大歓声の子どもたち。「氷を作ってみようよ！」と、空き容器に水を入れ、どこで氷ができるのか実験中です。興味がどんどん広がっていきますね。

●散歩に出かけると隅っこの日陰に子どもたちが集まっていきます。「ザクザクだよ！」と霜柱を踏んでいます。最近は舗装された道が多く、霜柱を踏む経験も貴重ですね。大人も久しぶりに踏んでみると楽しいですよ。

食育 P174_08T

●間違った食具の持ち方やお皿を押さえずに食べることなどが、習慣化していませんか？ 癖がついてしまうと直すのがたいへんです。身につけてしまう前に、正しい食事マナーを親子で話し合ってみてはいかがですか。

このメッセージが見えるまで開くときれいにコピーすることができます。

クリスマス製作

いよいよ、いもづるを乾燥させて作ったリースに、オーナメントを飾りつけるときがやってきました。色をつけたまつぼっくりやヒイラギの実、コットン、ドライフルーツなどの自然物を貼りつけました。同じ素材を使っても、子どもたちの感性の違いでさまざまな表情のリースになっています。「お母さんに見せたらきれいだねって、絶対言うよ！」と、完成品に大満足の子どもたち。クリスマス前に持ち帰るので、おうちで飾ってくださいね。

P175_01A P175_01B P175_01T

クリスマス会

「サンタさん来るかな？」と、待ちに待ったクリスマス会。みんなでクリスマスの歌をうたっていると、なにやら鈴の音が！ 振り返ると、大きな袋を持ったサンタさんが立っていました。袋の中にはプレゼント。全員がサンタさんと握手をしました。クリスマス会のあとは、テラスから空に向かって「サンタさーん！ ありがとう！」と叫ぶ子どもたちの声が響きました。

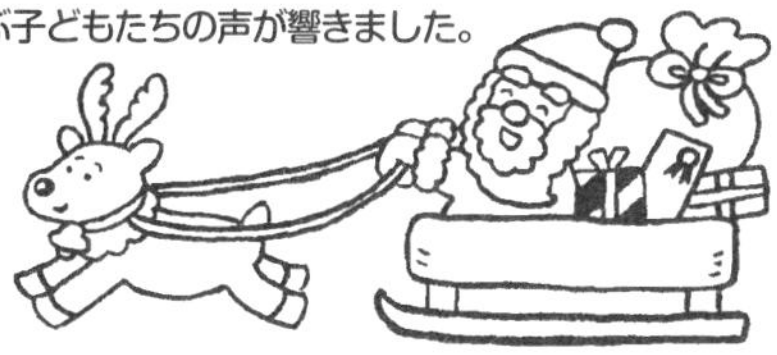

P175_02A P175_02B P175_02T

年賀状作り

来年は○○年。『十二支のおはなし』の絵本を読んで、えとについて知りました。そして、年の初めのお手紙を書こう！ と、誰に年賀状を書くかを決めました。おじいちゃんやおばあちゃんという子が多いようです。思い思いの○○の絵を描き、一生懸命「あけましておめでとうございます」や「いっぱいあそんでね」と書いた子どもたち。来週ポストに入れるために出かける予定です。ご家庭での住所書きなど、ご協力ありがとうございました。

P175_03A P175_03B P175_03T

大掃除

「年神様が来るから、部屋をきれいにするんだよね!?」と子どもたち。クラスで大掃除大作戦と題し、話し合いをしました。まず掃除をする場所を本棚、床…と挙げて、誰がどこを担当するかを決めました。そして、いよいよスタート！「○○ちゃんこっち側からやって！」と分担しようとする姿や、「最初に本を全部出そうか？」と相談し合う様子も見られました。最後に、床を全員で雑巾がけレース。ピカピカになった保育室で、「気持ちいい」と大満足でした。

P175_04A P175_04B P175_04T

クリスマス P175_05T

- 秋に収穫したサツマイモのつるで、リースを作りました。リボンを巻いたり、マカロニや木の実を飾ったり。個性あふれる作品となりました。週末に持ち帰りますのでお楽しみに。
- 積み木で囲った家の中に横たわり、「来てー」と叫ぶ子どもたち。サンタ役の保育者や友達が、そーっとプレゼントを置いて行きます。プレゼントを見ては、また横たわる子どもたち…３歳児クラスでは、エンドレスクリスマスごっこが流行中です！

年賀状作り P175_06T

- スチレン版画をして遊びました。スチレンボードに○○の絵を描き、ローラーで色づけをすると、オリジナリティーあふれる年賀状が完成。「お正月、大切な人に送ってね」と、子どもたちに伝えています。

もうすぐ冬休み P175_07T

- もうすぐ冬休み。大人にとっては気ぜわしい年末年始ですが、子どもにとっては楽しいことがたくさん。大掃除を手伝ったりお年玉をもらったり…。家族で過ごす時間を大切にしてくださいね。

大みそか P175_08T

- 「一年の最後の日を大みそかというのよ」と話しました。すると冬休み前最後の登園日に、「今日は園の大みそか」というひと言が。帰りの会では「よいお年を！」と挨拶をしました。

お正月の準備 P175_09T

- 園の松飾りは、毎年、地域の方がご厚意で飾ってくださいます。地域の方があたたかく見守り、支えてくださっていることを子どもたちにも伝え、感謝の気持ちをもてるようにしたいと思います。

健康・生活 P175_10T

- 暖房が効いた部屋の空気は汚れているかもしれません。人が吐く息や細菌、ウイルス、ほこりが充満していると、体調を崩す原因にもなります。園ではこまめに部屋の空気を入れ替えています。
- 長期の休み前は、衣類や布団などの持ち帰りをお願いしています。服のサイズや布団の状態などを、この機会にぜひご確認ください。気持ちを新たに新学期をスタートできます。

0～2歳児クラス向け

いよいよ発表会

2歳児は、初のステージ発表です。元気に歌ったり、打楽器を楽しく鳴らしたり、簡単な言葉のかけ合いをしたりして喜んでいます。ワクワクとドキドキ、どちらの表現になるかわかりませんが、あたたかく見守ってください。おうちの人が来てくれることは、子どもたちの一番の励みになります。当日は、「ニコニコで楽しんでね」と勇気づけのひと言を送ってあげてください。

P176_01A　P176_01B　P176_01T

発表会がんばったね

お忙しいなか、ご参加いただきありがとうございました。一人ひとりの成長や個性が感じられたかと思います。お遊戯では、音楽が流れると歌いながら踊り始め、笑顔になる子どもたちの姿に、保育者たちも自然に笑顔がこぼれていました。みんなでせりふを言う楽しさを知った子どもたちの大きな声はすばらしく、とても感動しました。保育室では、発表会ごっこがまだまだ続いている○○組です。

P176_02A　P176_02B　P176_02T

冬探し

○○公園に落ち葉のカーペットが敷き詰められました。「いい音がするよ」と、落ち葉を踏んでみせると、まねをし始める子どもたち。はじめはそっと踏んでいたのが、両足を動かしてにぎやかになりました。吐く息も「ふ～」だと見えづらいけれど、「ほ～」の口で吐くと、友達の口から白い息が見えてみんなびっくりします。そんな発見が楽しい冬の始まりです。

P176_03A　P176_03B　P176_03T

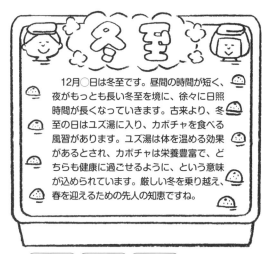

冬至

12月○日は冬至です。昼間の時間が短く、夜がもっとも長い冬至を境に、徐々に日照時間が長くなっていきます。古来より、冬至の日はユズ湯に入り、カボチャを食べる風習があります。ユズ湯は体を温める効果があるとされ、カボチャは栄養豊富で、どちらも健康に過ごせるように、という意味が込められています。厳しい冬を乗り越え、春を迎えるための先人の知恵ですね。

P176_04A　P176_04B　P176_04T

12月の挨拶　P176_05T

- 12月に入り、風が冷たく感じられる季節になりました。街はクリスマスの飾りでにぎやかになり、子どもたちもサンタさんがやって来るのを心待ちにしています。
- 園庭の木々の葉も落ち、冬の到来を感じる季節になりました。冬の夜空は空気がとても澄んでいて星がきらめいて見えます。
- 今年も残すところ1か月。冷たい空気のなかでも、子どもたちは寒さに負けず元気いっぱいです。ボール遊びがブームの子どもたちと一緒に、薄着で体を動かしてみませんか。

生活発表会　P176_06T

- 4月からの生活や遊びのなかで、たくさんの「できるようになった！」を発表します。期待感、緊張感、高揚感など一人ひとりの気持ちを大切にしながらサポートしていきます。あたたかく見守ってください。

12月の子どもの様子　P176_07T

- シール貼りが大好きな子どもたち。指先が上手に使えるようになり、貼ったり剝がしたりを繰り返しています。「できる！」の満足感を何度も味わうことが、次の「やってみたい！」につながります。
- 椅子を並べて机に見立て、「いらっしゃいませ～」「めんめんでーす」とお客さんに配膳。0・1歳児も口をパクパクと動かし食べるまね。異年齢間のコミュニケーションが広がっています。
- 二語文でのおしゃべりが増え、クラスがとてもにぎやかです。けんかをしたかと思うと、隣にちょこんと座っておしゃべりするなど、友達とのコミュニケーションが広がり始めています。

冬至　P176_08T

- 一年でもっとも昼が短くなる日が冬至です。冬至を境に少しずつ昼の時間が長くなります。冬至には「運気どり」の意味で「ん」が2つつく南瓜《なんきん》を食べます。子どもたちの運気が今よりさらに上がっていきますように…。

このメッセージが見えるまで開くときれいにコピーすることができます。

クリスマス製作

大きな紙を用意すると「描き描きする」とお絵描きが始まりました。ペンやクレヨン、絵の具など、使う道具は一人ひとり違いましたが、みんな夢中になっていました。お絵描きした紙は、はさみで切ったり手でちぎったりと形を変えて、○○組のツリーのオーナメントに。「あった！」と、自分で作った物を見つけては大盛り上がり。「サンタさん来るかな？」とクリスマスが待ち遠しい子どもたちです。

P177_01A　P177_01B　P177_01T

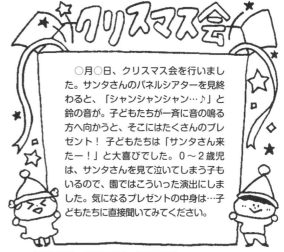

クリスマス会

○月○日、クリスマス会を行いました。サンタさんのパネルシアターを見終わると、「シャンシャンシャン…♪」と鈴の音が。子どもたちが一斉に音の鳴る方へ向かうと、そこにはたくさんのプレゼント！ 子どもたちは「サンタさん来たー！」と大喜びでした。0～2歳児は、サンタさんを見て泣いてしまう子もいるので、園ではこういった演出にしました。気になるプレゼントの中身は…子どもたちに直接聞いてみてください。

P177_02A　P177_02B　P177_02T

年賀状を作りました

今年の年賀状は絵の具でスタンプ。道具を使ってもよし、手や足でもよし。画用紙に自由にスタンプして彩りました。絵の具の感触や、混ざって色が変化する驚きなど、たくさんの発見！「冷たいね！」「紫になったよ！」と大興奮でした。後日、完成した年賀状をみんなで見ると、「きれい！」とうれしそう。おうちに届くのをお楽しみに♪

P177_03A　P177_03B　P177_03T

＊もうすぐ＊ ＊冬のお休み

いよいよ一年の最後の月、師走です。子どもたちの元気と笑顔が、大人にもエネルギーを分けてくれています。寒い日でもたくさん動く子どもたちは、走り回って「暑い」と汗をかくほど元気に遊んでいます。かぜの予防にもなりますので、体温調節ができる服装で過ごしましょう。家族で過ごせる冬のお休みには、手洗いやうがいも取り組んでみてくださいね。

P177_04A　P177_04B　P177_04T

クリスマス　P177_05T

- クリスマスツリーに飾りつけをしました。「お星様がいい！」「サンタさんにする」と選んでは、届く所に飾る子、椅子を持って来て高い所に飾る子と、さまざまでした。
- はさみを使ってクリスマスリースを作りました。「チョキンって切れた！」「ぼく、もう３歳になったからできるよ！」と、子どもたちも大興奮でした。クラス前の廊下に飾ってありますので、ぜひご覧ください。

年賀状作り　P177_06T

- 子どもたちの小さな手がスタンプになって画用紙にペタン。夏にやったフィンガーペインティングを覚えていた子もいて「絵の具やったよね～」の声も。すてきな年賀状のできあがりです。

食育　P177_07T

- 年末年始は、年越しそば、おせち料理、お雑煮など、行事食に触れられる機会です。おせち料理１つとっても、食材によって由来はさまざまで、縁起のよい年になるよう願いが込められています。

冬の散歩　P177_08T

- 散歩が大好きな子どもたちは「散歩に行きたい！」と元気いっぱい。日がさしている日中は暖かく、お散歩車ではみんなうとうと。歩行が安定している子は担任と手をつなぎ、霜柱をざくざくと踏んで音を楽しんでいます。

冬の運動でぽかぽか　P177_09T

- 天気のよい日は、園庭で体操をしています。元気な声で歌ったり、お兄さんお姉さんと一緒に手をつないで踊ったり、心も体もぽっかぽかです。
- マットの上でおいもさんに変身！ ごろごろと転がりながら、たくさん体を動かしました。友達とぶつかってもにこにこ笑顔です。

健康・生活　P177_10T

- 感染症がはやり出す季節。園では、戸外から帰ったあとや食事の前に手洗いを行っています。歌に合わせて楽しく手洗いをするうちに、自分から進んで洗える子も増えてきましたよ。

12月の行事

生活発表会

P178_01

P178_04

P178_02

P178_03

P178_05

P178_06

P178_07

P178_08

P178_09

P178_10

P178_11

P178_13

P178_12

P178_14

P179_01

P179_02

P179_03

P179_04

冬至

P179_05

P179_06

P179_07

P179_08

P179_09

P179_10

P179_11

P179_12

P179_13

P179_14

このメッセージが見えるまで開くときれいにコピーすることができます。

クリスマス

P180_01

P180_02

P180_03

P180_04

P180_05

P180_06

P180_07

P180_08

P180_09

P180_10

P180_11

P180_12

P180_13

P180_14

P181_01

P181_02

P181_03

P181_04

P181_05

P181_06

P181_07

P181_08

P181_09

P181_10

冬休み

P181_11

P181_12

P181_13

P181_14

P181_15

P181_16

このメッセージが見えるまで開くときれいにコピーすることができます。

12月

大掃除

P182_01

P182_02

P182_05

P182_03

P182_04

P182_06

P182_07

P182_08

P182_09

P182_10

P182_11

P182_12

P182_13

P182_14

P182_15

P182_16

P182_17

P182_18

このメッセージが見えるまで開くときれいにコピーすることができます。

誕生日

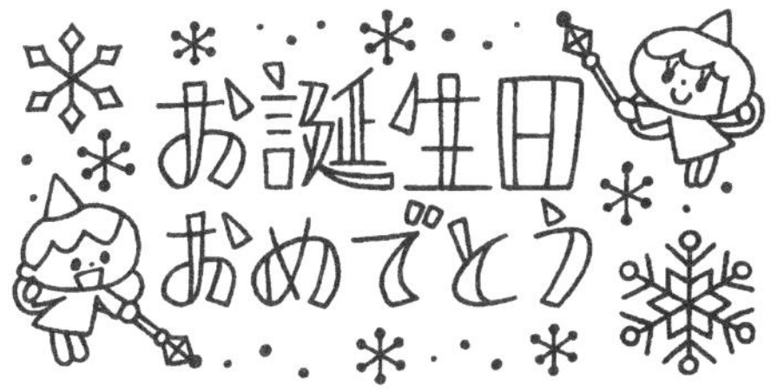
お誕生日
おめでとう

P183_01

お誕生日
おめでとう

P183_02

おめでとう

P183_03

12月生まれのお友達

P183_04

おめでとう
12月生まれのお友達

P183_05

P183_06

P183_07

P183_08

P183_09

P183_10

P183_11

P183_12

P183_13

しんちょう
cm

P183_14

たいじゅう
kg

P183_15

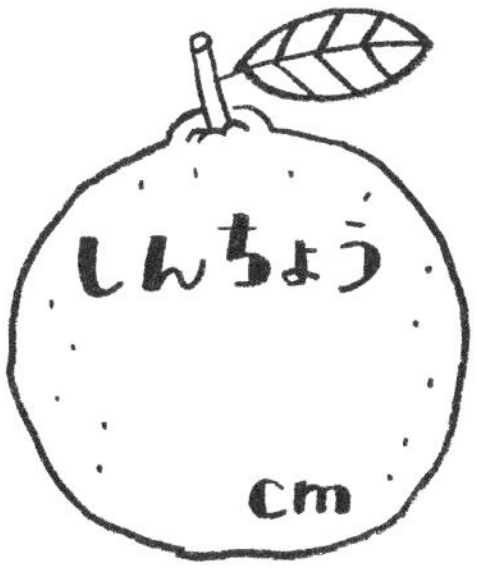
しんちょう
cm

P183_16

たいじゅう
kg

P183_17

P183_18

このメッセージが見えるまで開くときれいにコピーすることができます。

12月

子ども

3~5歳児

P184_01

P184_02

P184_03

P184_04

P184_05

P184_06

P184_07

P184_08

P184_09

P184_10

P184_11

P184_12

P184_13

P185_01

P185_02

P185_03

P185_07

P185_04

P185_05

P185_06

P185_08

P185_09

P185_10

P185_11

P185_12

P185_13

P185_14

P185_15

P185_16

P185_17

0~2歳児

P186_01

P186_02

P186_05

P186_03

P186_04

P186_06

P186_07

P186_08

P186_09

P186_10

P186_11

P186_12

P186_13

P186_14

P187_01

P187_02

P187_03

P187_08

P187_04

P187_05

P187_06

P187_07

P187_09

P187_10

P187_11

P187_12

P187_13

このメッセージが見えるまで開くときれいにコピーすることができます。

生活 健康

P188_01

P188_02

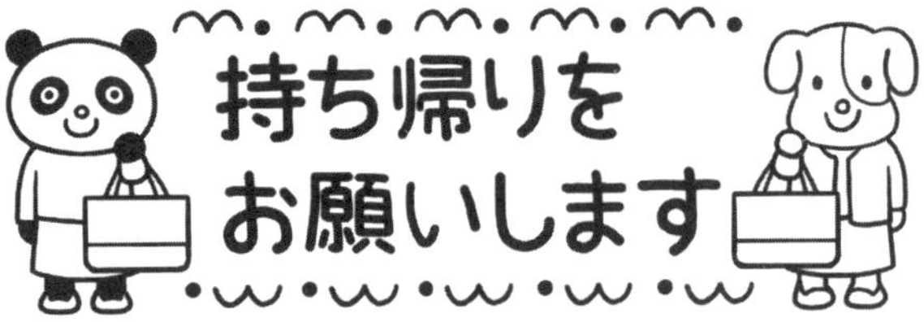

P188_03

P188_04

P188_05

P188_06

P188_07

P188_08

P188_09

P188_10

P188_11

P188_12

P188_13

P188_14

P188_15

P188_16

P188_17

このメッセージが見えるまで開くときれいにコピーすることができます。

このメッセージが見えるまで開くときれいにコピーすることができます。

タイトルフレーム

P189_01

P189_02

P189_03

P189_04

P189_05

P189_06

P189_07

P189_08

P189_09

P189_10

P189_11

P189_12

P189_13

P189_14

P189_15

P189_16

P189_17

P189_18

P189_19

P189_20

P189_21

P189_22

12月

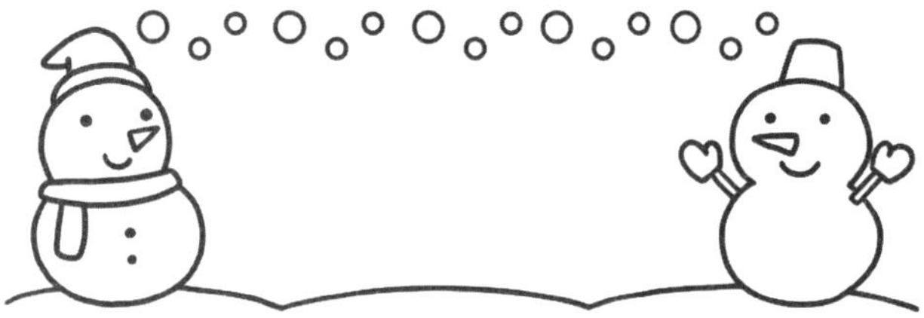
P190_01

P190_02

P190_03

P190_04

P190_05

P190_06

P190_07

P190_08

P190_09

このメッセージが見えるまで開くときれいにコピーすることができます。

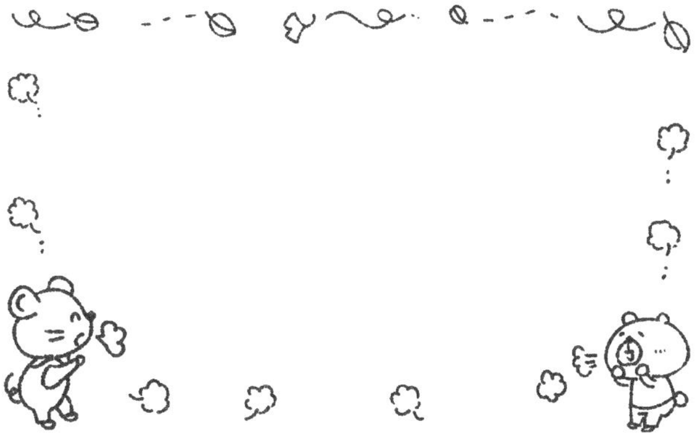

P191_01

P191_02

P191_05 P191_06

P191_03

P191_04

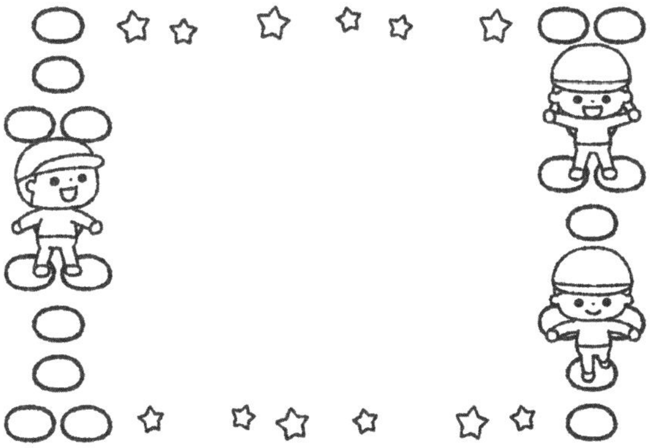

P191_07

P191_08

P191_12

P191_13

P191_09

P191_10

P191_11

このメッセージが見えるまで開くときれいにコピーすることができます。

1月

テンプレート

１月のクラスだより

B4 サイズ横を想定

イラストやフレームで
季節感を伝えましょう。

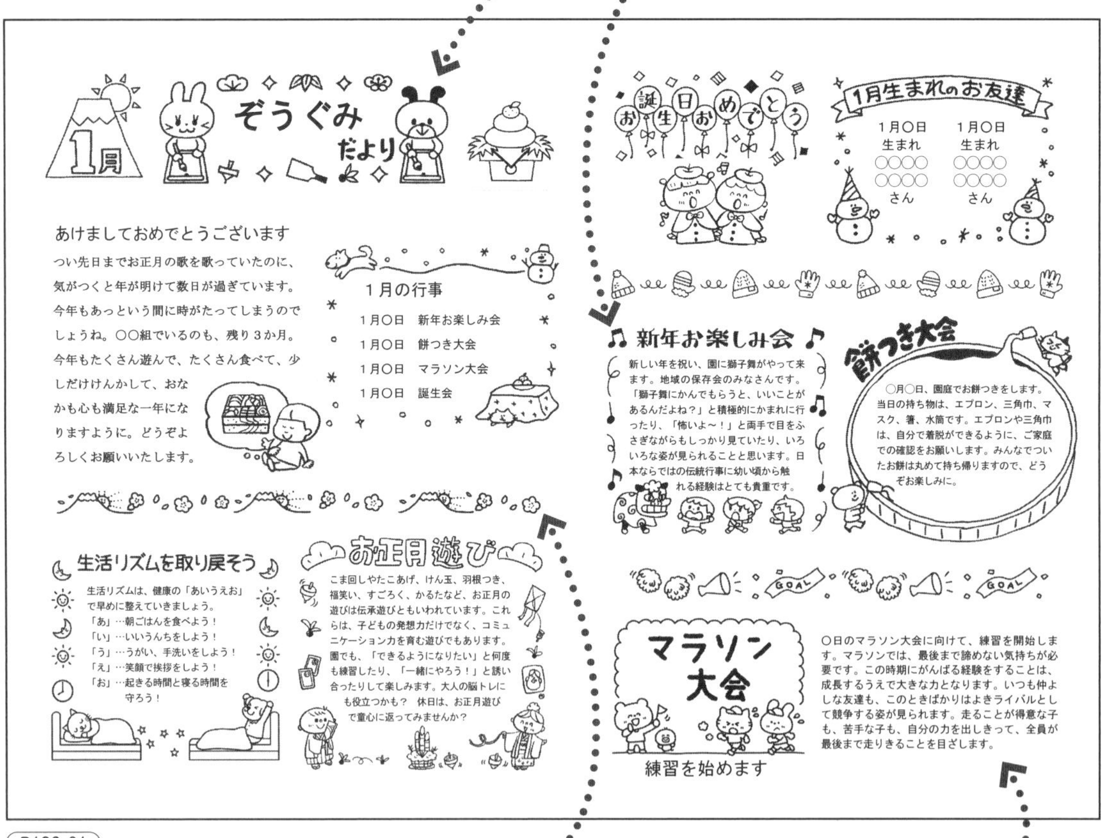

1月

ぞうぐみ だより

あけましておめでとうございます

つい先日までお正月の歌を歌っていたのに、気がつくと年が明けて数日が過ぎています。今年もあっという間に時がたってしまうのでしょうね。〇〇組でいるのも、残り３か月。今年もたくさん遊んで、たくさん食べて、少しだけけんかして、おなかも心も満足な一年になりますように。どうぞよろしくお願いいたします。

１月の行事

１月〇日　新年お楽しみ会
１月〇日　餅つき大会
１月〇日　マラソン大会
１月〇日　誕生会

生活リズムを取り戻そう

生活リズムは、健康の「あいうえお」で早めに整えていきましょう。
「あ」…朝ごはんを食べよう！
「い」…いいうんちをしよう！
「う」…うがい、手洗いをしよう！
「え」…笑顔で挨拶をしよう！
「お」…起きる時間と寝る時間を守ろう！

お正月遊び

こま回しやたこあげ、けん玉、羽根つき、福笑い、すごろく、かるたなど、お正月の遊びは伝承遊びともいわれています。これらは、子どもの発想力だけでなく、コミュニケーション力を育む遊びでもあります。園でも、「できるようになりたい」と何度も練習したり、「一緒にやろう！」と誘い合ったりして楽しみます。大人の脳トレにも役立つかも？　休日は、お正月遊びで童心に返ってみませんか？

お誕生日おめでとう

1月生まれのお友達

１月〇日
生まれ
〇〇〇〇
〇〇〇〇
さん

１月〇日
生まれ
〇〇〇〇
〇〇〇〇
さん

新年お楽しみ会

新しい年を祝い、園に獅子舞がやって来ます。地域の保存会のみなさんです。「獅子舞にかんでもらうと、いいことがあるんだよね？」と積極的にかまれに行ったり、「怖いよ～！」と両手で目をふさぎながらもしっかり見ていたり、いろいろな姿が見られることと思います。日本ならではの伝統行事に幼い頃から触れる経験はとても貴重です。

餅つき大会

〇月〇日、園庭でお餅つきをします。当日の持ち物は、エプロン、三角巾、マスク、箸、水筒です。エプロンや三角巾は、自分で着脱ができるように、ご家庭での確認をお願いします。みんなでついたお餅は丸めて持ち帰りますので、どうぞお楽しみに。

GOAL

マラソン大会

練習を始めます

〇日のマラソン大会に向けて、練習を開始します。マラソンでは、最後まで諦めない気持ちが必要です。この時期にがんばる経験をすることは、成長するうえで大きな力となります。いつも仲よしな友達も、このときばかりはよきライバルとして競争する姿が見られます。走ることが得意な子も、苦手な子も、自分の力を出しきって、全員が最後まで走りきることを目ざします。

P192_01

イラストの線を区切りに使うと
読みやすさ up ！

行事のねらいを
詳しく伝えます。

このメッセージが見えるまで開くときれいにコピーすることができます。

1月のクラスだより

A4サイズ縦を想定

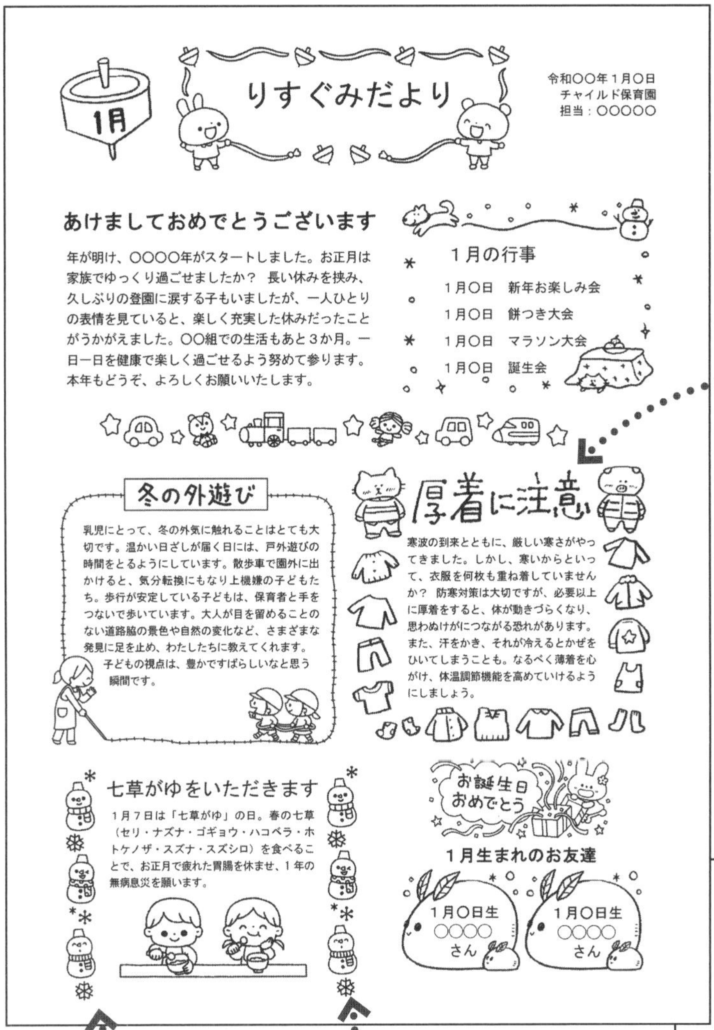

りすぐみだより

令和○○年1月○日
チャイルド保育園
担当：○○○○○

1月

あけましておめでとうございます

年が明け、○○○○年がスタートしました。お正月は家族でゆっくり過ごせましたか？ 長い休みを挟み、久しぶりの登園に涙する子もいましたが、一人ひとりの表情を見ていると、楽しく充実した休みだったことがうかがえました。○○組での生活もあと3か月。一日一日を健康で楽しく過ごせるよう努めて参ります。本年もどうぞ、よろしくお願いいたします。

1月の行事

1月○日　新年お楽しみ会
1月○日　餅つき大会
1月○日　マラソン大会
1月○日　誕生会

冬の外遊び

乳児にとって、冬の外気に触れることはとても大切です。温かい日ざしが届く日には、戸外遊びの時間をとるようにしています。散歩車で園外に出かけると、気分転換にもなり上機嫌の子どもたち。歩行が安定している子どもは、保育者と手をつないで歩いています。大人が目を留めることのない道路脇の景色や自然の変化など、さまざまな発見に足を止め、わたしたちに教えてくれます。子どもの視点は、豊かですばらしいなと思う瞬間です。

厚着に注意

寒波の到来とともに、厳しい寒さがやってきました。しかし、寒いからといって、衣服を何枚も重ね着していませんか？ 防寒対策は大切ですが、必要以上に厚着をすると、体が動きづらくなり、思わぬけがにつながる恐れがあります。また、汗をかき、それが冷えるとかぜをひいてしまうことも。なるべく薄着を心がけ、体温調節機能を高めていけるようにしましょう。

七草がゆをいただきます

1月7日は「七草がゆ」の日。春の七草（セリ・ナズナ・ゴギョウ・ハコベラ・ホトケノザ・スズナ・スズシロ）を食べることで、お正月で疲れた胃腸を休ませ、1年の無病息災を願います。

お誕生日おめでとう

1月生まれのお友達

1月○日生
○○○○
さん

1月○日生
○○○○
さん

P193_01

養護の注意点をしっかり伝えましょう。

縦長のイラスト線で囲むと、フレームのような雰囲気に。

餅つきのお知らせ

B5・A4サイズ縦を想定

保護者各位

お餅つき の お知らせ

チャイルド幼稚園

あけましておめでとうございます。本年もどうぞよろしくお願いします。
新年恒例のお餅つきを開催します。ご協力よろしくお願いいたします。

日時・1月○○日（○）10：00～
場所・チャイルド幼稚園　園庭
（雨天の場合、ホールで開催）

子どもたちは、お餅をつく前に炊いたもち米を試食します。毎年、「甘い」「もっと食べたい」「かんでいるとお餅になるよ」と大好評で、重いきねを持つパワーもアップします。今年もおいしいお餅をつきたいと思います。

つき終わったあとは、みんなでおいしくいただきます。
ご家庭でも楽しく召し上がってください。

持ち物　・エプロン　・三角巾　・水筒
★エプロンや三角巾は、自分で着脱ができるように、ご確認をお願いします。

P193_02

雨天時の対応について明記しておきます。

持ち物のお知らせとともに、お願いごとも伝えます。別枠で囲んであると目立ちます。

文例＆フレーム

3～5歳児クラス向け

P000_00A フレームと文例

P000_00B フレームのみ

P000_00T 文例のみ

あけましておめでとうございます

つい先日までお正月の歌を歌っていたのに、気がつくと年が明けて数日が過ぎています。今年もあっという間に時がたってしまうのでしょうね。○○組でいるのも、残り３か月。早くも△△組になったらできることに期待を膨らませているようです。今年もたくさん遊んで、たくさん食べて、少しだけけんかして、おなかも心も満足な１年になりますように。どうぞよろしくお願いいたします。

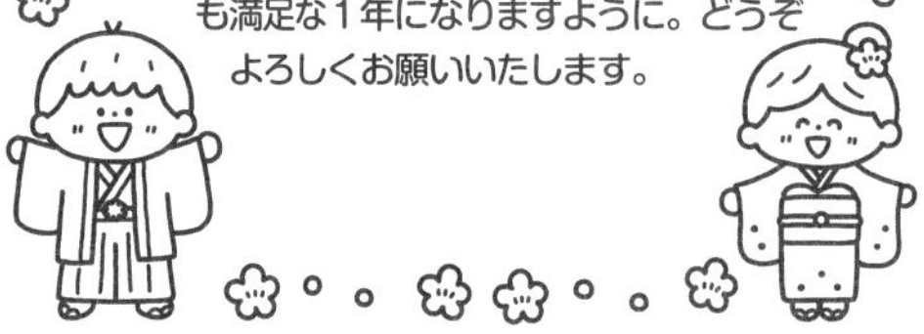

P194_01A P194_01B P194_01T

3学期が始まります

学年最後のしめくくりの学期が始まりました。子どもたちには「１学期の山、２学期の山を越えたみんなにとって、いよいよ最後の大きな山です」と話しました。○歳児なりに「自分ってすごい」という自信や自己有能感を積み重ね、進級（就学）に向かえるようにしていきます。今学期もさまざまなご協力をどうぞよろしくお願いいたします。

P194_02A P194_02B P194_02T

新年お楽しみ会

新しい年を祝い、園に獅子舞がやって来ました。地域の祭囃子《まつりばやし》保存会のみなさんです。「獅子舞にかんでもらうと、いいことがあるんだよね？」と積極的にかまれに行く子。「怖いよ～！」と両手で目をふさぎながらもしっかり見ている子。見方にも性格が出ていて、とてもおもしろかったです。日本ならではの伝統行事に幼い頃から触れる経験はとても貴重です。なかには「獅子舞になりたい」という子もいて、将来に期待!?　ですね。

P194_03A P194_03B P194_03T

餅つき大会

十五夜の話から、
なんとなく知っていたお餅つき。
話のなかのウサギのように軽やかに「ぺったんぺったん」するはずが、実際にはきねが重くて持ち上がらず、うまくつけないし疲れるし…。イメージとかなり違いがあったようです。「お餅って作るのたいへんなんだね」と体感していました。みんなでついたお餅は丸めて鏡餅にしましたので、ぜひご覧ください。

P194_04A P194_04B P194_04T

１月の挨拶　P194_05T

- 日中のやわらかな陽の光が、新しい年を照らしているように思えます。本年もどうぞよろしくお願いいたします。
- 新しい年の幕開けです！ シーンとしていた園内が、元気な子どもたちの声で息を吹き返しました。新年の挨拶が飛び交い、子どもたちと久々の再会を喜び合いました。
- 挨拶もそこそこに、年末年始の楽しかったことを話す子どもたち。「おせち、食べたよ」「かるたで遊んだよ」という声に、「わたしも！」「ぼくも！」と重なり、話の花が咲いています。

新年お楽しみ会　P194_06T

- たこあげやかるた、すごろく、こま回し、羽根つきならぬ風船つきなど、保護者の方と楽しみました。「子どもより夢中になっちゃいました」というお父さんもいらっしゃいました。
- お正月クイズや紙芝居、お正月メニューの給食。楽しいことが盛りだくさんの一日になりました。おやつのときにはとてもかわいい獅子舞が登場！ みんなでなでていました。

１月の子どもの様子　P194_07T

- 年末年始の休みを終えて、心も体もひと回り大きくなったように感じます。あちらこちらから「あれ？ 背が高くなった？」と、子どもたちの成長に驚く保育者の声が聞こえてきました。
- 朝晩はキーンと冷えた空気を感じますね。子どもたちも登園するとストーブの前に集まる姿が見られます。でも、「外へ行こうか？」と声をかけると、「行く行く！」と、寒さのなかでも戸外遊びを楽しんでいます。
- かるたやすごろく、カードゲームは、久しぶりに会った相手と関わるよいきっかけとなります。「次の升目から３つ進むよ」「違うよ、今いる升目が１つ目だよ」と、家庭によって少しずつ違うルールをみんなで調整しながら、楽しんでいます。
- 引きごま遊びでは、「逆さ回し」や「きのこ回し」などの技が開発（!?）されています。いろいろ回せるようになったら、こまにシールやペンで色づけもしてみたいと思います。
- 縄跳びカードの完全制覇を目ざしています。前跳び・後ろ跳び・あや跳び・二重跳びなど、回数を数えてクリアできたらスタンプを押します。繰り返し練習する粘り強さは、子どもたちがこの１年で身につけてきたことの１つです！

お正月遊び
こま回しやたこあげ、けん玉、羽根つき、福笑い、すごろく、かるたなど、お正月の遊びは伝承遊びともいわれています。これらは、子どもの発想力だけでなく、コミュニケーション力を育む遊びでもあります。園でも、「できるようになりたい」と何度も練習したり、「一緒にやろう！」と誘い合ったりしている子どもたちです。大人の脳トレにも役立つかも？ 休日は、お正月遊びで童心に返ってみませんか？

P195_01A P195_01B P195_01T

マラソン大会
恒例のマラソン大会が行われました。毎日の朝活マラソンで鍛えた気力と持久力を披露する日です。いつも仲よしな友達も、このときばかりはよきライバルとして競争する姿が。走ることが得意な子も、苦手な子も、自分の力を出しきって、全員が最後まで走りきることができました。本当に、よくがんばりました！

P195_02A P195_02B P195_02T

お正月遊び (P195_04T)

●かるた遊びをしました。子どもたちが絵を描き、読み札の文章も考えた○○組オリジナルかるたです。「これは△△くんの絵だね」などと話したり、おもしろい読み札に大笑いしたりしながらのかるた大会になりました。

●お天気のよい日、たこあげをしました。最初はスピードが足りず、いぬのお散歩ならぬ、たこのお散歩状態でしたが…。少しずつこつを覚えて、高くあげることができるようになりました。冬の空にたこ。とてもよい光景ですね。

お餅つき (P195_05T)

●当日の持ち物は、エプロン、三角巾、マスク、箸、水筒です。エプロンや三角巾は、自分で着脱ができるように、ご家庭での確認をお願いします。

●子どもたちは、お餅をつく前に炊いたもち米を試食します。毎年、「甘い」「もっと食べたい」「かんでいるとお餅になるよ」と大好評で、重いきねを持つパワーもアップします。今年もおいしいお餅をつきたいと思います。

マラソン大会 (P195_06T)

●マラソンでは、最後まで諦めない気持ちが必要です。この時期にがんばる経験をすることは、成長するうえで大きな力となります。大人も「諦めない」気持ちを大切にしたいですね。

●「体を少し前に倒した方がいいんだって！」「軽い靴は疲れないよ！」と、こつを教え合っています。走り終わったあとは、水分補給の麦茶で「お疲れ様～」の乾杯！ まるで部活動のようです。

●練習を始めた頃は、すぐに「もう無理～」と言って座り込んでいた子どもたち。近頃は最後まで走りきって、さらに「もう１回しよう！」と言うくらいです。練習の賜物ですね！

●最初はただ楽しく走っていたマラソン。大会が近づくにつれ、子どもたちの表情にやる気がみなぎってきました。「今度は○番以内に入りたい！」などと、自分で目標を決めてがんばるって大切なことですね。

生活リズムを取り戻そう
生活リズムは、健康の「あいうえお」で早めに整えていきましょう。
「あ」…朝ごはんを食べよう！
「い」…いいうんちをしよう！
「う」…うがい、手洗いをしよう！
「え」…笑顔で挨拶をしよう！
「お」…起きる時間と寝る時間を守ろう！

P195_03A P195_03B P195_03T

食育 (P195_07T)

●おせち料理は、今年１年を幸せに過ごすための開運料理といわれています。最近では食べない家庭も増えていますが、縁起物が詰まった料理なので、食べる風習を少しずつでも伝えていけるとよいですね。

●おせち料理の由来調べをしました。昆布巻き→よろこんぶ、かずのこ→子孫繁栄、えび→腰が曲がるまで元気で、など。それぞれの意味を知り、「お母さんに教えてあげる！」と盛り上がりました。

●１月７日には春の七草（セリ・ナズナ・ゴギョウ・ハコベラ・ホトケノザ・スズナ・スズシロ）を入れた七草がゆを食べるとよいとされています。お正月にごちそうを食べすぎて疲れた胃を休めましょう。

●七草に触れてみました。「スズナはどれかな？」とクイズを出すと、「カブだ！ 鈴みたいに丸くて、葉っぱがついてるから」と即答。給食でカブが出ると「スズナだ！」と言っていました。

●玄関に飾ってある鏡餅を見て、「中に四角いお餅が入ってるんだよね」と言う子どもたち。「お店で売っているのはそうだけど、これは全部お餅でできているんだよ」と、写真を見せながら話をしました。

0~2歳児クラス向け

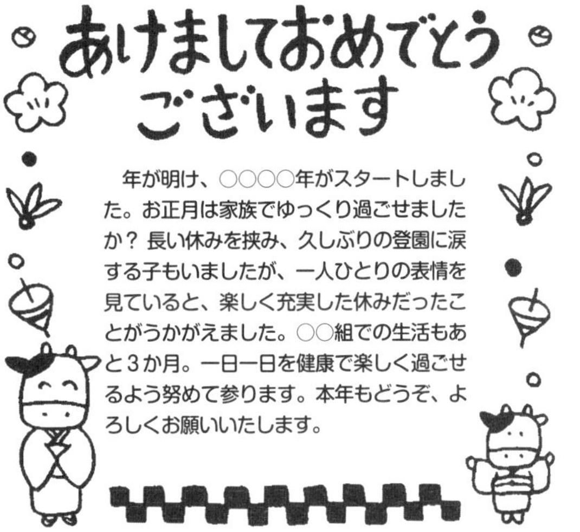
あけましておめでとうございます
年が明け、○○○○年がスタートしました。お正月は家族でゆっくり過ごせましたか？ 長い休みを挟み、久しぶりの登園に涙する子もいましたが、一人ひとりの表情を見ていると、楽しく充実した休みだったことがうかがえました。○○組での生活もあと3か月。一日一日を健康で楽しく過ごせるよう努めて参ります。本年もどうぞ、よろしくお願いいたします。

P196_01A P196_01B P196_01T

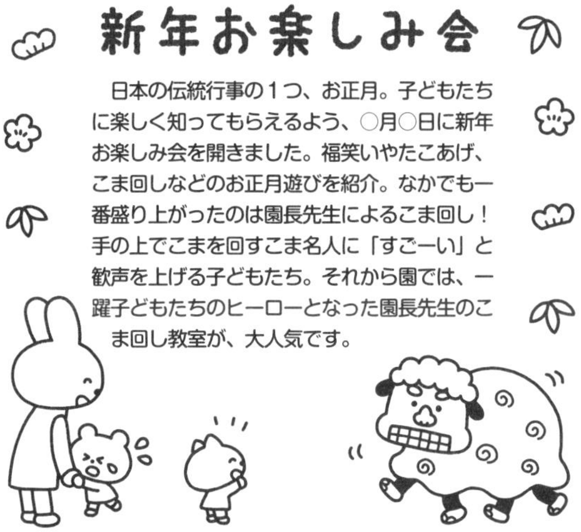
新年お楽しみ会
日本の伝統行事の1つ、お正月。子どもたちに楽しく知ってもらえるよう、○月○日に新年お楽しみ会を開きました。福笑いやたこあげ、こま回しなどのお正月遊びを紹介。なかでも一番盛り上がったのは園長先生によるこま回し！ 手の上でこまを回すこま名人に「すごーい」と歓声を上げる子どもたち。それから園では、一躍子どもたちのヒーローとなった園長先生のこま回し教室が、大人気です。

P196_02A P196_02B P196_02T

1月の挨拶 P196_03T

- あけましておめでとうございます。今年度も残すところあと3か月。子どもたちの「やりたい」と思うことを実現できるよう見守りながら、一つひとつの経験を大切に過ごしたいと思います。
- 新年を迎え、気持ちも新たに背筋が伸びますね。新年早々、子どもたちの笑顔に出会え、わたしたちも元気を分けてもらえました。今年も、笑顔いっぱいの1年になりますように。
- 新春を迎えましたが、まだまだ春の足音は聞こえてきません。北風の冷たさに泣き顔の子どもたちですが、「♪はるよこい　はやくこい」と、外で遊べる日を楽しみにしています。
- 日に日に寒さが増してくる時期。空気が澄み渡り、夜空の星や月もいっそう美しく輝いています。お月様の絵本が大好きな子どもたちと一緒に、夜空を見上げてみてはいかがでしょうか。

お正月 P196_04T

- お正月は、1年の福をもたらすといわれる年神様をお迎えする行事。子どもの幸せや健康を願いながら、新年をお祝いします。園でも、新年お楽しみ会でお正月気分を味わいます。
- お正月休みはいかがでしたか。楽しい時間はあっという間に過ぎますね。いつも通りの日常と園生活のリズムを取り戻すべく、ともに協力しながら、心地よい環境をつくっていきましょう。

新学期に向けて P196_05T

- 冬の休みが明け、久しぶりに子どもたちの元気な声が響き渡るようになりました。4月からくらべると、自分でなんでもやろうとする姿が増え、発語も盛んになってきています。今学期も、保護者の皆様のご理解、ご協力をよろしくお願いいたします。

1月の子どもの様子 P196_06T

- レジ袋で作ったたこを持って、河川敷でたこあげ大会をしました。この日ばかりは冷たい風も大歓迎。ほっぺを真っ赤にしながら、風に向かって走ります。夢や希望も高く大きく、天まで届きますように。
- 冷たい北風にも負けず、「お外行こう！」とつぎつぎに出ていく○○組。追いかけっこやおしくらまんじゅうなど、寒い季節でも体を動かしながら、外遊びを楽しんでいます。
- 絵かるたをして遊びます。「ウサギ」「リンゴ」「サクランボ」など、たくさんの言葉と物の名前が一致してきました。知っている言葉が増えることは、子どもの大きな自信につながります。
- 「見て見てー」と福笑いを自分の顔に当てて遊んでいます。友達どうしで見せ合いっこをしてケラケラ。愉快な雰囲気にどんどん子どもたちが集まってくる、そんな楽しい1月です。

新年お楽しみ会 P196_07T

- 会では獅子が登場します。0～2歳児の子どもたちは、保育者手作りのかわいい獅子で、厄払いをする予定です。かんでもらうことで、健やかな成長にご利益があるといわれています。
- 新年お楽しみ会では、5歳児さんが披露してくれた羽根つき、けん玉、こま回しに、歓声が上がりました。きっとこの子たちも、数年後には得意気な笑顔で個々の技を披露してくれることでしょう。

お餅つき P196_08T

- ○月○日は餅つき大会です。餅つきにまつわる絵本や歌で、子どもたちも「ぺったん！ ぺったん！」とワクワクしています。当日はつきたてのお餅が食べられますので、ぜひご参加ください。
- 餅つきや、臼やきねなどの道具を初めて見た子もいると思います。ご家庭ではなかなか体験できない活動と思いますが、日本の伝統行事に触れられた貴重な1日となりました。

お正月遊び

レジ袋でたこを作りました。0歳児はシールを貼り、1・2歳児は油性ペンでお絵描きをして、世界に1つだけのたこが完成！ 公園に持って行くと、すぐにたこあげがスタートしました。走り回りながら、「あがったよ」と教えてくれる2歳児。その姿を見て、よちよちと歩きながら挑戦する0・1歳児。色とりどりのたこがあがり、公園の景色を華やかに彩っていました。たこあげをきっかけに、いろいろなお正月遊びを楽しんでいきたいと思います。

P197_01A　P197_01B　P197_01T

雪遊びをしたよ

「冷たーい」「寒いね」園庭が真っ白になった日に、雪遊びをしました。初めての雪に目を真ん丸にしていた0歳児の横で、頬を真っ赤に染めながら元気いっぱいに遊ぶ1・2歳児。子どもたちが散歩で拾ってきた枝と小石を、小さな雪だるまに添えて、特別に机の上に飾りました。楽しい雪遊びの余韻に浸りながら、いつもより会話が弾んでいましたよ。

P197_02A　P197_02B　P197_02T

冬の外遊び

乳児にとって、冬の外気に触れることはとても大切です。温かい日ざしが届く日には、戸外遊びの時間をとるようにしています。散歩車で園外に出かけると、気分転換にもなり上機嫌の子どもたち。歩行が安定している子どもは、保育者と手をつないで歩いています。大人が目を留めることのない道路脇の景色や自然の変化など、さまざまな発見に足を止め、わたしたちに教えてくれます。子どもの視点は、豊かですばらしいなと思う瞬間です。

P197_03A　P197_03B　P197_03T

厚着に注意

寒波の到来とともに、厳しい寒さがやってきました。しかし、寒いからといって、衣服を何枚も重ね着していませんか？ 防寒対策は大切ですが、必要以上に厚着をすると、体が動きづらくなり、思わぬけがにつながる恐れがあります。また、汗をかき、それが冷えるとかぜをひいてしまうことも。なるべく薄着を心がけ、体温調節機能を高めていけるようにしましょう。

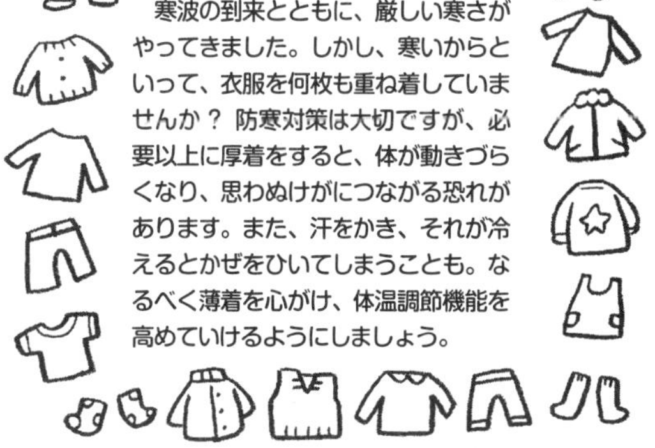

P197_04A　P197_04B　P197_04T

冬の遊び　P197_05T

- 上着を着て、白い息を吐きながら冬の散歩。霜柱を見つけるとしゃがんで観察したり、手に載せて溶かしたり、踏んで音と感触を楽しんだり。子どもたちは全身で冬を感じています。
- 手のひらで雪をつかまえると、すぐに溶けてしまい、不思議そうな表情を浮かべる子どもたち。「雪だるま作れるかな？」と、雪が積もるのを今か今かと待ちわびています。

食育　P197_06T

- おせち料理は日本の伝統的な食事です。タイは「めでたい」、昆布は「よろこぶ」、黒豆は「まめに暮らせるように」など、一つひとつに意味や由来があります。
- 1月7日は「七草がゆ」の日。春の七草（セリ・ナズナ・ゴギョウ・ハコベラ・ホトケノザ・スズナ・スズシロ）を食べることで、お正月で疲れた胃腸を休ませ、一年の無病息災を願います。
- かぜ予防には、バランスのよい食生活を心がけることが大事です。抵抗力を高めるたんぱく質、消化器官を正常に保つビタミンA、免疫機能を高める亜鉛。ネギやショウガなどの体を温める食材もおすすめです。

健康・生活　P197_07T

- 七草がゆを食べると、1年間元気に過ごすことができるといわれています。七草は、ビタミンやミネラルも豊富。おかゆは年齢問わず食べやすいですね。1月7日は、親子で七草がゆを食べ、疲れた胃腸を休ませましょう。
- 寒くなってくると、窓を閉めきってしまいがち。ウイルスが充満してしまいます。1時間に一度、5分程度の換気をし、空気の入れ替えをすることを習慣づけましょう。
- インフルエンザが流行する時期になりました。栄養バランスのよい食事や十分な休養を心がけ、免疫力を高めましょう。室内では、湿度を60%に保つことも効果的です。
- 「かぜかな？」と思ったら、早めにケアをして重症化を防ぎ、別のウイルスを呼び込まないようにしましょう。園でも体調に配慮し、お子さまの様子をお伝えしていきます。
- おんぶには、子どもの情緒が安定し、大人との一体感を味わえるという効用があります。子どもの顔が大人の肩より少し上に出るくらいの高めの位置でおんぶすると、外の景色がよく見えるので子どもは大人と同じ気分になれます。体が温まり、安心感が得られるおんぶ。冬こそぜひ、取り入れてみてください。

1月の行事

お正月

P198_01

P198_02

P198_03

P198_04

P198_05

P198_06

P198_07

P198_08

P198_09

P198_10

P198_11

P198_12

P198_13

P198_14

P198_15

餅つき

P199_01

P199_02

P199_05

P199_04

P199_03

P199_07

P199_08

P199_09

P199_06

P199_11

P199_13

P199_10

P199_12

P199_14

P199_15

P199_16

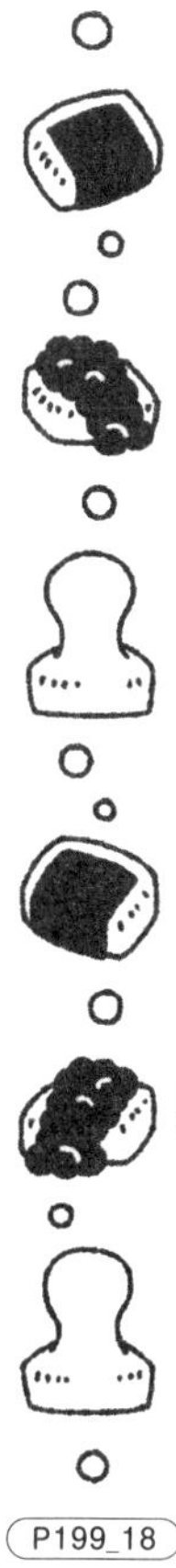

P199_18

P199_17

マラソン

P200_01

P200_02

P200_03

P200_05

P200_04

P200_09

P200_06

P200_07

P200_08

P200_10

P200_11

P200_12

P200_13

P200_15

P200_14

このメッセージが見えるまで開くときれいにコピーすることができます。

誕生日

お誕生日おめでとう

P201_01

お誕生日
おめでとう

P201_02

1月生まれのお友達

P201_03

1月生まれのお友達

P201_04

P201_05

P201_06

P201_07

P201_08

P201_09

おめでとう

P201_10

P201_11

P201_12

P201_13

しんちょう
cm

P201_14

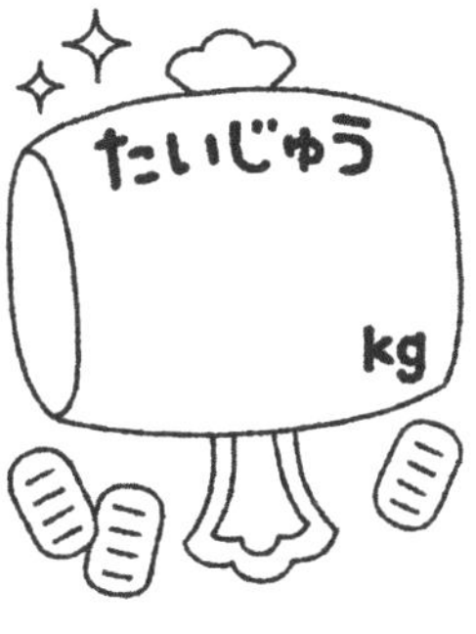
たいじゅう
kg

P201_15

しんちょう
cm

P201_16

たいじゅう
kg

P201_17

子ども

3~5歳児

P202_01

P202_02

P202_03

P202_04

P202_05

P202_06

P202_07

P202_08

P202_09

P202_10

P202_11

P202_12

このメッセージが見えるまで開くときれいにコピーすることができます。

P203_01

P203_02

P203_03

P203_04

P203_05

P203_06

P203_07

P203_08

P203_09

P203_10

P203_11

P203_12

P203_13

0～2歳児

P204_01

P204_02

P204_03

P204_04

P204_05

P204_06

P204_07

P204_08

P204_09

P205_01

P205_02

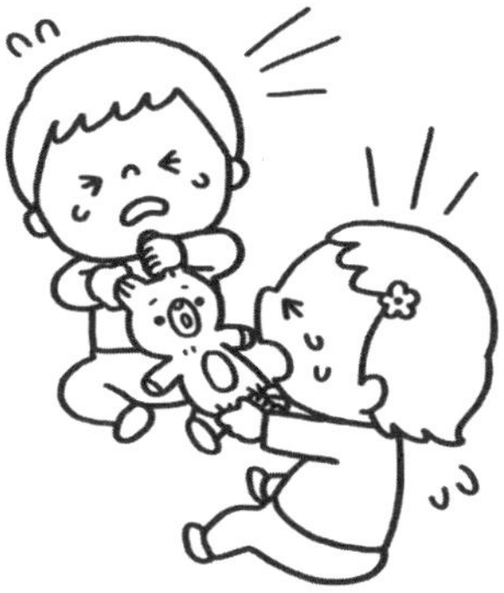

P205_03

P205_04

P205_05

P205_06

P205_07

P205_08

P205_11

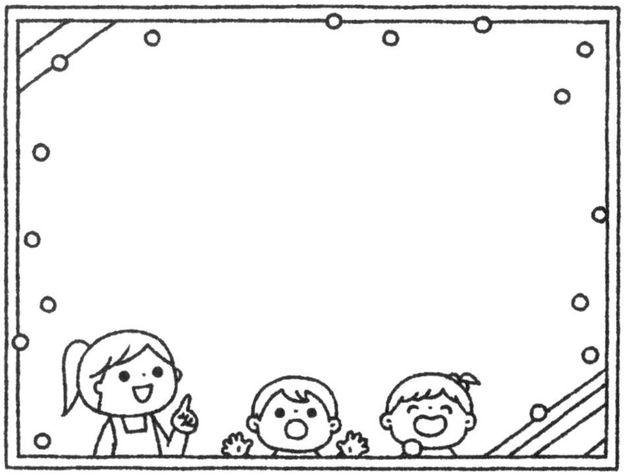

P205_09

P205_10

生活 健康

P206_01

P206_02

P206_05

P206_03

P206_04

P206_06

P206_07

P206_08

P206_09

P206_10

P206_11

P206_12

P206_13

P206_14

P206_15

P206_16

このメッセージが見えるまで開くときれいにコピーすることができます。

タイトルフレーム

P207_01

P207_02

P207_03

P207_04

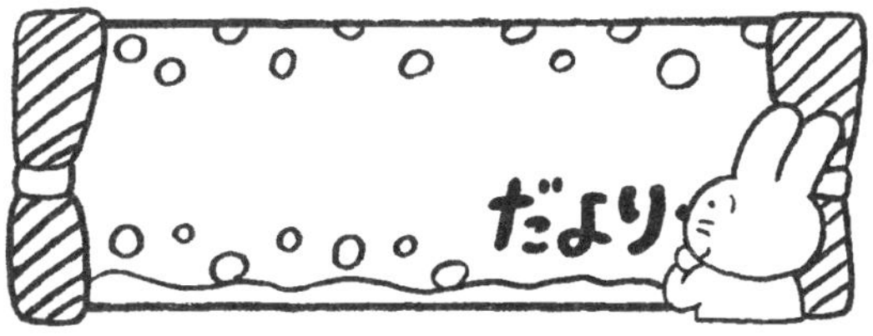

P207_05

P207_06

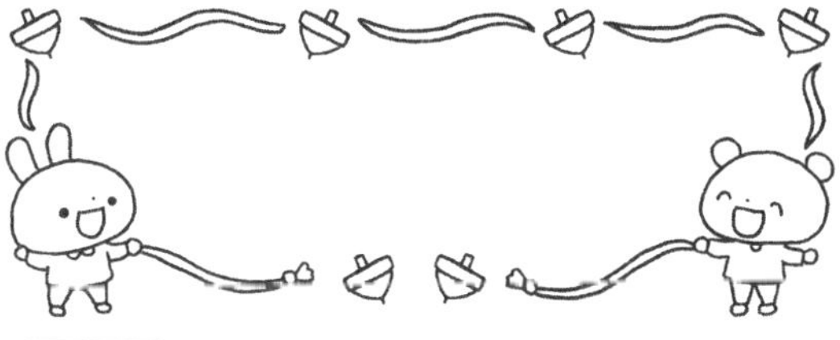

P207_07

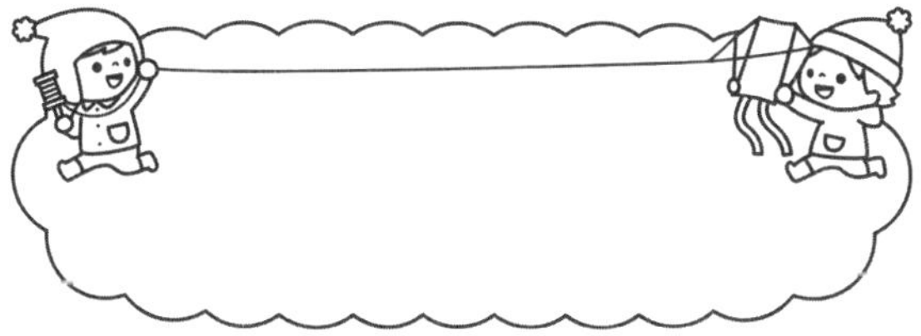

P207_08

P207_09

P207_10

P207_11

P207_12

P207_13

P207_14

P207_15

P207_16

P207_17

P207_18

P207_19

このメッセージが見えるまで開くときれいにコピーすることができます。

1月

2月

テンプレート

2月のクラスだより

B4サイズ横を想定

見出しを入れると
読みやすくなります。

予想される遊びを伝え、
園生活をイメージして
もらいましょう。

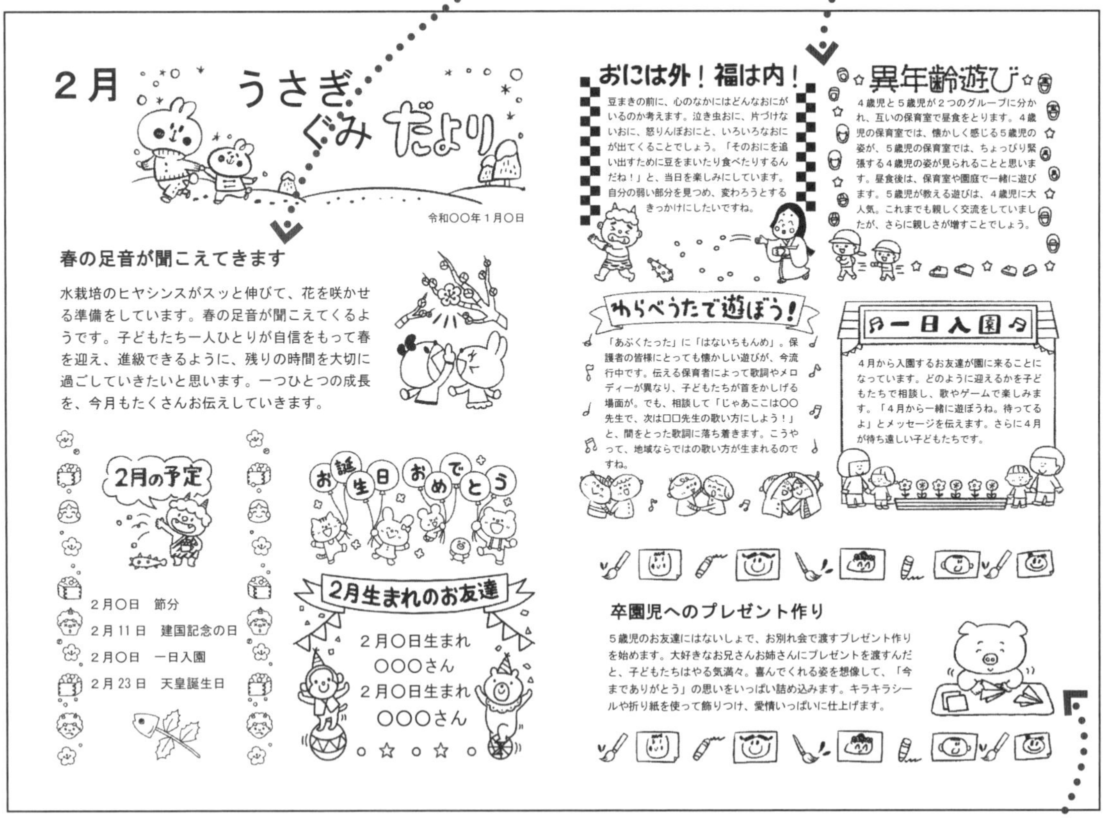
２月　うさぎぐみだより

令和〇〇年１月〇日

春の足音が聞こえてきます

水栽培のヒヤシンスがスッと伸びて、花を咲かせる準備をしています。春の足音が聞こえてくるようです。子どもたち一人ひとりが自信をもって春を迎え、進級できるように、残りの時間を大切に過ごしていきたいと思います。一つひとつの成長を、今月もたくさんお伝えしていきます。

2月の予定

２月〇日　節分
２月 11 日　建国記念の日
２月〇日　一日入園
２月 23 日　天皇誕生日

お誕生日おめでとう

2月生まれのお友達

２月〇日生まれ
〇〇〇さん
２月〇日生まれ
〇〇〇さん

おには外！福は内！

豆まきの前に、心のなかにはどんなおにがいるのか考えます。泣き虫おに、片づけないおに、怒りんぼおにと、いろいろなおにが出てくることでしょう。「そのおにを追い出すために豆をまいたり食べたりするんだね！」と、当日を楽しみにしています。自分の弱い部分を見つめ、変わろうとするきっかけにしたいですね。

異年齢遊び

４歳児と５歳児が２つのグループに分かれ、互いの保育室で昼食をとります。４歳児の保育室では、懐かしく感じる５歳児の姿が、５歳児の保育室では、ちょっぴり緊張する４歳児の姿が見られることと思います。昼食後は、保育室や園庭で一緒に遊びます。５歳児が教える遊びは、４歳児に大人気。これまでも親しく交流をしていましたが、さらに親しさが増すことでしょう。

わらべうたで遊ぼう！

「あぶくたった」に「はないちもんめ」。保護者の皆様にとっても懐かしい遊びが、今流行中です。伝える保育者によって歌詞やメロディーが異なり、子どもたちが首をかしげる場面が。でも、相談して「じゃあここは〇〇先生で、次は□□先生の歌い方にしよう！」と、間をとった歌詞に落ち着きます。こうやって、地域ならではの歌い方が生まれるのですね。

一日入園

４月から入園するお友達が園に来ることになっています。どのように迎えるかを子どもたちで相談し、歌やゲームで楽しみます。「４月から一緒に遊ぼうね。待ってるよ」とメッセージを伝えます。さらに４月が待ち遠しい子どもたちです。

卒園児へのプレゼント作り

５歳児のお友達にはないしょで、お別れ会で渡すプレゼント作りを始めます。大好きなお兄さんお姉さんにプレゼントを渡すんだと、子どもたちはやる気満々。喜んでくれる姿を想像して、「今までありがとう」の思いをいっぱい詰め込みます。キラキラシールや折り紙を使って飾りつけ、愛情いっぱいに仕上げます。

P208_01

すき間があるときは、
内容に合ったイラストを。

このメッセージが見えるまで開くときれいにコピーすることができます。

小学校訪問のお知らせ
A4 サイズ縦を想定

保護者各位

令和〇〇年 2月
チャイルド幼稚園

小学校訪問

のお知らせ

4月からいよいよ小学生。小学校がどんな所か、見学に行かせていただくことになりました。授業の様子を見学したり、小学校の生活や使う道具について教えてもらったり、給食をごちそうになったりする予定です。ちょっぴりの不安を、大きな期待に変えて参ります。

日程　〇〇年〇月〇日（〇曜日）
訪問校　〇〇〇〇小学校

＊給食は、小学生がお世話をしてくれるので、落ち着いて食べることができます。

＊小学校の先生が温かく迎えてくれます。

＊昨年度の卒園児さんもお出迎えしてくれます。

P209_01

日時や場所は
目立つよう大きな文字に。

当日の流れを伝え、
安心してもらいましょう。

記念撮影のお知らせ
B5・A4 サイズ縦を想定

保護者各位

令和〇〇年 2月
チャイルド幼稚園

記念撮影のお知らせ

卒園記念アルバムの写真撮影を下記の日程で行います。

当日は指定の制服で登園してください。

個人写真撮影　〇月〇日（〇）
集合写真撮影　〇月〇日（〇）

※白の靴下を履いてきてください。
※名札も忘れずに。

・集合写真撮影日に欠席した場合、卒園アルバムのクラス集合写真は、写真上部の欠席枠の顔写真となります。ご了承のほど、よろしくお願いいたします。

P209_02

飾り線で文字を挟むと
目立つタイトルに！

欠席の場合の対応について
伝えるとよいでしょう。

このメッセージが見えるまで開くときれいにコピーすることができます。

文例 & フレーム

3～5歳児クラス向け

- P000_00A フレームと文例
- P000_00B フレームのみ
- P000_00T 文例のみ

おには外！ 福は内！

悪いおにをやっつけよう！ と、心のなかにはどんなおにがいるのかについて考えました。「泣き虫おにかな？」「ぼくは片づけないおに」「ママは怒りんぼおに」と、いろいろなおにが出てきましたよ。「そのおにを追い出すために豆をまいたり食べたりするんだね！」と、当日を楽しみにしています。節分にはさまざまないわれがありますが、自分の弱い部分を見つめ、変わろうとするきっかけにしたいですね。

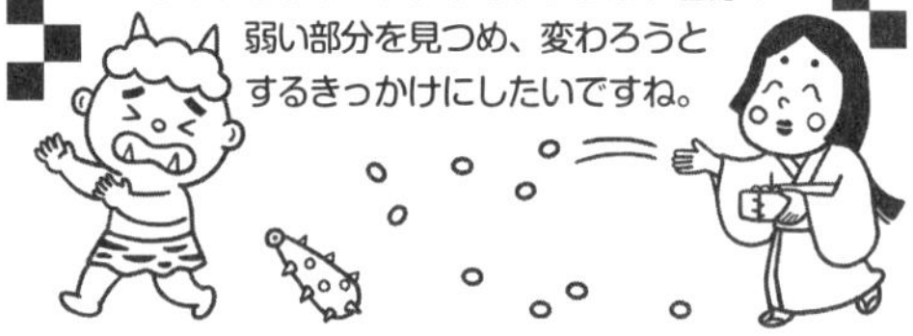

P210_01A　P210_01B　P210_01T

おにがやって来た

怒りんぼの赤おに、泣き虫の青おに、わがままな黄おに！ 今年も、色とりどりのおにが登場しました。升に入った豆を握りしめ「おには外～、福は内～」と投げておに退治。ちょっとやそっとでは引き下がらないおにたちに、一生懸命投げ続けます。なかには、カーテンの裏やままごとコーナーの隅に身を隠している子も。福の神が現れたときの子どもたちの安どした顔！ とてもかわいかったです。おにを退治し、年の数だけ豆を食べ、今年も1年、元気もりもりです。

P210_02A　P210_02B　P210_02T

2月の挨拶　P210_03T

- 梅のつぼみが見られたり、ジンチョウゲの甘い香りが漂ってきたりと、心がふんわりと春色に染まります。
- 水栽培のヒヤシンスがスッと伸びて、花を咲かせる準備をしています。春の足音が聞こえてくるようです。
- 子どもたち一人ひとりが自信をもって春を迎え、進級・進学ができるように、残りの時間を大切に過ごしていきたいと思います。一つひとつの成長を、今月もたくさんお伝えしていきます。
- あと2か月で就学・進級となりました。4月の子どもたちの様子を思い出すと、一人ひとりの成長に胸が熱くなります。この成長を子どもたちに伝えながら、大切に過ごしていきたいと考えています。

節分　P210_04T

- 節分は冬から春への分け目の日、立春です。まだ寒い日が続きますが、芽が少しずつ膨らみ始め、昼間にはお日様の暖かさを感じることもあります。冬のなかの春探しをしてみましょう！
- おにのお面の色塗りをしました。「怖いおにだから黒にする！」「かわいくピンクにしよう」と、自分のイメージ通りになったようです。節分の日はこのお面を着けて豆まきをする予定です。

小学校訪問　P210_05T

- 4月から小学生！ 不安を期待に変えるため、小学校を見学してきました。ドキドキ顔で門をくぐると昨年度の卒園児さんがお出迎え。先輩がいるとわかって、一気に笑顔になりました。
- 授業の様子を見学したり、小学校の生活や使う道具について教えてもらったりしました。教室に入ったときは少し緊張していた子どもたちも、ランドセルを背負う、学校の椅子に座り、鉛筆を持つなどの体験では、うれしそうな表情でした。
- 給食は、小学生が優しくお世話をしてくれて、落ち着いて食べることができていました。苦手な食材があった子も、「給食の○○はおいしかった」「小学校に行くのが楽しみ！」と食べられたことが自信や期待につながったようです。

2月の子どもの様子　P210_06T

- 園庭の土に霜柱が立ちました。踏んでみてザクザクという音を楽しんだり、そっと取って宝物のように手に載せたりしています。自然からのプレゼントに興味津々な子どもたちです。
- 寒い朝、「凍っている！」と、園庭から歓声が。「レンズみたい」「溶けてきた！」と氷の美しさや不思議さを味わっています。水を入れた器をあちこちに置いて、“氷研究所”が活動中です。
- 外遊びの時間が増え、長縄跳びや、ドッジボール、おにごっこなど、集団遊びが盛り上がっています。一緒に過ごしてきた友達との仲間意識の高まりも感じられます。
- 「バレンタインはパパにチョコをあげるの」「わたしは1番に好きなのがAくんで、2番が…」と、盛り上がる頃です。一方、そんなことはまったく気にする様子もなく、戦いごっこをする子たちも…。平和な1日です。
- あっという間に見えてきた年度末。なんだかどの子も頼もしさが増してきたように感じます。これからの新年度へ期待をもちつつ、残りわずかな今年度を楽しんでほしいと思います。

卒園児へのプレゼント作り　P210_07T

- 5歳児のお友達にはないしょで、プレゼント作りを始めました。いつもは取り合いになるキラキラシールや折り紙を仲よく使って飾りつけ。愛情いっぱいの仕上がりです。
- お別れ会で渡すプレゼント作りを始めました。喜んでくれる姿を想像して、「今までありがとう」の思いをいっぱい詰め込みました。
- 似顔絵入りの首飾りを作っています。大好きなお兄さんお姉さんにプレゼントを渡すんだと、子どもたちはやる気満々。感謝と大きなリボンを添えてプレゼントする予定です。
- 折り紙でお花を作り、つなげて首飾りにしたいと大盛り上がり！ 一人30個必要と伝えると、毎日少しずつ協力して折っています。5歳児さんが通るたびに隠す姿が愛らしいです。
- 「卒園おめでとう！」「また遊びに来てね」と、メッセージを入れた時間割表を作りました。祝福の気持ちとともに、「もうすぐ自分たちが5歳児さん」という期待も膨らむ子どもたちです。

一日入園
4月から入園するお友達が園に来ることになりました。「泣いちゃうかな？」「歌を教えてあげようよ」「折り紙でプレゼント作る？」と、どのように迎えるかを相談しました。当日、おうちの人とやって来た未就園児さん。「小さいね！」「かわいい」とすっかりお兄さん、お姉さんの表情です。ホールで歌を披露し、「4月から一緒に遊ぼうね。待ってるよ」とメッセージを伝えました。4月が待ち遠しい子どもたちです。

P211_01A　P211_01B　P211_01T

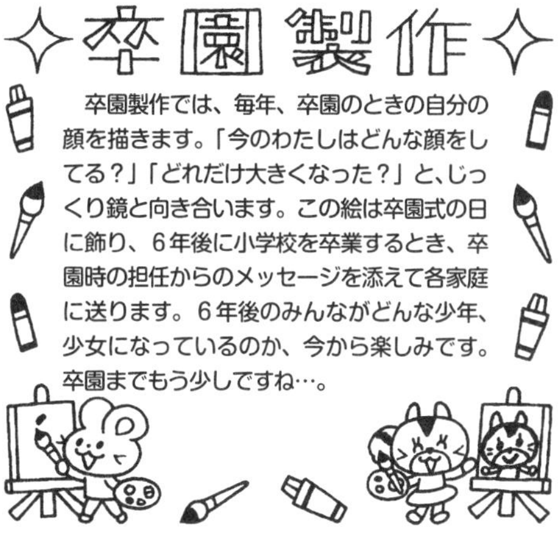
卒園製作
卒園製作では、毎年、卒園のときの自分の顔を描きます。「今のわたしはどんな顔をしてる？」「どれだけ大きくなった？」と、じっくり鏡と向き合います。この絵は卒園式の日に飾り、6年後に小学校を卒業するとき、卒園時の担任からのメッセージを添えて各家庭に送ります。6年後のみんながどんな少年、少女になっているのか、今から楽しみです。卒園までもう少しですね…。

P211_02A　P211_02B　P211_02T

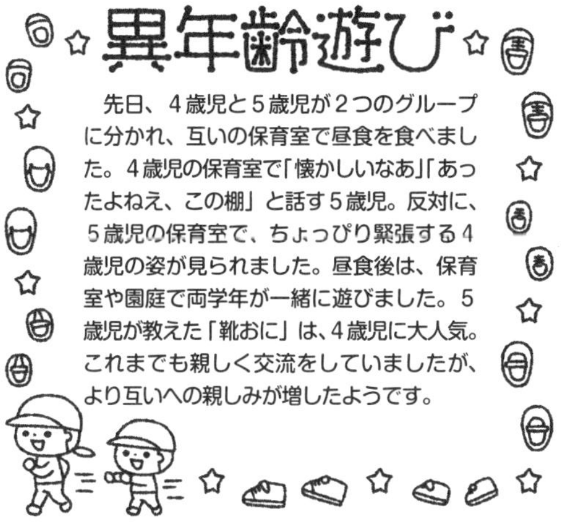
異年齢遊び
先日、4歳児と5歳児が2つのグループに分かれ、互いの保育室で昼食を食べました。4歳児の保育室で「懐かしいなあ」「あったよねえ、この棚」と話す5歳児。反対に、5歳児の保育室で、ちょっぴり緊張する4歳児の姿が見られました。昼食後は、保育室や園庭で両学年が一緒に遊びました。5歳児が教えた「靴おに」は、4歳児に大人気。これまでも親しく交流をしていましたが、より互いへの親しみが増したようです。

P211_03A　P211_03B　P211_03T

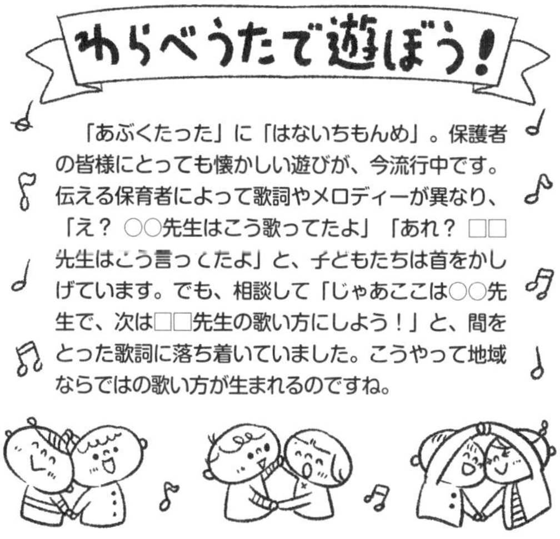
わらべうたで遊ぼう！
「あぶくたった」に「はないちもんめ」。保護者の皆様にとっても懐かしい遊びが、今流行中です。伝える保育者によって歌詞やメロディーが異なり、「え？ ○○先生はこう歌ってたよ」「あれ？ □□先生はこう言ってたよ」と、子どもたちは首をかしげています。でも、相談して「じゃあここは○○先生で、次は□□先生の歌い方にしよう！」と、間をとった歌詞に落ち着いていました。こうやって地域ならではの歌い方が生まれるのですね。

P211_04A　P211_04B　P211_04T

一日入園 (P211_05T)

- 来年度に入園予定のお友達が遊びに来る日に、「お楽しみ会をしよう！」と準備を始めた子どもたち。「歌を歌いたい！ 手品を見せたい！ 一緒に踊ろう！」と意欲満々。本当に頼もしくなりました！
- 「園は楽しい場所だと思ってもらいたい」と、保育室を飾り始めました。にこにこの動物やかっこいい乗り物の絵。入っただけで楽しい気持ちになれる保育室で、友達を待っていました。
- 新しいお友達と手をつないで園内を散歩しました。「ここで、絵本を借りるよ」「ここは園長先生のお部屋だよ」「雨が降ったらホールで遊ぶよ」と、立派なガイドがかわいい子どもたちでした。

食育 (P211_06T)

- 恵方巻き作りに挑戦。まきすを見せると「夏に窓につけてた！」と、すだれのことを教えてくれました。「こう使うのよ」と手本を見せると、真剣に見て学び、上手に使いこなしていました。
- 豆まきに使う大豆。枝豆が育った物だと伝えるとびっくり！ 収穫の時期が違うと別の姿になりますね。おによけの「ひいらぎいわし」に大豆の房がついていて「本当だ！」と見ていました。

わらべうた (P211_07T)

- 「あんたがたどこさ」のわらべうたで、まりつき遊びをしています。おばあちゃんに聞いたと、「♪いち、に、サンマのしっぽ、ゴリラのむすこ」と歌う子も。心あたたまる姿です。
- 限られた音域で作られているわらべうたは、子どもたちも歌いやすく親しみやすいので人気の遊びです。「はないちもんめ」「かごめかごめ」「あぶくたった」など、友達とドキドキ感を共有しながら楽しんでいます。

健康・生活 (P211_08T)

- 子どもたちとハンカチ、ティッシュ、爪のチェックをしました。手を洗ったら自分のハンカチで拭く、鼻をかむ、爪を切るなど、自分のためにも、他の人のためにも大切な習慣を、しっかり身につけたいですね。
- 花粉症が悩ましい季節、子どもたちのなかにも症状が出ている様子が見られます。家に入る前に上着をはらう、朝一番で床を水拭きするなど、できることから対策を始めましょう。
- インフルエンザの流行が続いています。手洗い・うがいの指導は、園でも繰り返していきますので、ご家庭でも心がけてください。

0~2歳児クラス向け

豆まきをします

豆まき会に参加します。0～2歳児の豆まきでは、お面をかぶった5歳児がおに役です。豆を投げて、今年も1年、健康に過ごせるようお願いします。保育者がふんしたおにに豆を投げるのは5歳児。毎年、号泣する子が続出するため、小さいクラスは早めに退出する予定です。おにが怖い子どもたちのために、5歳児が作ってくれたひいらぎいわしの絵を入り口に飾って、魔よけにしますので、安心してくださいね。

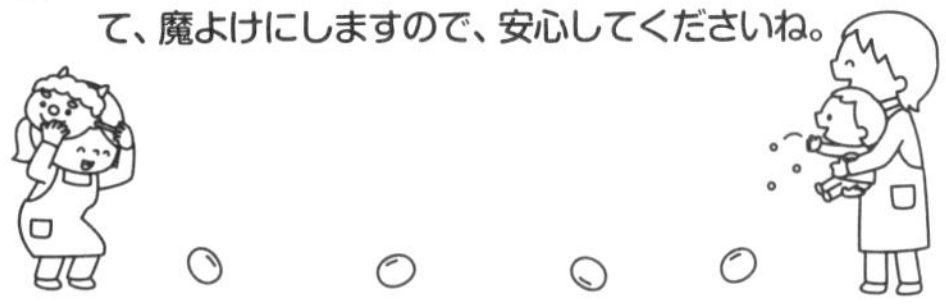

P212_01A P212_01B P212_01T

おにはソト!

豆まき会の日、おにに変身したお兄さんとお姉さんがやって来ました。びっくりした○○組は先生の背中に隠れたり、だっこされたりして、おにたちの様子を見つめていました。担任が「おには外！」と豆を投げるのを見て、「ぼくも！」と豆を手にする子が1人、また1人と増え、最後はみんなで果敢に立ち向かいました。おにとともに厄を払ったので、今年も元気に過ごしていけるはずです。

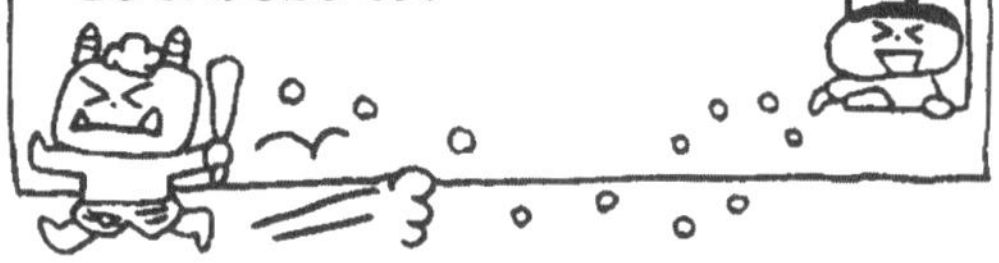

P212_02A P212_02B P212_02T

進級クラス体験

今月から進級クラス体験を取り入れていきます。○○組のお兄さんお姉さんと遊んだり散歩に行ったり、食事やおやつも経験したりします。現在の担任と一緒に○○組で過ごすことで環境に慣れ、進級への期待も高まっていくと思います。進級クラス体験の日は、どんなことをしたのかぜひ、子どもたちに聞いてみてくださいね。

P212_03A P212_03B P212_03T

2月の挨拶 P212_04T

- 立春を迎え、暦のうえではもう春です。まだまだ寒い日もありますが、薄着を心がけて元気に過ごしましょう。
- まだまだ寒い日が続きますが、肌に触れる冷たい風に頬や鼻を赤くしながら、園庭で元気いっぱい遊ぶ子どもたち。冬ならではの遊びを見つけながら、2月も楽しく過ごしていきます。
- ウグイスの鳴き声が聞こえ、外に向かう子どもたち。「ホーホケキョ」と返事をすると「また鳴くかな？」とワクワクしています。

2月の子どもの様子 P212_05T

- 先日、新しいままごとセットと手作りのキッチンコーナーを設置しました。鍋やおたまなどを使って、「かしゃかしゃ」と料理を楽しんでいます。未来のコックさん誕生ですね。
- 保育者が名前を呼ぶと、いつも「はーい」と元気な返事をしてくれる子どもたち。こうした一連の流れを毎日繰り返し行うことで、習慣化や生活の安定につながっていくのだと思います。
- 自分のマークが付いた棚から、衣類を出して着替えます。帰りの準備も、少しずつできるようになりました。「○○組になる！」は、子どもたちの意欲と期待を膨らませる魔法の言葉です。

進級クラス体験 P212_06T

- 2階の3歳児クラスで遊ばせてもらっています。足元も安定し、階段の手すりをつかんで、上手に上り下りができています。進級に期待が膨らむ子どもたちと、進級がちょっぴり寂しい担任保育者です。
- 1歳児クラスの子どもたちが、毎日3人ずつ、2歳児と一緒に食事をしています。普段から交流をしているので安定して過ごしています。食後の排泄《はいせつ》も、2歳児と同じようにトイレに移動し、便器に座ることができています。

異年齢児との交流 P212_07T

- 5歳児が、毎日○歳児のお手伝いに来ています。午睡後の着替えや排泄、手洗いなど、ていねいにお世話をしてくれます。おやつでは、「来て、来て」とお気に入りのお兄さん・お姉さんを指名する姿も見られます。

節分 P212_08T

- 「おにをやっつけるよ！」と今から豆まき会を楽しみにしています。保育室に貼ったおにの絵に向かい、新聞紙を丸めた豆で「おには外！」と事前練習に励んでいる子どもたち。当日はどんな姿を見せてくれるのか楽しみです。
- 豆まき会に参加しました。保育者がふんしたおににびっくり顔。早々に退出し、保育室でほんわか豆まき会の続きです。「♪まめまき」の歌が大好きで、元気いっぱいに歌う子どもたちです。

雪遊び P212_09T

- 今年も園に雪の便りが届きました。雪化粧をした園庭に子どもたちは大興奮！ 実際に雪に触ると、「冷た～い」と子どもたち。冬ならではの経験をすることができました。
- どんよりとした曇り空の日、午睡中に雪が降ってきました。目を覚ました子どもたちは「雪だー！」と大喜び。寒さなんかへっちゃらで、窓から手を伸ばし、空から降ってくる雪を受けとめていました。

わらべうたで遊ぼう

わらべうたには、大きく分けて「絵描き歌・数え歌・遊び歌」の３種類があります。クラスで楽しんでいるのは、「あがりめ さがりめ」「いっぽんばし こちょこちょ」「ちょちちょちあわわ」などの「遊び歌」。日本古来の伝承遊びで、軽快なリズムと言葉のおもしろさが魅力のわらべうたに親しむことは、手足の運動能力の促進や語彙数増加などの効果があります。大人の優しいまなざしが安心感となり、コミュニケーションの基礎を育むこともできます。

P213_01A　P213_01B　P213_01T

伝承遊び

先月から続くこま回しブーム。最近は牛乳パックで自分だけのこまを作って楽しんでいます。指先をうまく使って回せるようになり、「一緒にやろう」「見て見て～」など、保育者や友達へと遊びの輪が広がっています。初めはうまくできなかったことも、何度も挑戦していくうちにできるようになり、子どもたちの成長につながります。昔から続く遊びは、世代を超えて一緒に楽しめて、貴重な経験になりますね。

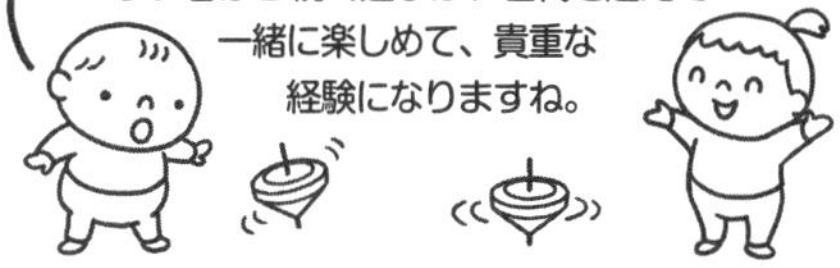

P213_02A　P213_02B　P213_02T

指先遊び

乳児クラスには、職員お手製のおもちゃがたくさんあります。なかでも「ぽっとん落とし」は大人気です！ 用意する物は、100均で売っているパスタケースと、ペットボトルの蓋だけです。蓋２個を接着剤で貼り合わせ、ビニールテープで巻けばできあがり。パスタケースの中に落として、取り出す、を繰り返し楽しんでいます。ぜひ、ご家庭でも作って遊んでみてください。

P213_03A　P213_03B　P213_03T

異年齢遊び

卒園が近い５歳児が、各年齢の所に、順番に遊びに来ています。お姉さんに絵本を読んでもらう心地よさを味わう女の子。ブロックを早く組み立てる様子を見て、目を輝かせる男の子。生活面でもお世話をしてくれ、給食時、午睡時は、隣に来てもらいたい子でにぎわいます。異年齢児との関わりは、大きい子も小さい子もさまざまな刺激を受ける活動です。思いやり、優しさ、自信、憧れ、好奇心など、人間関係の糧となる感情を育んでいきます。

P213_04A　P213_04B　P213_04T

わらべうた　P213_05T

●わらべうたのゆったりとしたリズムは、気持ちを穏やかにし、子どもの情緒を安定させます。わらべうたを歌いながら、手や足を使ったスキンシップで絆を深めています。

指先遊び　P213_06T

●指先は「第二の脳」。手や指を動かすことで、脳が活性化して発達を促してくれます。新聞紙遊びやテープ剝がし、お絵描きなど、子どもたちが興味・関心をもてる遊びを提案していきます。

花粉症対策　P213_07T

●今年も花粉の季節がやってきました。園でも空気清浄機を使用するなど、できる限りの対策を行っています。保育中のマスク着用に関しては、担任までご相談ください。また、点眼薬は病院から処方された物に限ります。市販の物はお受けできませんので、ご了承ください。

食育　P213_08T

●豆まきで使う大豆は別名「畑のお肉」ともいわれ、大切な栄養素がたくさん含まれています。大豆製品をしっかり食べて体を動かし、十分な睡眠をとって生活リズムを整えましょう。

伝承遊び　P213_09T

●「もういいかい？」「もういいよ！」。子どもたちが集まってくると、自然とかくれんぼが始まります。「かくれんぼ」や「だるまさんが転んだ」など、日本の伝承遊びで体を動かし、冬の寒さを乗り越えていきたいと思います。

異年齢遊び　P213_10T

●５歳児さんと散歩に行くと、優しく手をつないで歩調を合わせてくれます。緊張気味だった○○組さんも、公園では追いかけっこを楽しみ、身も心もぽかぽか。すっかり打ち解けていました。

健康・生活　P213_11T

●体調を崩しやすいこの季節、子どもの平熱を知っておくと安心です。体温は一人ひとり違うので、健康時の検温を目安にしましょう。０～２歳児は体温調節機能がまだ未熟なので、機嫌や食欲なども考慮するとよいでしょう。

●幼児用パンツで過ごす時間が長くなりました。寒い日は、尿間隔が短くなるため、少し早めに排泄に誘っています。お気に入りのパンツをはくと、成功率が高くなるようです。

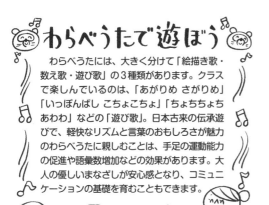

2月の行事

節分

P214_01

P214_04

P214_02

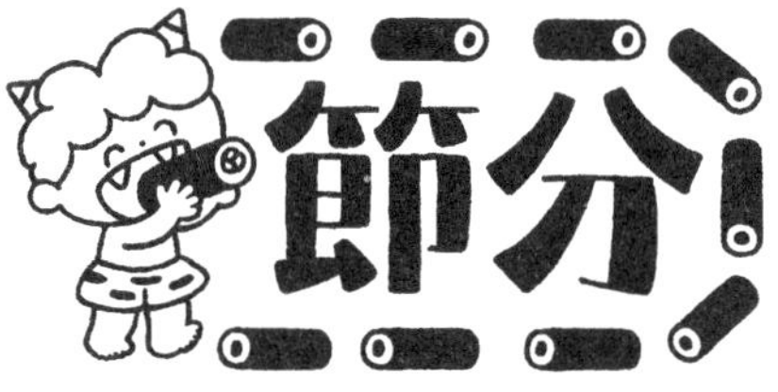

P214_03

P214_05

P214_06

P214_07

P214_08

P214_09

P214_11

P214_12

P214_13

P214_10

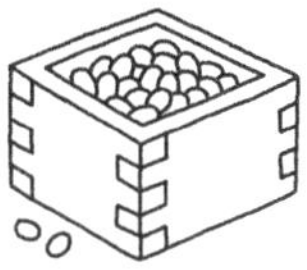

P214_14

P214_15

P214_16

P214_17

P214_18

P214_19

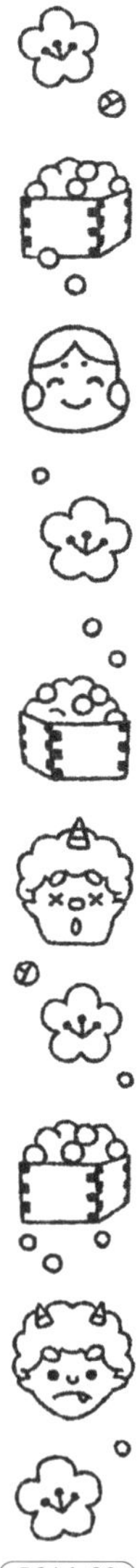

P214_20

P214_21

このメッセージが見えるまで開くときれいにコピーすることができます。

伝承遊び

P215_01

P215_02

P215_03

P215_04

P215_05

P215_07

P215_06

P215_08

P215_09

P215_10

P215_11

P215_12

P215_13

P215_14

P215_15

小学校訪問

P215_16

P215_17

P215_18

P215_19

P215_20

P215_21

P215_22

このメッセージが見えるまで開くときれいにコピーすることができます。

卒園製作

P216_01

P216_02

P216_03

P216_04

P216_05

P216_06

P216_07

P216_08

P216_09

記念撮影

P216_10

P216_11

P216_12

P216_13

P216_14

P216_15

P216_16

P216_17

P216_18

このメッセージが見えるまで開くときれいにコピーすることができます。

誕生日

お誕生日
おめでとう

P217_01

お誕生日おめでとう

P217_02

P217_05

2月生まれのお友達

P217_03

2月生まれのお友達

P217_04

P217_06

P217_07

P217_08

P217_09

P217_18

P217_10

P217_11

P217_12

P217_13

しんちょう
cm

P217_14

たいじゅう
kg

P217_15

しんちょう
cm

P217_16

たいじゅう
kg

P217_17

P217_19

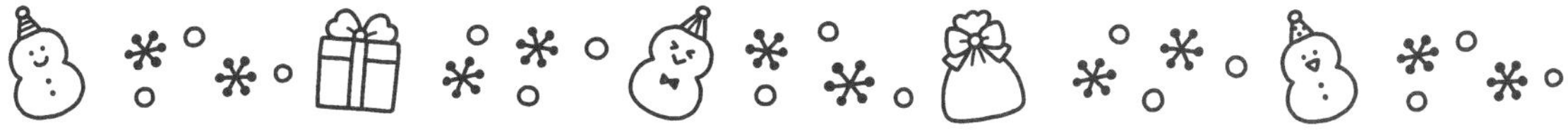

このメッセージが見えるまで開くときれいにコピーすることができます。

子ども

3~5歳児

P218_01

P218_02

P218_03

P218_04

P218_05

P218_06

P218_07

P218_08

P218_09

P218_10

P218_11

P219_01

P219_02

P219_03

P219_04

P219_05

P219_06

P219_07

P219_08

P219_09

P219_10

P219_11

P219_12

0～2歳児

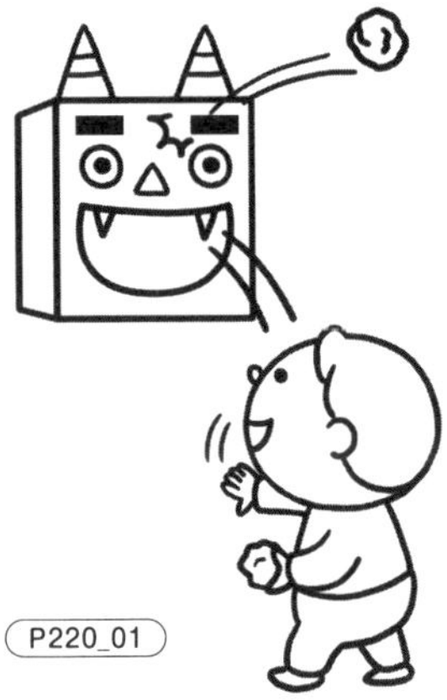

P220_01

P220_02

P220_03

P220_04

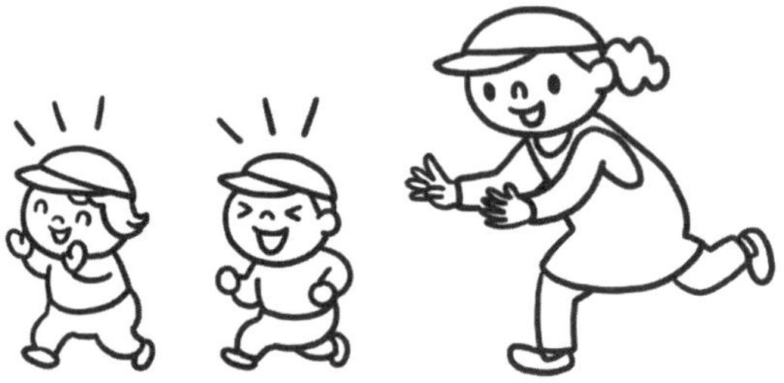

P220_05

P220_06

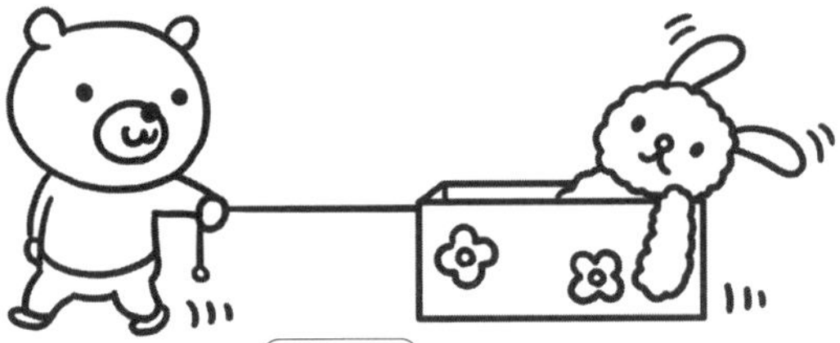

P220_07

P220_08

P220_09

P220_10

P221_01

P221_02

P221_03

P221_04

P221_05

P221_06

P221_07

P221_08

P221_09

P221_14

P221_10

P221_11

P221_12

P221_13

P221_15

このメッセージが見えるまで開くときれいにコピーすることができます。

生活 健康

P222_01

P222_02

P222_03

P222_06

P222_07

P222_04

P222_05

P222_11

P222_08

P222_10

P222_09

P222_12

P222_13

P222_14

P222_15

P222_16

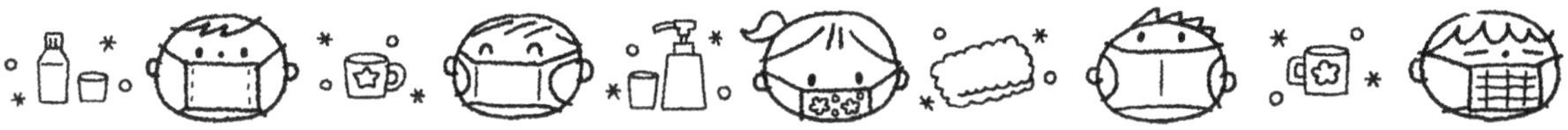

P222_17

タイトルフレーム

2月

P223_01

2月

P223_02

2月の予定

P223_03

2月の予定

P223_04

1日入園

P223_05

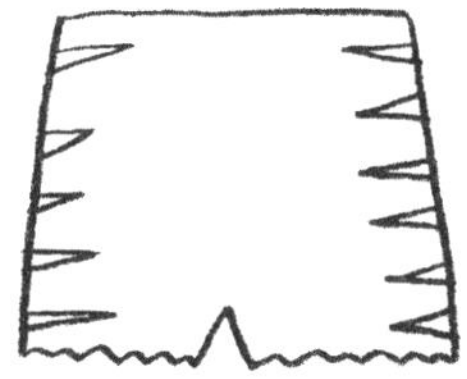

P223_06

P223_07

だより

P223_08

だより

P223_09

お知らせ

P223_10

お知らせ

P223_11

今月のこんだて

P223_12

最高!

P223_13

P223_14

P223_15

P223_16

P223_17

P223_18

このメッセージが見えるまで開くときれいにコピーすることができます。

3月

テンプレート

イラストフレームに文字を入れると
コーナータイトルにぴったり！

3月のクラスだより

B4サイズ横を想定

3月

きりんぐみ
だより

令和〇〇年　３月

１年間ありがとうございました

みんなで植えたスイセンやチューリップが咲き始めました。色鮮やかな花と子どもたちの笑顔で、園庭がにぎやかな季節です。この１年、保護者の皆様には多くのご協力をいただき、本当にありがとうございました。今年度はさまざまなことがあり、子どもたち、保護者の皆様、職員とで、園が成り立っていることを強く実感しました。

３月の予定

３月３日	ひなまつり
	耳の日
３月〇日	お別れ会
３月〇日	卒園式
３月〇日	修了式

お誕生日
おめでとう

3月生まれのお友達

３月〇日
生まれ
〇〇〇〇〇
〇〇〇〇〇
さん

３月〇日
生まれ
〇〇〇〇〇
〇〇〇〇〇
さん

当番活動の引き継ぎ

５歳児の特権だった「花壇の水やり」を引き継ぐことになっています。５歳児との約束を思い出しながら、１年間、水やりをしていきます。忘れずにがんばろうね！

卒園式

在園児代表として、卒園式に参加します。そのため、お別れの歌と言葉の練習が始まります。長時間にわたるので心配ですが、厳かな雰囲気に触れるよい機会となります。

新年度準備

道具箱など持ち帰った教材は、クラス名を書き替えてください。名前が薄くて見えづらくなっている物は書き直すなど、確認をお願いします。新学期を気持ちよく迎えられるよう、ご協力よろしくお願いします。

ひな祭り製作

去年までは、おだいりさまと「おひめさま」と言っていたのに、今年はちゃんと「おひなさま」と言えるようになりました。成長を感じますね。細かくじゃばら折りをしてびょうぶを作ったり、小さな桃の花のパーツを貼ったりして、おひなさま製作をします。できあがりをお楽しみに！

お別れ会

〇月〇日はお別れ会です。保育室を輪飾りやお花紙の花で飾り、５歳児さんをご招待。例年、４歳児が司会を務めます。「ランドセルはなに色ですか？」「小学校で楽しみなことはなんですか？」などの質問を用意しています。最後は心を込めて作ったプレゼントを渡し、感謝の気持ちを伝えます。

〇〇組　**進級に向けて**

もうすぐ進級です。今からやる気やワクワクした気持ちに満ちています。進級に向けて、今後は保育者の話をしっかり聞くことや、持ち物を自分で管理することなどに取り組み、自信につなげていきたいと思っています。進級したらすぐにできるわけではないので、今のうちからご家庭でも少しずつ意識してみてはいかがでしょうか。

もうすぐ春休み

進級や就学を前に、ドキドキ、ワクワクのさまざまな気持ちを抱いて迎える春休みは、交通事故やけがが多い時期でもあります。園でも話をしますが、子ども自身が安全に気をつけられるよう、ご家庭でもお声がけください。また、新年度がスムーズにスタートできるように、生活リズムが崩れすぎないようにしましょう。「早寝・早起き・朝ごはん」が続けられるといいですね。健康で、楽しい春休みをお過ごしください。

P224_01

飾り線をたくさん使うと、
華やかな印象に。

お別れ会のお知らせ
A4 サイズ縦を想定

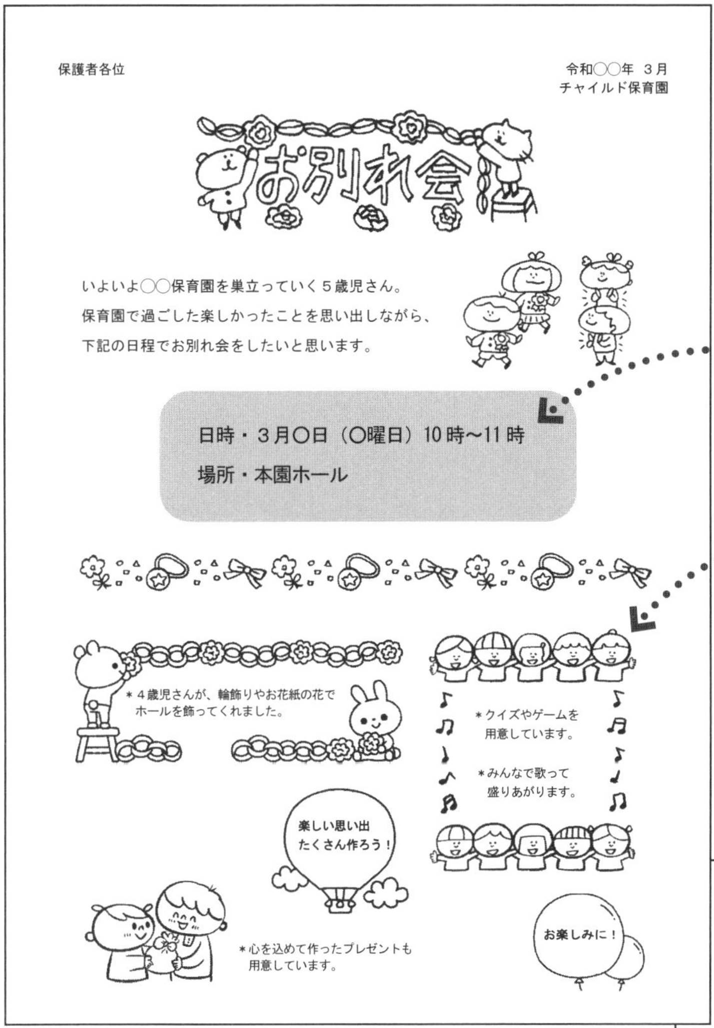

保護者各位

令和○○年 3月
チャイルド保育園

お別れ会

いよいよ○○保育園を巣立っていく５歳児さん。
保育園で過ごした楽しかったことを思い出しながら、
下記の日程でお別れ会をしたいと思います。

日時・3月○日（○曜日）10時～11時
場所・本園ホール

＊４歳児さんが、輪飾りやお花紙の花でホールを飾ってくれました。

＊クイズやゲームを用意しています。

＊みんなで歌って盛りあがります。

楽しい思い出たくさん作ろう！

＊心を込めて作ったプレゼントも用意しています。

お楽しみに！

P225_01

日時や場所は、
できるだけ目立たせて。

当日の活動内容を
伝えておきましょう。

卒園式のご案内
B5・A4 サイズ縦を想定

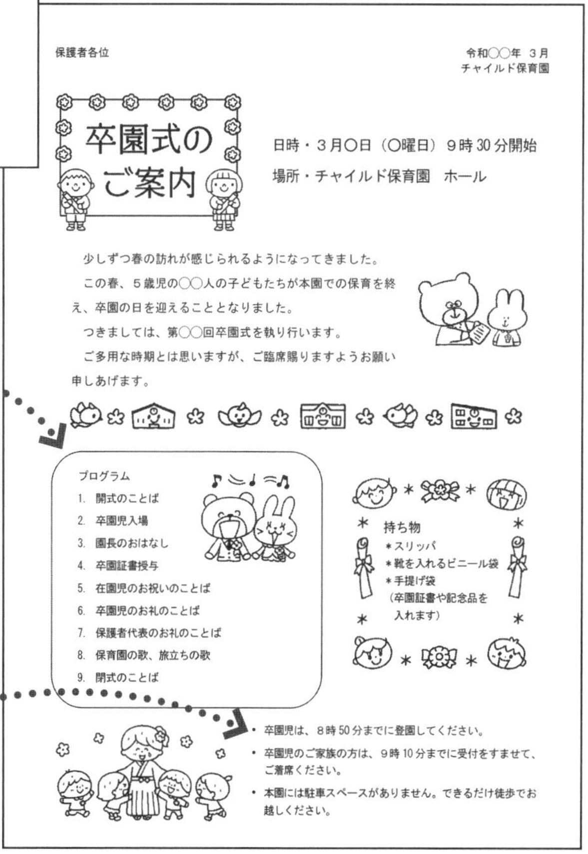

保護者各位

令和○○年 3月
チャイルド保育園

卒園式のご案内

日時・3月○日（○曜日）9時 30 分開始
場所・チャイルド保育園　ホール

少しずつ春の訪れが感じられるようになってきました。
この春、５歳児の○○人の子どもたちが本園での保育を終え、卒園の日を迎えることとなりました。
つきましては、第○○回卒園式を執り行います。
ご多用な時期とは思いますが、ご臨席賜りますようお願い申しあげます。

プログラム
1. 開式のことば
2. 卒園児入場
3. 園長のおはなし
4. 卒園証書授与
5. 在園児のお祝いのことば
6. 卒園児のお礼のことば
7. 保護者代表のお礼のことば
8. 保育園の歌、旅立ちの歌
9. 閉式のことば

持ち物
＊スリッパ
＊靴を入れるビニール袋
＊手提げ袋
（卒園証書や記念品を入れます）

- 卒園児は、8時 50 分までに登園してください。
- 卒園児のご家族の方は、9時 10 分までに受付をすませて、ご着席ください。
- 本園には駐車スペースがありません。できるだけ徒歩でお越しください。

P225_02

プログラムや持ち物は
フレームを使って
わかりやすく伝えます。

登園時間は、
細かく伝えておきましょう。

文例 & フレーム

3～5歳児クラス向け

P000_00A フレームと文例

P000_00B フレームのみ

P000_00T 文例のみ

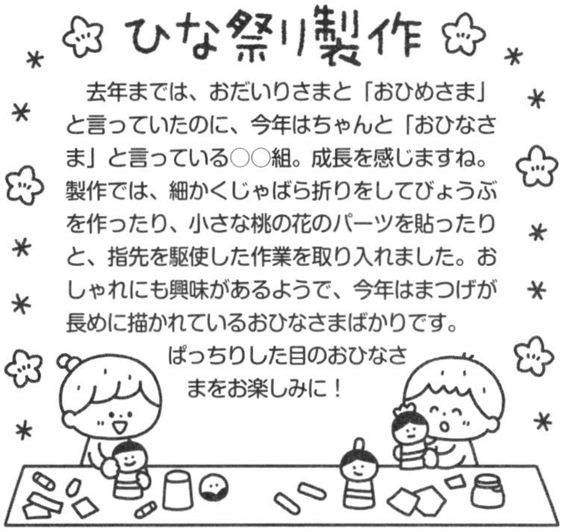
ひな祭り製作
去年までは、おだいりさまと「おひめさま」と言っていたのに、今年はちゃんと「おひなさま」と言っている○○組。成長を感じますね。製作では、細かくじゃばら折りをしてびょうぶを作ったり、小さな桃の花のパーツを貼ったりと、指先を駆使した作業を取り入れました。おしゃれにも興味があるようで、今年はまつげが長めに描かれているおひなさまばかりです。ぱっちりした目のおひなさまをお楽しみに！

P226_01A P226_01B P226_01T

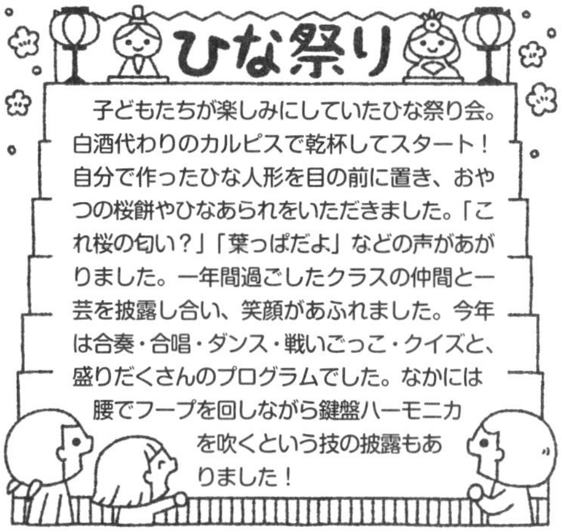
ひな祭り
子どもたちが楽しみにしていたひな祭り会。白酒代わりのカルピスで乾杯してスタート！自分で作ったひな人形を目の前に置き、おやつの桜餅やひなあられをいただきました。「これ桜の匂い？」「葉っぱだよ」などの声があがりました。一年間過ごしたクラスの仲間と一芸を披露し合い、笑顔があふれました。今年は合奏・合唱・ダンス・戦いごっこ・クイズと、盛りだくさんのプログラムでした。なかには腰でフープを回しながら鍵盤ハーモニカを吹くという技の披露もありました！

P226_02A P226_02B P226_02T

3月の挨拶 P226_04T

- みんなで植えたスイセンやチューリップが咲き始めました。色鮮やかな花と子どもたちの笑顔で、園庭がにぎやかな季節です。
- 明るい光と吹く風に春を感じる日が多くなってきました。園は年度のまとめの時期です。子どもたちとこの１年を振り返り、新しい学年につなげていきたいと思っています。
- 卒園式までのカウントダウンが始まりました。歌の練習では、成長や思い出を振り返る歌詞に、思わず涙がこぼれます。子どもたちに「ありがとう」の気持ちを込めて過ごしています。
- この１年、保護者の皆様には多くのご協力をいただき、本当にありがとうございました。今年度はさまざまなことがあり、子どもたち、保護者の皆様、職員とで、園が成り立っていることを強く実感しました。

3月の子どもの様子 P226_05T

- 「宿題はやってきましたか？」「ノートを出してください」と５歳児では学校ごっこが人気です。「給食でーす！」と言う回数が多いのは…気のせいでしょうか！?
- 卒園のお祝いの歌と言葉の練習が始まりました。４歳児さんに、園の代表として卒園式に参加することを伝えると、顔つきが「キリッ」。大きくなったという自信もついたようです。きっと立派に役目を果たしてくれるでしょう！
- 「しっかり話が聞けるのね！ あら、バッジの色が変わってきたみたい！」と言われると、背筋が伸びて、すっかり進級した気分になる３歳児です。みんな大きくなりました。

卒園式 P226_06T

- 卒園式の練習では、証書授与、お別れの言葉、お別れの歌など覚えることがいっぱい。でも、さすが５歳児さん。驚くほど真面目な表情で一生懸命に臨んでいましたよ。
- 在園児代表として式に参加しました。長時間にわたるため、心配していたのですが…厳かな雰囲気を感じ取り、行儀よく座ってがんばりました。お別れの歌と言葉は、最高に感動しましたよ。

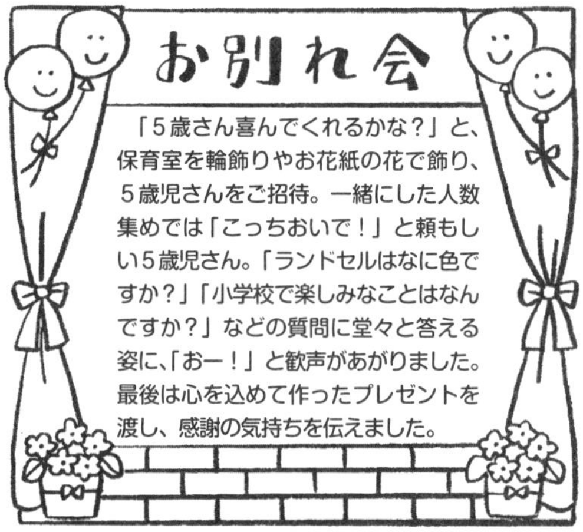
お別れ会
「５歳さん喜んでくれるかな？」と、保育室を輪飾りやお花紙の花で飾り、５歳児さんをご招待。一緒にした人数集めでは「こっちおいで！」と頼もしい５歳児さん。「ランドセルはなに色ですか？」「小学校で楽しみなことはなんですか？」などの質問に堂々と答える姿に、「おー！」と歓声があがりました。最後は心を込めて作ったプレゼントを渡し、感謝の気持ちを伝えました。

P226_03A P226_03B P226_03T

ひな祭り P226_07T

- ４歳児は和紙を染めて、ひな人形の着物を作りました。和紙に色がにじんでいく様子を「きれい」「不思議」と楽しんでいました。ていねいに、気持ちを込めて描いた人形の顔も、個性豊かに仕上がりました。
- ３歳児は、丸い折り紙の色や模様を自分で選び、ひな人形の着物を折りました。パッと選ぶ子、じーっと考える子などさまざまで、折り紙の選び方にも性格が表れているようです。

お別れ会・お別れ遠足 P226_08T

- ４歳児がお別れ会の司会を務めました。練習ではうまくいかずにけんかが勃発。どうしたらよいか案を出し合い進めてきました。当日は大成功！ 大役を果たし満足感いっぱいの笑顔でした。
- ５歳児と一緒にお別れ遠足。車が来ると、小さい子をかばおうとするかっこいい場面も。お弁当を食べ、いっぱい遊んだ子どもたちのリュックには、思い出がたくさん詰まっています。
- 一日思いっきり遊ぼうとバスで少し遠くの公園に行きました。家族のように仲よくなった子どもたち。声をかけ合って自分たちで遊びを進める様子に、胸が熱くなる担任でした。

このメッセージが見えるまで開くときれいにコピーすることができます。

一年間を振り返って

一年間、子どもたちとワクワクの花をたくさん咲かせてきました。けんかをして仲直りして、怒って泣いて、いっぱい笑って、本当に充実した時間を過ごすことができました。廃材製作・長距離散歩・泥んこ遊びなどの際には、保育材料の準備や登園時間の変更に快く協力してくださり、ありがとうございました。この園で過ごした時間が、子どもたちの心の豊かさを育み、成長の過程で生きる力となれば、職員一同幸せです。

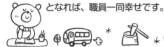

P227_01A　P227_01B　P227_01T

卒園おめでとうございます

小さくて、泣き虫だったみんなが、心も体も強くたくましく、そして思いやりのある優しい子どもたちに育ってくれました。特にこの１年は、運動会、発表会といった行事はもちろん、低年齢のクラスのお世話や当番活動などで園全体への貢献度も高く、がんばってきました。充実した保育ができたのも、園を信頼し、担任を支えてくださった保護者の皆様のおかげです。
心から感謝申し上げます。

P227_02A　P227_02B　P227_02T

○○組 進級に向けて

もうすぐ進級です。「4月から○○組さんだから、自分でやる！」「○○組さんにあるおもちゃも使えるようになるね」と、今からやる気や、ワクワクした気持ちに満ちています。進級に向けて、今後は保育者の話をしっかり聞くことや、持ち物を自分で管理することなどに取り組み、自信につなげていきたいと思っています。進級したらすぐにできるわけではないので、今のうちからご家庭でも少しずつ意識してみてはいかがでしょうか。

P227_03A　P227_03B　P227_03T

もうすぐ春休み

進級や就学を前に、ドキドキ、ワクワク！さまざまな気持ちを抱いて迎える春休みは、交通事故やけがが多い時期でもあります。園でも話をしますが、子ども自身が安全に気をつけられるよう、ご家庭でもお声がけください。また、新年度がスムーズにスタートできるように、生活リズムが崩れすぎないようにしましょう。「早寝・早起き・朝ごはん」が続けられるといいですね。健康で、楽しい春休みをお過ごしください。

P227_04A　P227_04B　P227_04T

１年を振り返って　P227_05T

●笑って、泣いて、走って、食べて、けんかして…。たくさんのことをみんなで乗り越えました。「○○組さん楽しかった！」と感じることができるのも、保護者の皆様のご協力のおかげです。

●あっという間に年度末。この１年で経験した多くのことを糧に、これからさらに心も体も大きくなりながら、「できた！」「もっとやってみたい！」という気持ちを感じてほしいと思います。

当番活動の引き継ぎ　P227_06T

●５歳児の特権だった「花壇の水やり」を引き継ぐことに。「お水をあげすぎるとだめって言ってたよ」と、約束を思い出しながら水やりをしています。一年間、忘れずにがんばろうね！

●お当番には、毎朝全クラスの出席人数を園長先生に報告する仕事があります。初めの頃はドキドキしていましたがすっかり慣れ、最近では次の５歳児さんに教えてあげています。

食育　P227_07T

●ひな祭りの日に、はまぐりのお吸い物を食べるお話を聞きました。「二枚貝は絶対に対になっている貝しか合わない」と知り、「試してみたい」と大盛り上がり。ぜひご家庭でも、しじみやあさりで貝殻が合うかどうか試してみてください。

進級に向けて　P227_08T

●進級後に戸惑うことがないように、進級クラスで過ごす時間をつくっています。子どもが安心して過ごせるよう、人的環境、物的環境ともに、今年度のうちに少しずつ整えていきます。

●バッジや帽子の色が変わることがうれしくてたまらない様子の子どもたち。期待に胸を膨らませるなかにも、緊張の様子がうかがえます。一人ひとりが安心して新年度を迎えられるよう、気持ちに寄り添い過ごしています。

新年度準備　P227_09T

●道具箱など、持ち帰った教材はクラス名を書き替えてください。名前が薄くて見えづらくなっている物は書き直すなど、確認をお願いします。新学期を気持ちよく迎えられるよう、ご協力よろしくお願いします。

●今までのクラスが楽しかったからこそ、新しいクラスに不安を抱えているお子さんもいます。園でも新学期に向けて楽しい話をしていますが、ご家庭でもぜひ、安心できるような声かけをしてあげてくださいね。

健康・生活　P227_10T

●目の充血や鼻水が気になることはありませんか？ もしかしたら、花粉症かもしれません。最近では幼児期から発症することもあるといわれているので、症状が続くようでしたら、耳鼻咽喉科を受診しましょう。

このメッセージが見えるまで開くときれいにコピーすることができます。

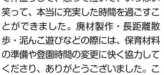

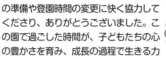

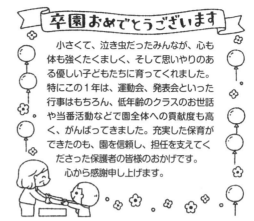

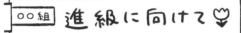

0~2歳児クラス向け

ひな祭り

玄関に飾られたおひなさまを見に行くと、目を丸くしてじーっと見つめたり、手を伸ばしたりして興味津々な子どもたち。ひな祭りの歌に合わせて、思い思いに体を揺らしたり、両手をたたいたりして、一緒に口ずさむ姿も見られました。給食は色とりどりのちらしずし。お花形のにんじんがうれしくて、苦手な子も「見ててね」とパクリ！ お代わりもたくさんしていました。

P228_01A　P228_01B　P228_01T

親子遠足

天候にも恵まれた親子遠足。お気に入りのリュックを背負い、ワクワクした表情で出発しました。保護者と一緒に、大好きな触れ合い遊びを楽しみ、いつもよりたくさんの笑顔が見られました。そして、待ちに待ったお弁当タイム。みんなで輪になって食べ、子どもたちからも「楽しかったね」とうれしそうな声が聞こえてきました。親子での触れ合いを通して、成長を分かち合う、すてきな時間となりました。

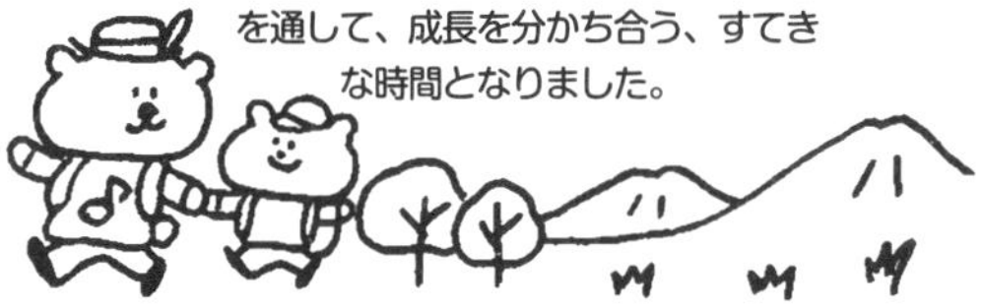

P228_02A　P228_02B　P228_02T

大きくなりました！

○○組での生活も残すところひと月です。友達と遊んだり、時にはけんかもしたりしながら、たくさんの関わりのなかで育ち合い、心も体もぐ～んと大きくなりました。「自分でやりたい！」の気持ちも芽生え、いろいろなことに挑戦する楽しさを味わっています。一人ひとりのできることを自信につなげていきながら、進級に向けた“心の準備”を支えていきたいと思います。

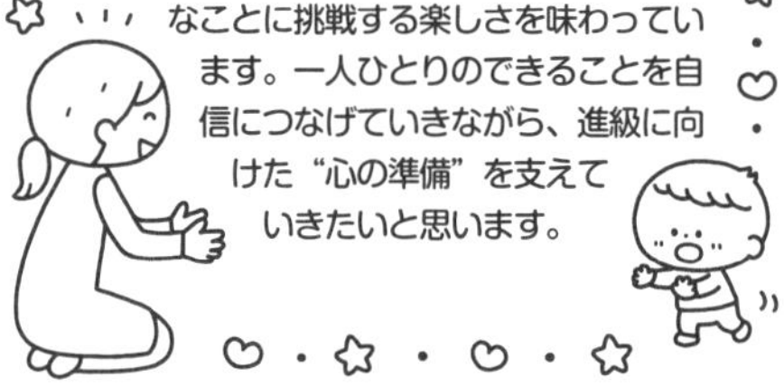

P228_03A　P228_03B　P228_03T

3月の挨拶　P228_04T

- 暖かなお日様の光、小鳥のさえずり、花のつぼみも膨らんで、ぽかぽかな春がもうすぐです！
- 爽やかな春風に誘われて、チョウチョウやテントウムシが園庭に遊びに来ています。
- ウメ・モモ・サクラなど、ピンクの花を見ると心がほんわかあたたかくなります。優しいピンク色に包まれながら、1年間の子どもの成長をゆったりとした気持ちで喜び合える季節ですね。
- ふんわり吹く風は暖かく、少しずつ春の足音が聞こえています。小さかった子どもたちも、この1年でできることがたくさん増え、頼もしく見えます。

3月の子どもの様子　P228_05T

- 枯れ草の間から顔を出す新芽や花のつぼみ、プランターの下に隠れているダンゴムシに気づき、春の訪れに胸を膨らませている子どもたちです。
- 入園当初は、お父さん、お母さんと離れられず涙、涙の日々でしたが、今では自分で入室し、なんでも自分でやろうとする気持ちが育っています。
- 暖かい日には、保育者と手をつなぎ、歩いて散歩に出かけます。散歩車に乗っているときとは違う景色に、子どもたちの瞳も輝いています。自分の足で歩む姿に1年の成長を感じました。
- 赤・白・黄色のチューリップ。つぼみの前で花開くのを、今か今かと楽しみにしている子どもたち。花が咲いたら大きいクラスになるんだよと、うれしそうな笑顔がキラキラしています。

ひな祭り　P228_06T

- 目・鼻・口の意味がわかり、おひなさまが描けるようになった子どもたち。桃の花やぼんぼりも、指先を器用に使い、のり付けしました。表情豊かなひな人形がかわいらしく並んでいます。
- ひな壇に飾られた内裏《だいり》びなを見上げながら、流れてくるオルゴールに合わせて歌を歌っています。ひな祭りの歌は、小さい子どもたちも歌いやすく、大好きな季節の歌の1つです。

親子遠足　P228_07T

- 天気にも恵まれ、保護者の方々とも親睦を深めながら楽しく1年を振り返ることができました。おうちの人と一緒に遊べたことで、いつも以上に子どもたちの笑顔もあふれていました。
- みんなで歌ったり遊んだり…心に残る笑顔がいっぱいでしたね。翌日は、子どもたちからも「楽しかった」という声がたくさん聞かれ、親子遠足の話でもちきりでした。

健康・生活　P228_08T

- 3月3日は耳の日です。過度な耳掃除はかえって逆効果になることも。定期的に耳鼻科を受診し、健康を保ちましょう。
- 進級を控え、不安や緊張から子どもたちが不安定になることがあります。そんなときは、子どもの心に寄り添い、ぎゅっと抱きしめてあげてください。

食育　P228_09T

- ひな祭りに食べる物にはちらしずしやひなあられなどがあります。4色のひなあられは四季を表し、「1年を通じて健康でありますように」との願いが込められているそうです。

春の外遊び

ポカポカの春の日ざしに誘われて、ワクワク気分で外遊びの準備をしています。足腰が強くなり、園庭を走り、滑り台の手すりをしっかり握って、力強く階段を上がれるようにもなりました。「もう赤ちゃんじゃないよ」と、遊びを通して主張しているようです。友達どうしで手をつなぐことも上手になっているので、天気のよい日には少し遠出の散歩にも出かける予定です。春の「歩育《ほいく》」を楽しみたいと思っています。

P229_01A P229_01B P229_01T

春、見っけ！

歩くのが上手になってきたので、遊歩道で友達と手をつないだり、保育者と追いかけっこをしたり楽しんでいます。梅の花が咲き、つくしも顔をのぞかせ、春はもうそこまできています。子どもたちは、目に見えた情景、聞こえてきた音などにうれしそうに反応し、「あっ！」と声をあげています。四季の移り変わりをみんなで感じながら、春の散歩を楽しんでいきたいと思います。

P229_02A P229_02B P229_02T

1年間の思い出

桜の花が満開の頃、入園・進級した○○組の子どもたち。「元気いっぱい！ たくさん遊び、笑顔あふれるクラス」を目標に1年間を過ごしてきました。4月当初は、涙を浮かべる姿が見られましたが、今では笑顔と明るい声がいっぱいのクラスになりました。園でのたくさんの経験を通して、心も体も大きく成長しました。これからも子どもたちの成長を楽しみにしています。

P229_03A P229_03B P229_03T

1年を振り返って

春、新しい顔ぶれの保育者を前に、不安でいっぱいの表情を浮かべていた子どもたち。この子たちに、精いっぱい愛情を注いでいこうと誓った日から、早1年が過ぎようとしています。○歳児クラスは、1日1日、新しい発見がいっぱい。できないことができるようになる瞬間に、たくさん立ち会ってきました。その喜びを、保護者の皆様と共有し、共感し、喜び合って過ごせたことは、わたしたちにとって宝物となりました。1年間、ありがとうございました。

P229_04A P229_04B P229_04T

進級に向けて　P229_05T

- 進級に向けて、3歳児クラスとの交流が盛んになっています。先日は一緒に給食を食べ、3歳児クラスでお昼寝をしました。進級に期待が高まっているようです。
- 「コップは袋に入っているかな」「帽子はバッグに入っているかな」など、お帰りの時間に、バッグのチェックを始めました。自慢顔で見せに来てくれる子どもたちの心は、もう春を迎えています。

1年間のご挨拶　P229_06T

- たくさん遊んでたくさん食べて、友達との関わりのなかで泣いたり笑ったりと、いろいろな経験を通して心も体も大きくなりました。成長を近くで見守ることができ、うれしく思います。
- 泣き声の大合唱から始まった4月。今では○○園っ子が板につき、たくましく成長してくれました。いつも、あたたかく園の活動を見守ってくださった皆様のおかげです。1年間ありがとうございました。
- 0・1・2歳児期は日々「できた！」の連続です。一緒に喜び、笑い、遊び、保育者にとっても充実した1年間となりました。子どもたち、そして、保護者の皆様に感謝の気持ちでいっぱいです。

春探し　P229_07T

- 暖かい日が続くようになり、戸外に出ることも多くなりました。アリの行列を見つけると、しゃがんでのぞき込みながらずっと見つめる子どもたち。次はどんな虫に出会えるかな？

1年を振り返って　P229_08T

- 泣いたり、笑ったり、いっぱい遊んだり、毎日いろいろなことを経験し、子どもたちは心身ともに大きく成長しましたね。たくさんの経験から得た自信を、次のステップへつなげてほしいと思っています。
- あんなに小さかった子どもたちも、今では「自分で」とがんばる頼もしいお兄さんお姉さんになりました。成長が著しいこの大切な1年を一緒に過ごすことができ、うれしく思います。

新年度準備　P229_09T

- いよいよ今年度も残りわずか。一人ひとりがたくましく成長し、大きくなった喜びを感じているようです。今一度、着替えや靴のサイズ、持ち物の名前の確認をお願いします。

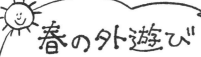

3月の行事

ひな祭り

P230_01

P230_02

P230_03

P230_04

P230_05

P230_06

P230_07

P230_08

P230_09

P230_10

P230_11

P230_12

P230_13

P230_14

P230_15

P230_16

P230_17

お別れ会・お別れ遠足

お別れ会

P231_01

お別れ遠足

P231_02

P231_06

お別れ会

P231_03

P231_04

P231_05

P231_07

P231_09

P231_08

卒園アルバム

おもいで

P231_10

ずっとともだち

P231_12

たのしかったこと

P231_13

みんなともだち

P231_11

☆おおきくなったら☆

P231_14

たびだち

P231_15

P231_16

たからもの

P231_21

はる

P231_17

なつ

P231_18

あき

P231_19

ふゆ

P231_20

このメッセージが見えるまで開くときれいにコピーすることができます。

卒園

P232_01

P232_02

P232_03

P232_04

P232_05

P232_06

P232_07

P232_08

P232_09

P232_10

P232_11

P232_12

P232_13

P232_14

P232_15

P232_16

このメッセージが見えるまで開くときれいにコピーすることができます。

誕生日

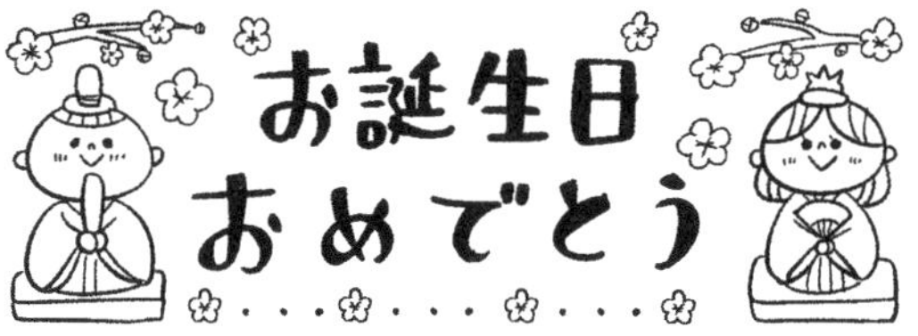
お誕生日
おめでとう

P233_01

お誕生日
おめでとう

P233_02

P233_05

3月生まれのお友達

P233_03

3月生まれのお友達

P233_04

P233_06

P233_07

P233_08

P233_09

P233_18

P233_10

P233_11

P233_12

P233_13

しんちょう
cm

P233_14

たい
じゅう
kg

P233_15

しんちょう
cm

P233_16

たいじゅう
kg

P233_17

P233_19

子ども

3~5歳児

P234_01

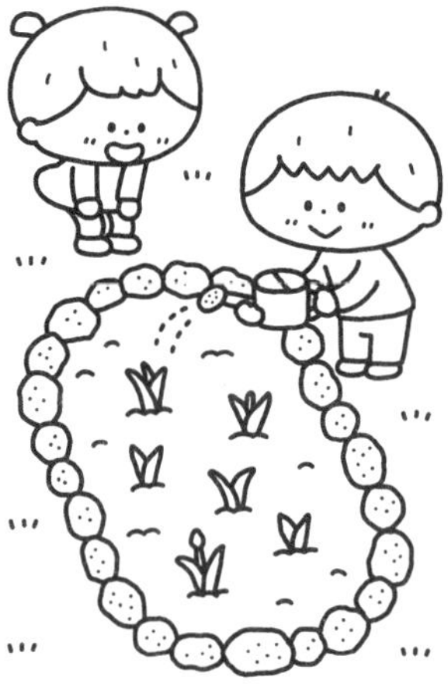

P234_02

P234_03

P234_04

P234_05

P234_06

P234_07

P234_08

P234_09

P234_10

P234_11

P234_12

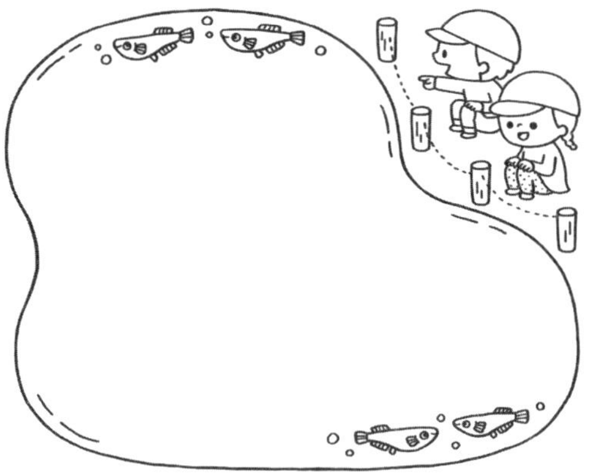

P234_13

このメッセージが見えるまで開くときれいにコピーすることができます。

このメッセージが見えるまで開くときれいにコピーすることができます。

P235_01

P235_02

P235_03

P235_04

P235_07

P235_11

P235_12

P235_05

P235_06

P235_08

P235_09

P235_10

P235_13

P235_14

P235_15

0～2歳児

P236_01

P236_02

P236_03

P236_04

P236_05

P236_06

P236_07

P236_08

P236_09

P236_10

P236_11

このメッセージが見えるまで開くときれいにコピーすることができます。

P237_01

P237_02

P237_03

P237_04

P237_05

P237_06

P237_07

P237_08

P237_09

P237_10

P237_11

P237_12

P237_13

P237_14

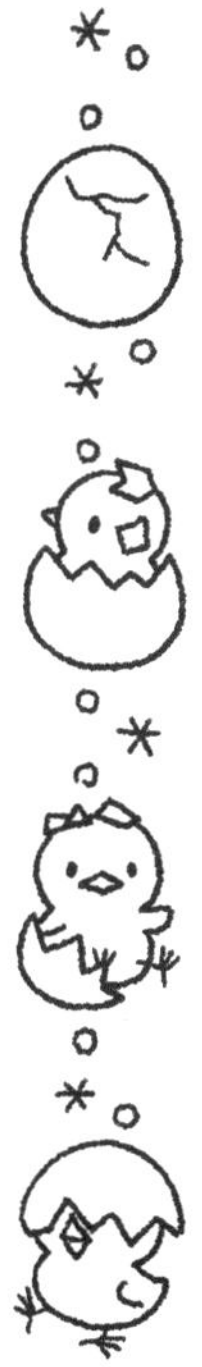

P237_15

P237_16

生活健康

このメッセージが見えるまで開くときれいにコピーすることができます。

P238_01

P238_02

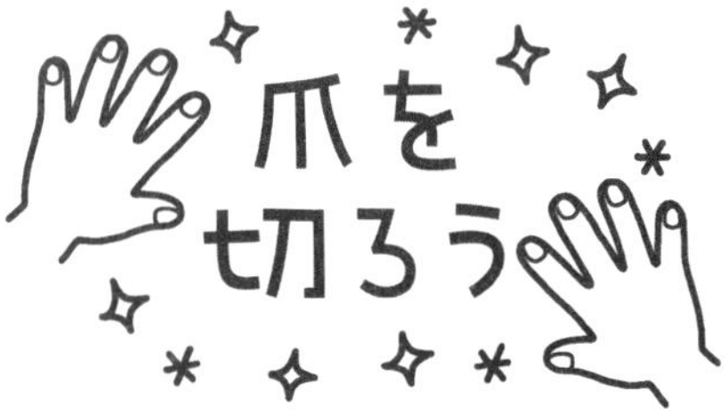

P238_03

P238_04

P238_05

P238_06

P238_07

P238_08

P238_09

P238_10

P238_11

P238_12

P238_13

P238_14

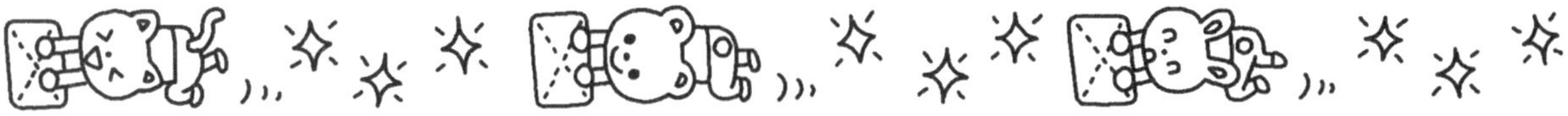

P238_15

P238_16

このメッセージが見えるまで開くときれいにコピーすることができます。

タイトルフレーム

P239_01

P239_02

P239_03

P239_04

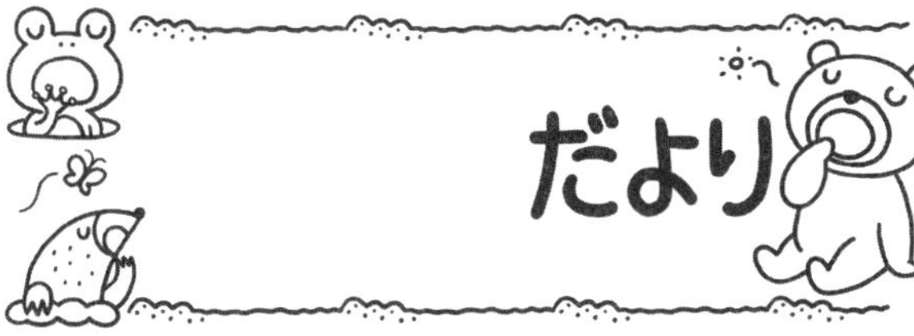

P239_05

P239_06

P239_07

P239_08

P239_09

P239_10

P239_11

P239_12

P239_13

P239_14

P239_15

P239_16

P239_17

P239_18

P240_01

P240_02

P240_03

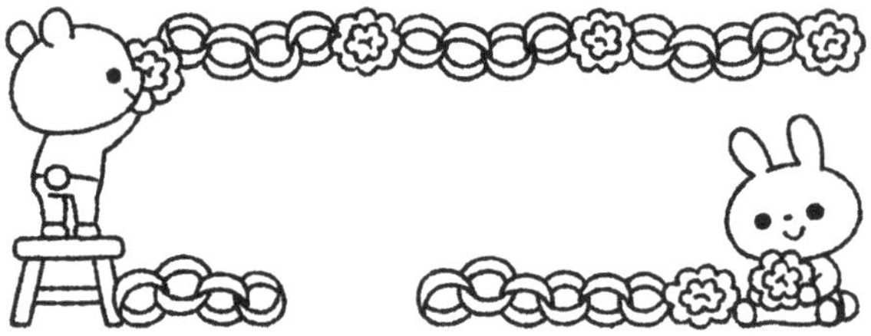

P240_05

P240_04

P240_06

P240_07

P240_08

P240_09

P240_10

このメッセージが見えるまで開くときれいにコピーすることができます。

このメッセージが見えるまで開くときれいにコピーすることができます。

P241_01

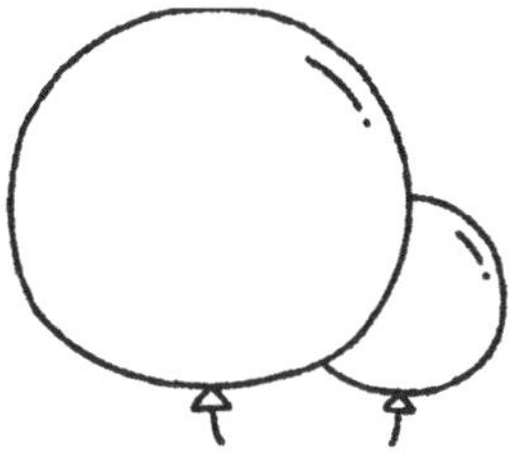

P241_02

P241_03

P241_04

P241_05

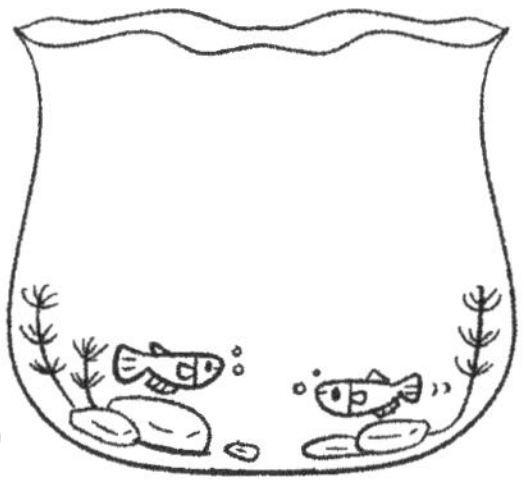

P241_06

P241_07

P241_10

P241_11

P241_12

P241_08

P241_09

P241_13

P241_14

CD-ROMについて

本書付属の CD-ROM には、テンプレート・イラスト・文例のデータが収録されています。
以下の事項に同意いただいたうえで、ご開封ください。

●本書付属CD-ROMをお使いになる前に

【推奨環境】

< Windows >

OS：Windows10 以降
アプリケーション：Microsoft Office 2016 以降

< Macintosh >

OS：macOS の最新の 3 つのメジャーバージョン
アプリケーション：Office for Mac 2021 以降

◎付属の CD-ROM をご使用いただくためには、お使いのパソコンに CD-ROM ドライブ、または CD-ROM を読み込める DVD-ROM ドライブが装備されている必要があります。
◎イラスト（JPEG 形式）を開くには JPEG 画像を扱えるアプリケーションが必要です。

【使用上のご注意】

・付属の CD-ROM に収録されたデータは、お使いのパソコン環境やアプリケーションのバージョンによっては、レイアウトなどが崩れる可能性があります。
・収録されたデータは、本書誌面と異なる場合があります。
・収録されたデータについての更新や、使い方などのサポートは行っておりません。
・パソコンやアプリケーションの操作方法については、お手持ちの使用説明書などをご覧ください。
・付属の CD-ROM を使用して生じたデータの消失、ハードウェアの損傷、その他いかなる事態にも、弊社およびデータ作成者は一切の責任を負いません。

※Microsoft、Windows、Microsoft Office は、米国およびその他の国における Microsoft Corporation の登録商標または商標です。
※Macintosh は、米国およびその他の国における Apple Inc. の商標です。
※本書では、商標登録マークなどの表記は省略しています。

●CD-ROM取り扱い上の注意

・付属のディスクは「CD-ROM」です。オーディオ用のプレイヤーでは再生しないでください。
・付属の CD-ROM の裏面に汚れや傷をつけると、データが読み取れなくなる場合があります。取り扱いには十分ご注意ください。
・CD-ROM ドライブに正しくセットしたのち、お手持ちのパソコンの操作方法に従ってください。CD-ROM ドライブに CD-ROM を入れる際には、無理な力を加えないでください。トレイに CD-ROM を正しく載せなかったり、強い力で押し込んだりすると、CD-ROM ドライブが破損するおそれがあります。その場合でも、弊社およびデータ作成者は、一切の補償はできません。

●CD-ROMに収録されている デジタルコンテンツの使用許諾と禁止事項

・本書付属の CD-ROM に収録されているテンプレート・イラスト・文例（以下、本デジタルコンテンツ）は、本書を購入された個人または法人が、その私的利用の範囲内においてお使いいただけます。
・本デジタルコンテンツは、園や学校、子育て支援センターや図書館などでのおたよりに使うことを目的としています。その目的の範囲で、コピーしてお使いいただくことができます。
・本デジタルコンテンツを園の広告や PR、パンフレット、ポスター、園バス、ウェブサイトなどに利用することはできません。
・本デジタルコンテンツを使って作成したおたよりを、園のウェブサイトなどにアップすることはできますが、その場合はイラストのみを取り出すことができない形にし、「転載不可」の一文を入れていただきますようお願いいたします。
・本デジタルコンテンツを無断で複製して、第三者に販売・貸与・譲渡・頒布（インターネットを通じた提供も含む）することは、著作権法で固く禁じられています。
・本書付属の CD-ROM の図書館外への貸し出しを禁じます。

●付属CD-ROMに収録されたデータの内容

・付属の CD-ROM には、下記のデータが収録されています。

テンプレート → Word

文例データ → テキスト

イラストフレーム付き文例データ

- 文例とフレーム → JPEG（P000_00A）
- フレームのみ → JPEG（P000_00B）
- 文例のみ → テキスト（P000_00T）

イラストデータ → JPEG

●本書のマークについて

- 本書のテンプレート・文例・イラストには以下のようなマークが付いています。これは、付属 CD-ROM に収録されたデータのファイル名です。

P034_01　P036_01A　P036_01B　P036_01T

- ページの上部に以下のようなフォルダーのマークが付いています。これは、ファイルが収録されているフォルダーを示しています。

CD-ROMの階層

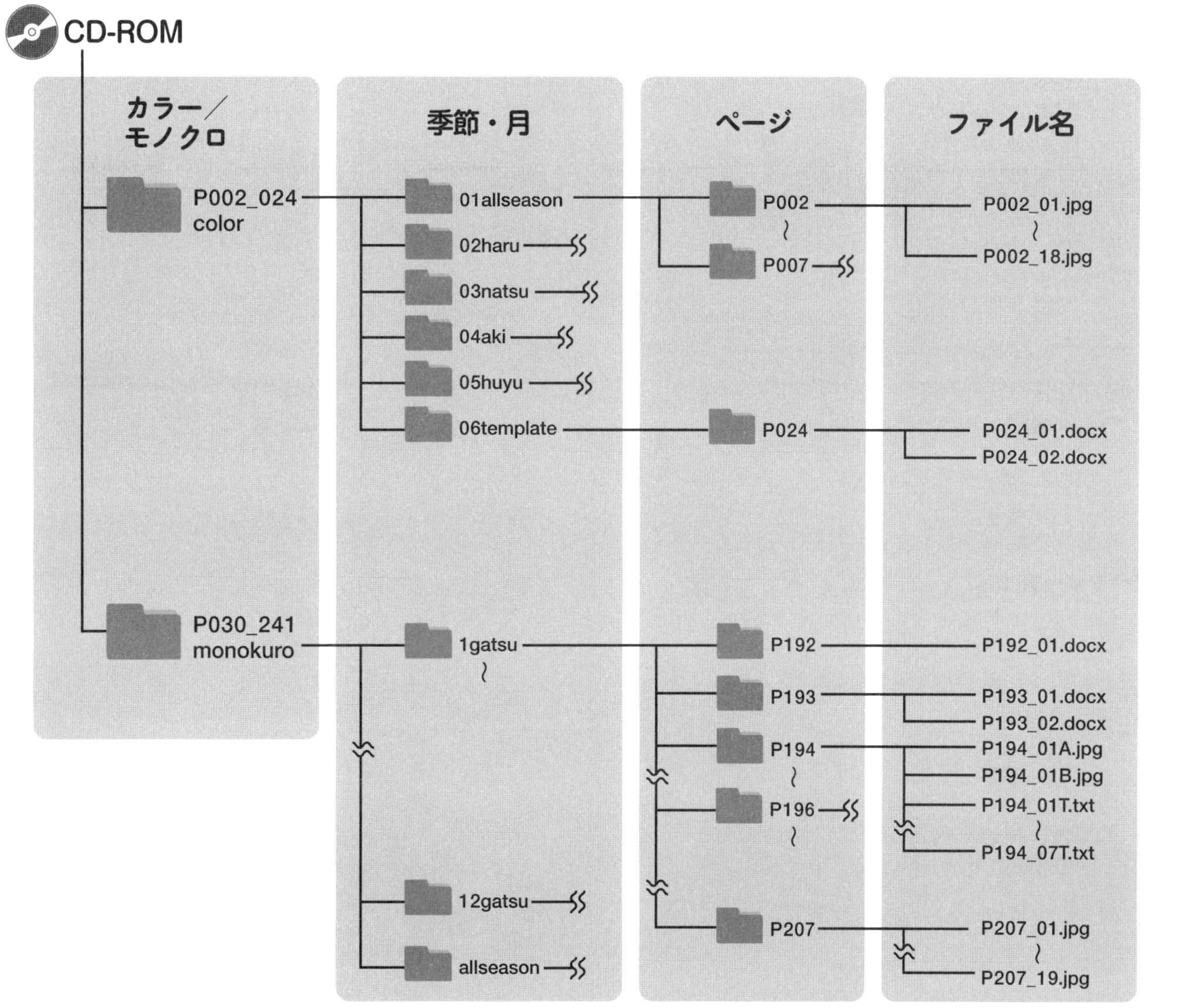

CD-ROMの使い方

付属の CD-ROM には、文例やイラストデータのほか、あらかじめ文章やイラストがレイアウトされたテンプレートが収録されています。ここでは、このテンプレートをもとにしたおたよりの作り方や、文例やイラストの使い方について、「Microsoft Office Word2019」を利用した操作手順を紹介します。

※お使いのパソコンの動作環境などによって、操作方法や画面表示が異なる場合があります。

パソコンの基本操作

クリック
マウスボタン（2つある場合は左ボタン）を1回押します。

ダブルクリック
マウスボタン（2つある場合は左ボタン）を2回続けて押します。

ドラッグ&ドロップ
マウスボタンをクリックしたままマウスを移動させて、目的の場所でクリックした指を離します。

テンプレート活用法

※お使いのパソコンの動作環境などによって、テンプレートのレイアウトなどが崩れることがあります。

1 テンプレートを開く

❶ CD-ROMを挿入する

パソコンを起動させ、付属の CD-ROM を CD-ROM ドライブに挿入すると、自動再生ダイアログが表示されます。「フォルダーを開いてファイルを表示」をクリックします。

❷ テンプレートが入ったフォルダーを開く

フォルダーを順に開いていきます。

❸ テンプレートのファイルを開く

フォルダーを順に開いていき、Word のファイルをダブルクリックします。（本書の各テンプレートに記載された P000_00 がそのテンプレートのファイル名です）

2 テンプレートの文章を修正する

❶ テキストボックスをクリック

書き換えたい文章が入っている枠（テキストボックス）内をクリックすると、カーソルが表示されます。

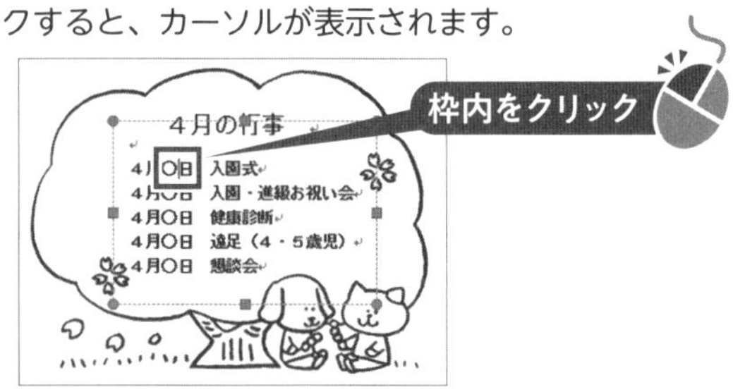

❷ 文字を修正

不要な文字を消して、新しい文字を入力します。

3 保存・印刷する

作ったおたよりは、「ファイル」メニューから「名前を付けて保存」・印刷しましょう。

4 別の文例に差し替える

❶ 不要な文章を消す

テキストボックス内の不要な文字をドラッグで選択し、Delete キーを押して消します。

❷ CD-ROM から挿入したい文例を選んで開く

CD-ROM から挿入したい文例を選び、ダブルクリックします。(本書の各文例に記載された P000_00T がその文例のファイル名です。拡張子「～.txt」が文例データです)

＜ご注意ください＞
Word の「挿入」タブから「画像」をクリックし、CD ROM を選んだ場合、文例データは表示されません。

❸ メモ帳の挿入したい文例をドラッグして選択

自動でメモ帳が開くので、使う文例をドラッグで選択します。

❹ 文例をコピーする

メモ帳の「編集」タブの「コピー」をクリックします。

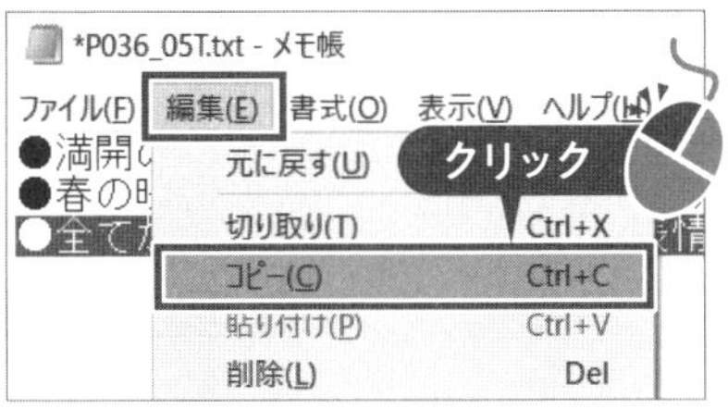

❺ 文例をWordに貼り付ける

❶で作った、Word の空のテキストボックスをクリック後、Word の「ホーム」タブの「貼り付け」をクリックします。

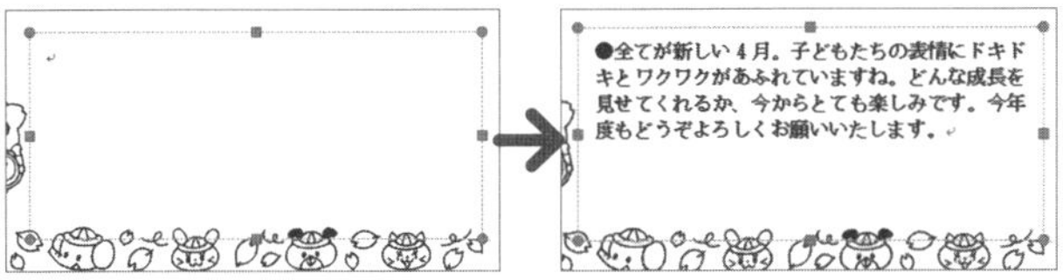

5 別のイラストに差し替える

❶ 不要なイラストを消す

不要なイラストをクリックで選択し、Delete キーを押して消します。

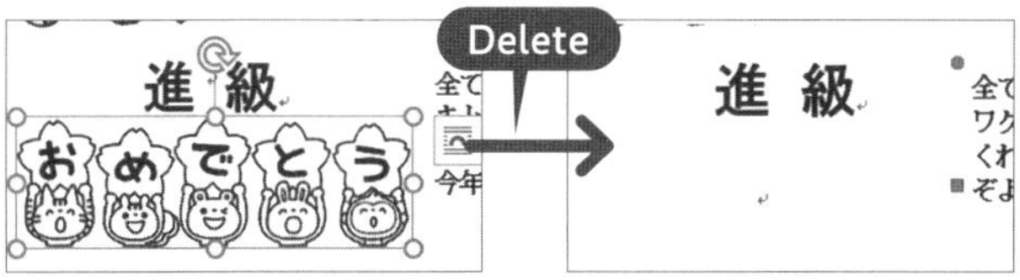

❷ CD-ROMからイラストを挿入する

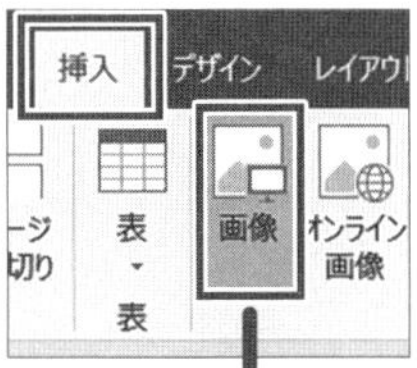

Word の「挿入」タブの「画像」をクリックして、CD-ROM を選択します。(本書の各イラストに記載された P000_00 がそのイラストのファイル名です)挿入したいイラストを選択し、「挿入」をクリックします。

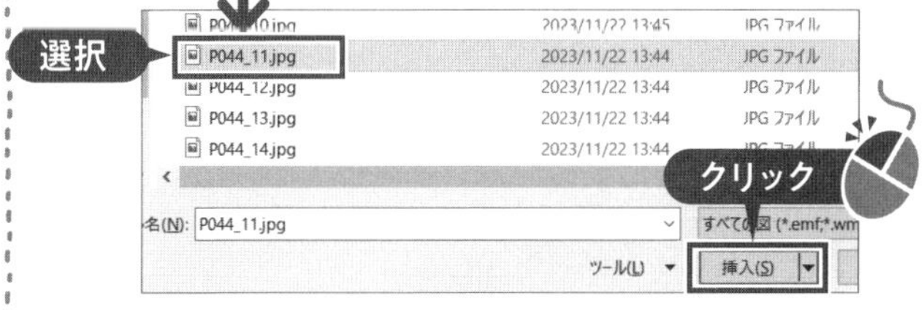

❸ 挿入されたイラストの設定を変更

一次的にレイアウトが崩れます。挿入したイラストをクリックします。さらにイラストの上で右クリック→「文字列の折り返し」→「前面」を選択します。

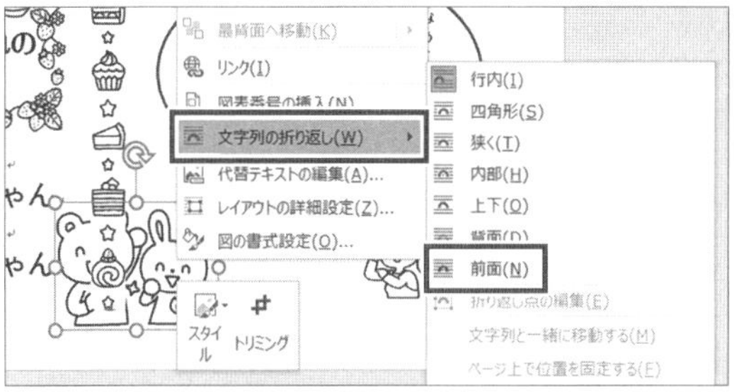

❹ イラストの位置を変更

❸で設定したイラストをクリックし、❶で作ったスペースにドラッグ＆ドロップで移します。

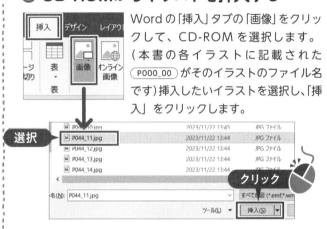

おたより作りに生かせるWordの使い方

6 イラストを挿入しサイズを変更する

❶ イラストを挿入する

P.245 5 ❷〜❹もご参照ください。

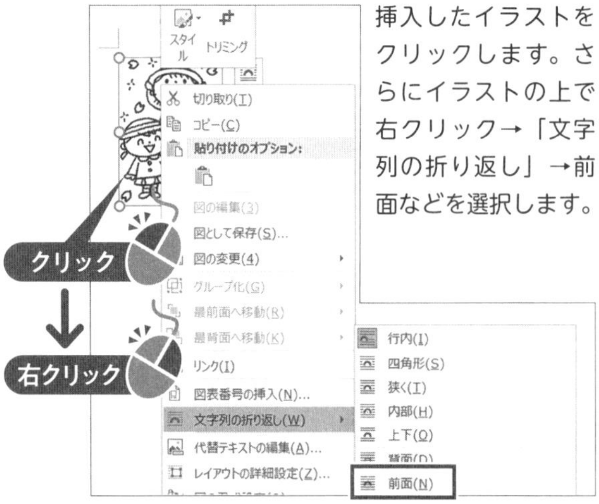

挿入したイラストをクリックします。さらにイラストの上で右クリック→「文字列の折り返し」→前面などを選択します。

折り返しの種類と配置

挿入したイラストと文字列の関係を設定できます。

- **行内**
イラストを行内に挿入。
- **四角形**
文字列がイラストを囲むように配置される。
- **狭く**
画像の外周に沿って文字列が配置される。
- **内部**
画像の中にも文字が配置される。
- **上下**
文字がイラストの上と下に配置される。
- **背面**
イラストが文字の背面に配置される。
- **前面**
イラストが文字の前面に配置される。

❷ イラストをドラッグし、任意の場所に移す

❸ イラストのサイズを調整する

イラストの四隅の○にカーソルを合わせると、拡大・縮小カーソルに変わります。クリックしたままドラッグすると、サイズを変更できます。

7 イラストの上に文章を配置する

❶ イラストを挿入し、調整する

P.245 5 ❷〜❹、P.246 6 をご参照ください。

❷ テキストボックスを挿入する

「挿入」タブの「テキストボックス」をクリック。さらに「横書きテキストボックスの描画」をクリックします。縦書きで文章を入れたい場合は「縦書きテキストボックスの描画」をクリックします。

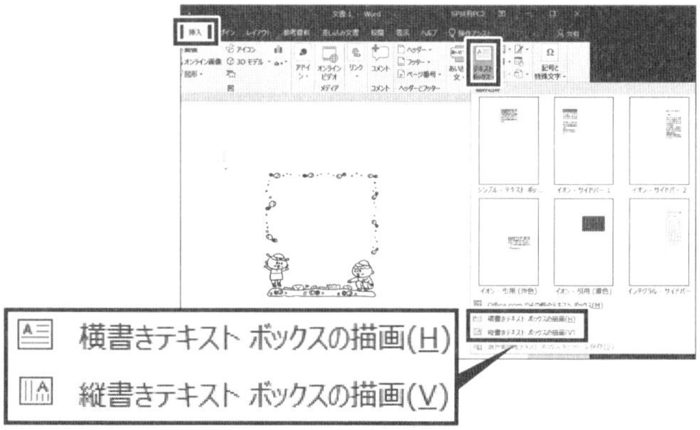

テキストボックスを挿入したい場所にカーソルを合わせてマウスをクリックします。そのまま文章を入れたい範囲までドラッグします。

❸ テキストボックスの枠線を消す

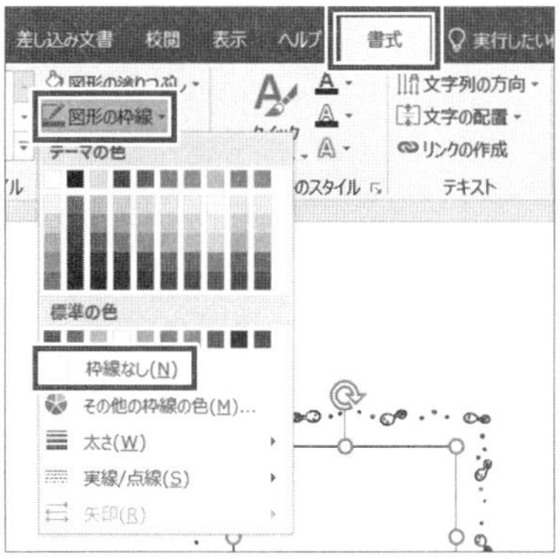

「書式」タブの「図形の枠線」をクリックし、メニューから「枠線なし」を選択すれば枠線が消えます。

❹ テキストボックスを前面に移動

テキストボックスがイラストの後ろに隠れてしまった場合は、テキストボックスを選択した状態で、「書式」タブの「前面へ移動」をクリックします。

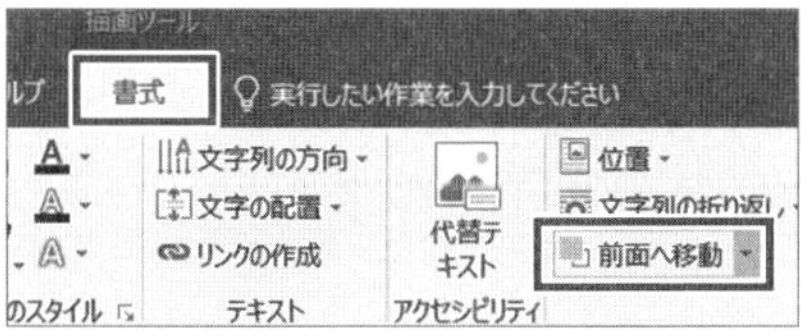

❺ 付属のCD-ROMの文例を挿入する

P.245 4 もご参照ください。

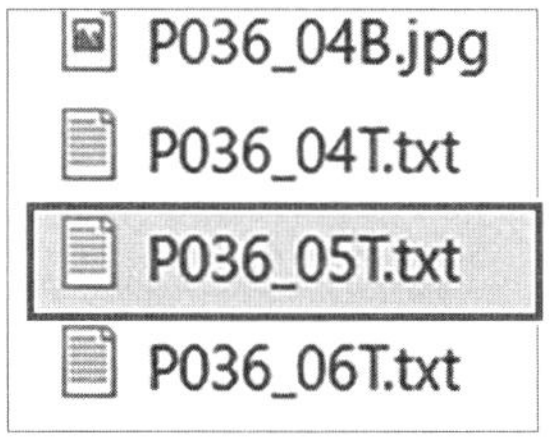

付属のCD-ROMから挿入したい文例を選び、ダブルクリックします。自動でメモ帳が開きます。

挿入したい文例をドラッグで選択し、メモ帳の「編集」タブの「コピー」をクリックします。

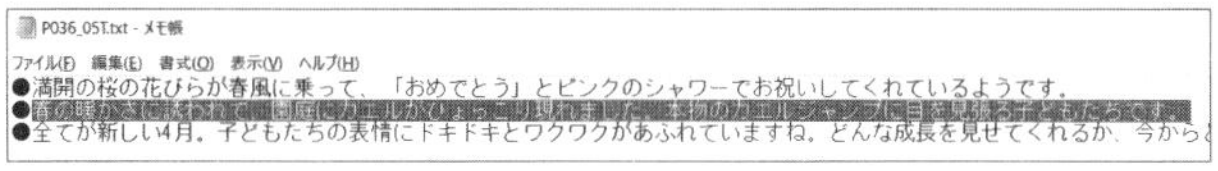

❹のテキストボックスを選択し、「ホーム」タブの「貼り付け」をクリックして、文例を貼り付けます。文字サイズ・フォント・行間などを調整してテキストボックス内に収めれば完成です。

8 図形を挿入する

❶ 挿入する図形を選ぶ

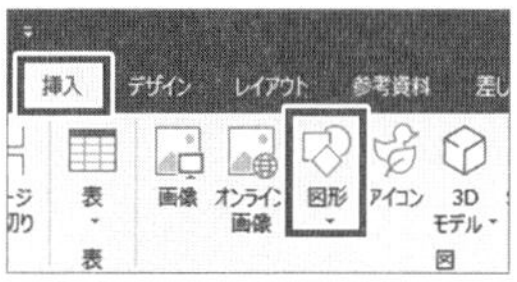

「挿入」タブの「図形」をクリックし、メニューから好きな図形を選択します。

❷ 図形を挿入する

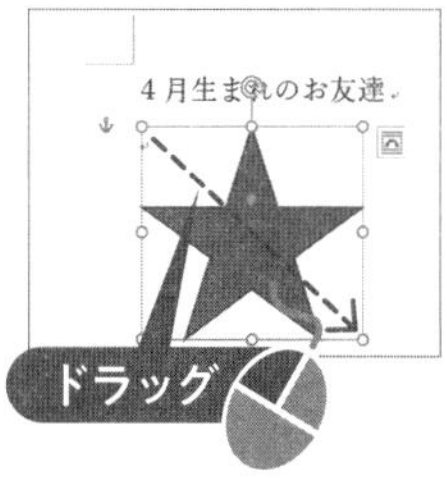

左上をクリックし、右下へドラッグします。「描画ツール」をクリックし、さらに「書式」をクリックして、「図形のスタイル」から色を変更することもできます。

9 イラストの背景を透明にする

イラストをクリックし、「図ツール」を選択します。「色」をクリックして、「透明色を指定」をクリックします。この状態でイラストの背景の白い部分をクリックすると透明になります。

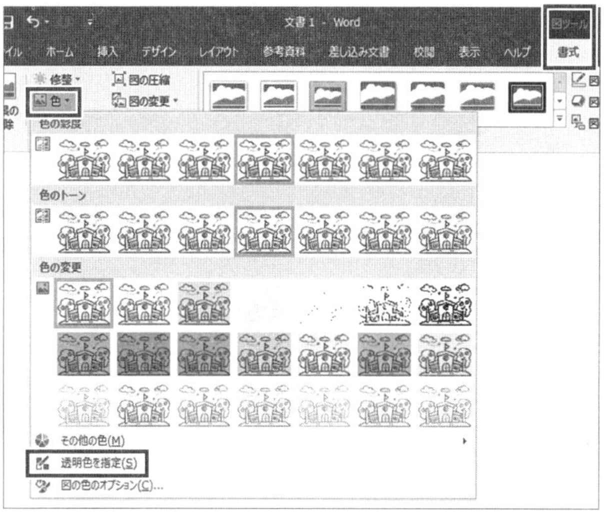

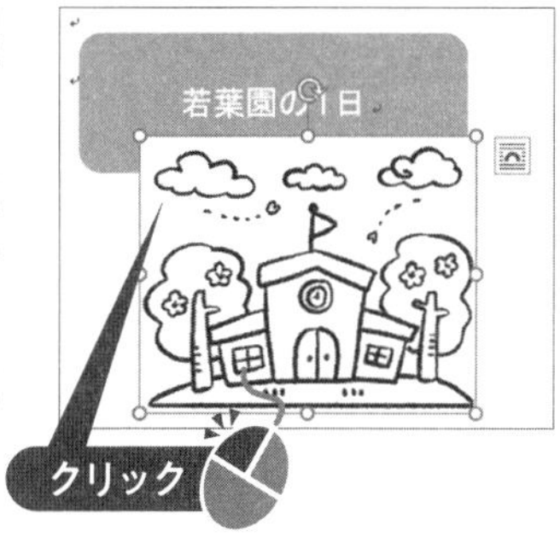

● **文例執筆**（50音順、肩書きは初版発行時のもの）

飯塚千夏（東京・にじのいるか保育園 芝浦）
今泉良一（学校法人敬心学園 日本児童教育専門学校）
江成玲子（神奈川・栗の実保育園 園長）
野村恵里（感情保育学研修所 代表）
松田聖子（帝京平成大学 講師）
矢澤弘美（東京・文京区立千駄木幼稚園 副園長）
埼玉・あそびの保育園
東京・はじめの保育園

● **カバー・本文イラスト**（50音順）

池田かえる、石崎伸子、おおたきょうこ、カモ、河合美穂、北村友紀、小泉直子、坂本直子、笹吉、ジャブノオウチ、すぎやままさこ、たかしまよーこ、田中チズコ、楢原美加子、にしだちあき、みさきゆい、もりあみこ、やまざきかおり、ヤマハチ、わたいしおり、YUU

【データの使用許諾について】

・本書付属のCD-ROMに収録されているテンプレート・イラスト・文例（以下、本デジタルコンテンツ）は、本書を購入された個人または法人が、その私的利用の範囲内においてお使いいただけます。
・本デジタルコンテンツは、園や学校、子育て支援センターや図書館などでのおたよりに使うことを目的としています。その目的の範囲で、コピーしてお使いいただくことができます。
・本デジタルコンテンツを園の広告やPR、パンフレット、ポスター、園バス、ウェブサイトなどに利用することはできません。
・本デジタルコンテンツを使って作成したおたよりを、園のウェブサイトなどにアップすることはできますが、その場合はイラストのみを取り出すことができない形にし、「転載不可」の一文を入れていただきますようお願いいたします。
・本デジタルコンテンツを無断で複製して、第三者に販売・貸与・譲渡・頒布（インターネットを通じた提供も含む）することは、著作権法で固く禁じられています。

ずっと使える！
たっぷり イラスト&おたより文例 CD-ROM付き

2024年2月　初版第１刷発行

編　者／ポット編集部　©CHILD HONSHA Co., Ltd. 2024
発行人／大橋 潤
編集人／竹久美紀
発行所／株式会社チャイルド本社
〒112-8512　東京都文京区小石川5-24-21
電話／03-3813-2141（営業）03-3813-9445（編集）
振替／00100-4-38410
印刷・製本／図書印刷株式会社

ISBN978-4-8054-0328-0　C2037
NDC376　26×21cm　248P　Printed in Japan

＊ **STAFF**

カバー・CD-ROMデザイン …… 坂野由香、石橋奈巳（株式会社リナリマ）
本文デザイン …… 島村千代子
本文・CD-ROM校正 …… 有限会社くすのき舎
CD-ROM製作 …… 株式会社KNコーポレーションジャパン
編集協力・本文DTP …… 東條美香
編集 …… 田島美穂

★**チャイルド本社のウェブサイト　https://www.childbook.co.jp/**
チャイルドブックや保育図書の情報が盛りだくさん。どうぞご利用ください。